Achim Berndt

Oh ihr dummes Volk

Wie war das mit dem Deutschlandlied, Einigkeit, Recht und Freiheit, nun ja, über Einigkeit kann man Streiten, Recht eine Phase und Freiheit, die haben wir so gut wie verloren. Die Politik hat bis heute noch nicht erkannt, dass derjenige der es sich leisten kann, oder über außergewöhnliches Wissen verfügt, schon lange die Koffer gepackt hat und nur noch darauf wartet, Deutschland so schnell wie nur möglich zu verlassen. Deutschland ist für die Deutschen zum Auswanderland verkommen und die Politik unternimmt alles, um diesen Trend noch zu verschärfen. Nach wie vor Korruption, Seilschaften und Verschwendung in Vollendung. Die Verwaltungen werden ins Uferlose ausgebaut, dass Personal und die Beamtenschaft auf ein unerträgliches Maß erweitert Alles was zur negativen Entwicklung in Deutschland beiträgt wird im gewohnten Maße fortgesetzt. Hier werde ich aber den Euro nehmen, anders als im Buch eins, die Mark, nur wo es mir wichtig erscheint werde ich ganz bestimmt auf die alte Mark zurück Greifen.

Also, hier geht es weiter wo Buch 1 (Oh ihr armes Volk) geendet hat, Mitte 2007. Jedes Kapitel steht für sich und beginnt 2007. Also haben wir über 30 Jahre deutsche Politik im Überblick. Oh ihr armes Volk von 1980 bis 2007 und Oh ihr dummes Volk von 2007 bis 2014. Übrigens der Originaltitel von Buch 1 lautet:

Oh ihr armes Volk, ernährt mit Schweiß und Blut, diese Dumme Brut.

Zitat von Sissi, Königin von Ungarn und Kaiserin von Österreich.

Sie sehen, so wie seinerzeit, trifft dieser Spruch auch Heute noch den Kern der Geschehnisse, wenn nicht noch besser.

Kapitel der Bund

Mit meinen Prognosen in Buch 1 lag ich vollkommen richtig, denn jetzt Ende Juli 2007 haben sich auf ganz seltsamerweise ein großer Teil der Grundnahrungsmittel im Preis, bei einer Nacht und Nebelaktion, teilweise um bis zu 50% erhöht. Reaktion einiger Politiker entsetzen. Das die ganze Angelegenheit aber mit und von der Politik ausging, ist für mich so sicher wie das Amen in der Kirche. Reaktion der Bevölkerung,

nun ja, auch das kennen wir schon zu genügend. Außerdem, wo bleiben die enormen Summen der EU in punkto Agrarsubventionen??? Wenn man heute durch die deutschen Lande fährt, fällt einem auf, dass Raps und Getreide im sehr großem Stiel angebaut wird, politisch gewollt, will man so die Preise der Grundnahrungsmittel manipulieren? Bioöl gegen Grundnahrungsmittel.

Ausgerechnet jetzt im September 2007, zur IAA, kommt die Debatte mal wieder richtig hoch, die ganze Welt will sich die Errungenschaften unter anderem der deutschen Automobilindustrie anschauen und die Fernsehlandschaft wie die Presse sind mal wieder aktiv um alles mehr als schlecht zu reden. Was für ein Land und vor allem, was für miserable Verkäufer. Ich hatte im Buch

1 dieses Thema schon ausführlich
behandelt, in der gehobenen Mittel und Luxusklasse noch führend, aber wie lange noch bei diesem Theater. Ach ja, dass Hybrid-Auto wird in den Himmel gehoben, trotzdem unter Fachleuten dieses mehr als angezweifelt wird, denn ein zweiter Motor muss mitgeschleift werden und als Reisefahrzeug ist es mehr als ungeeignet. Trotzdem werden mit diesen Aussagen deutsche Kunden zu ausländische Hersteller getrieben.

 Und das Elektroauto ist mehr als nur ein Zukunftsobjekt, den die Reichweiten die Heute erzielt werden spotten jeder Beschreibung, 15 bis 100 Kilometer. Stellen sie sich vor, sie wollen von Berlin nach Köln fahren, sie sind kaum aus Berlin raus und müssen schon Strom Aufladen, ca. 3 bis 7 Stunden Ladezeit, in Köln angekommen werden wohl mehr oder weniger über 30 Stunden vergangen sein. Auch hier kann man eindeutig erkennen wie unsere Politiker Ticken. Das Elektroauto und auch das Hybridauto gibt es seit über 100 Jahren und damals hat man schon festgestellt, dass es für den alltäglichen Gebrauch vollkommen ungeeignet ist.

Auch die von mir vorhergesagten Katastrophenjahre 2007/8 haben sich schon jetzt bewahrheitet, denn nach der Mehrwertsteuer, Versicherungssteuererhöhung, jetzt die Nahrungsmittel, ich bin mal gespannt was die nächsten Aktionen bringen. Ja, Ende August 2007, Schweinefleisch, Kaffee usw. sollen ebenfalls um weitere 25% teurer werden. Jetzt   es geht Schlag auf Schlag. Ende August schon wieder eine weitere Erhöhung der Milch und Käsepreise. Deutschland als Armenhaus von Europa, wie im Buch 1 schon beschrieben und angekündigt, hat sich schon jetzt mehr als bewahrheitet, weit über 2 Millionen Kinder die unter der Armutsgrenze Leben, sagt wohl mehr als genug. Seid ca. 15 Jahren sind die Löhne stehen geblieben und durch die Euroeinführung sowie Abgaben, Inflation und Steuerbelastungen ist die Kaufkraft des verdienten Geldes um nicht weniger als ca. 70% gefallen und auch hier, keiner hat es gemerkt, oder wollte es wahrhaben. Über eine Millionen Menschen nutzen schon die Lebensmittel-Tafeln und ein Ende ist nicht abzusehen.
Neben der Armenspeisung gibt es jetzt sogar schon eine Armenspeisung für Hunde und Katzen schlimmer geht's nicht mehr.
Auch schon beschlossen, ab 2009 die Abgeltungssteuer, nun ja, bis 2009 sind es ja noch über 2 Jahre, mal sehen was den Banausen bis dahin noch alles einfällt.
Hört sich harmlos an, (Abgeltungssteuer) aber der Sparer wird auch hier wieder richtig zur Kasse gebeten, ob Aktien, Lebensversicherungen, Zinsen, Immobilien, Zertifikate, Fonds usw. alles wird zuerst mal mit 25% belastet und wird mit höchster Wahrscheinlichkeit im laufe der Zeit noch weiter steigen und jetzt kommt noch die größte Frechheit, auf die 25% kommen noch 5,5% Solidaritätszuschlag und ggf. noch die Kirchensteuer. Altersvorsorge, seit Kohl folgt eine Abzockerwelle der anderen. Ich gehe mit meinen Prognosen noch weiter, 2008/10 werden die Schreckensjahre werden, so wie es der Deutsche noch nie erlebt hat. Die Inlandsnachfrage wird weiter geschwächt, an den Börsen wird wieder gezockt bis zum geht nicht mehr und die Blasen werden platzen, das ist so sicher wie das Amen in der Kirche.
Machen wir mal eine kleine Berechnung der Abgeltungssteuer auf:

Guthaben: 100.000 EURO

Neben Zinsen kommt die Abgeltungssteuer, Kirchensteuer, Solidaritätszuschlag und wenn man jetzt noch die Inflation hinzunimmt, so ist das Vermögen der Person mal eben weit unter 100.000 Euro gerutscht.

Wie sie sehen, hat sich ihr Vermögen nicht erhöht, sondern durch die Abgeltungssteuer vermindert. Darüber hinaus bin ich mir sicher, dass bis zum Inkrafttreten der Abgeltungssteuer denen noch weitere Belastungen einfallen werden. Ich nenne dieses, Zwangsenteignung des sauer verdienten Geldes.

Ja, jetzt Anfang September 2007 muss sogar schon geheizt werden und die Wintersachen kommen zum Vorschein, Nachttemperaturen fast bei Null und über 1200 Meter schon die Schneefallgrenze. Noch Sommer und dann das, Klimaerwärmung, jetzt mehr als deutlich zu Erkennen, wie wir alle verschaukelt werden.

November 2007, die Debatte um die Strompreise und deren Erzeuger geht wohl jetzt in die Endphase, dass schon lange als tot zu bezeichnende Kartellamt lebt wieder, aber nur zum Schein und die Regierung schimpft bis zum geht nicht mehr. Wer hat denn die ausufernden Machenschaften überhaupt zu Verantworten, die Politik. Denn die haben die Konzentration mit ihren Sondergenehmigungen überhaupt erst ermöglicht und der Abkocher ist nach wie vor der Staat. Dann die Strombörse, auch ein Kind der Politik (Rot-Grün) hat diese Manipulationen erst ermöglicht und dann diese Ablenkungsmanöver.

Ja, dass ist Politik, die Entwicklungen selbst zu Verantworten und dann auf die Industrie einschlagen und sogar von Enteignung ist mittlerweile die Rede. Alles Scheindebatten, denn der Deutsche ist ja so schön dumm und fällt sogar auf die dämlichsten Tricks rein, schade aber Wahr. Auch bei dem oben genannten Kartellamt werden wir erleben, dass sich auch hier nichts tut. Seid Jahren werden Aktionen gegen Energielieferanten und der Ölindustrie angekündigt, was aber immer wieder unter den Aktenbergen verschwindet und das ist mehr als gewollt.

Nichts gelernt, die Asiaten, ganz besonders Japan haben in den 80er Jahren einen Zusammenbruch erlebt, der den ganzen Asiatischen Raum ins Verderben stürzte.

Genau die selben Fehler macht man unter anderem heute in Deutschland, wie schon im Jahre 2000, gigantische Vermögen wurden vernichtet und Japan hat sich bis heute noch nicht erholt, sondern einen Schuldenberg aufgebaut, der mehr als 200% des Inlandlandsprodukts ausmacht. Das ist so Gigantisch, dass man hier schon von einem Staatsbankrott sprechen kann. Wenn es hier kracht und das steht ganz bestimmt vor der Türe, wie lange wird es wohl dauern bis die Wirtschaft sich wieder erholt, auch Jahrzehnte???

Und dann noch die Grünen und Linken, die Fordern doch einer allen ernstes, dass der Staat doch noch mehr Personal einstellen soll. 70% zu viel Verwaltung und dann diese Forderung, nicht zu Glauben, wie war das mit den Maoisten und Kommunisten. Aber es wird so kommen, alleine um die Arbeitsmarktdaten zu schönen, alles das kennen wir ja schon aus den Zeiten von Helmut Kohl.

In die Risterrente hat man mittlerweile über 10 Millionen Menschen getrieben, heraus wird auch hier nichts kommen, denn der Staat und die Versicherungen machen sich im Endeffekt nur die Taschen voll und der Versicherer wird noch nicht einmal seine eingezahlten Gelder zurückbekommen, so sieht Täuschung in Vollendung aus.

In der DDR wurde eine Mauer gebaut um die Bevölkerung am Reisen zu hindern, hier wird durch die Abzocke und immer neue Belastungen der Normalbürger am Reisen gehindert, denn es ist heute für die meisten überhaupt nicht mehr finanzierbar, also ist er dem Staat ausgeliefert bis zum geht nicht mehr. Und jetzt fordert der Ministerpräsident von Baden-Württemberg Oettinger (CDU) doch allen ernstes, die Flugpreise, sprich Steuern müssen noch weiter erhöht werden, denn es kann nicht angehen, dass ein Spanien Urlaub billiger ist als eine Reise in Deutschland. Auf dem Fernreisemarkt findet man schon seit geraumer Zeit kaum noch Deutsche und wenn doch, dann mit Sardinendosen am Strand, welches das Mittagessen sein soll. Wenn ich höre, oder lese, dass der Deutsche immer noch Reiseweltmeister sein soll, dann frage ich mich allen ernstes, wie und woher kommen diese Zahlen, Balkonurlaub wohl mit eingerechnet!

Und schon wieder die Debatte qualifizierte Arbeitnehmer aus dem Ausland, nach Asien, Indien, ist jetzt sogar Afrika im Gespräch, also tiefer kann man überhaupt nicht mehr Sinken! Masse statt Klasse, ja, so sieht Großkotzige Politik aus. Oder will man Afrika noch tiefer ins Unglück stürzen, denn wenn man die wenigen hochqualifizierten Menschen noch abzieht, was passiert dann wohl mit Afrika????

Mitarbeiterbeteiligung, auch hier nur Verarschung, so will man einen Deutschlandfond installieren, also eine Kapitalsammelstelle. Na, wer würde sich auch hier mal wieder die Taschen füllen, natürlich der Staat. Denn alleine die Verwaltungen würde wohl den größten Teil erst mal verschlingen und durch geschickte

Buchführung kann der Staat sich bedienen als wären die Einlagen sein Eigen. Siehe Arbeitslosenversicherung, Krankenkassen und nicht zuletzt die Rentenkassen. Eine Katastrophe und der Deutsche fällt auch hier mal wieder darauf hinein, ohne auch nur im geringsten an die Folgen zu Denken. Wie kann man nur so Dumm, Duckmäuserisch, Feige und Obrigkeitshörig sein! Für Atomendlager gehen Tausende auf die Strasse, aber für die eigenen Belange, Stillschweigen, dass ganze kommt mir schon seit Jahren nicht geheuer vor, liege ich hier evtl. richtig, dass auch diese Aktionen von Staat, Gewerkschaften und andere Staatsnahe Organisationen gesteuert und finanziert werden???

Zu den Atomendlagern komme ich zu folgenden Endresultaten:
1. Seit Jahrzehnten werden Milliarden in Planung, Gutachten und ausführenden Arbeiten gesteckt, Salzstollen werden ausgesucht, obwohl man weis, dass gerade Salz sehr aggressiv ist und Rost nur so fördert. Wie ich höre und lese, fallen ca. 400 Tonnen radioaktives Material pro Jahr aus den Reaktoren an, nach meiner Meinung eine kleine Menge die man ohne weiteres bei sicheren Bodengegebenheiten einbetoniert werden könnten aber nein, zu einfach, denn dann hätte man kein Thema mehr und die Atomgegner würden ins leere laufen. So werden noch immer weitere Kosten in aussichtslose Standorte investiert, nachdem schon Milliarden geflossen sind.
Überhaupt wird dieses Thema derart hochgespielt, dass es einem schlecht werden kann.
Schauen wir uns mal Tschernobyl an, der Reaktor war seinerzeit in die Luft geflogen und was hat man für Gespenster an die Wand gemalt, Jahrzehnte, sogar von jahrhunderter oder tausender Jahre der Verstrahlung war die Rede, neueste Untersuchungen haben gezeigt, dass die Flora und Fauna besser gedeiht als je zuvor und von Tier oder Pflanzenkrankheiten keine Spur, also auch

hier Unwahrheiten.
Oder nehmen wir nur die Atomtests die in der Vergangenheit von allen Großmächten im großen Stiel durchgeführt wurden, diese Gebiete nicht schon lange im Geheimen als unbedenklich deklariert worden. Also auch hier, Verschleierung der Tatsachen.

Die Kaufkraft wird immer weiter geschwächt und ein Zusammenbrechen des Einzelhandels ist auch hier nur eine Frage der Zeit. Wie sieht es in anderen Ländern aus, nehmen wir mal die Schweiz, Lohnabzüge inkl. der vielgerühmten Krankenversicherung 19% hier in Deutschland nicht weniger als 50% und weit darüber hinaus, Krankenversicherung in Kanada gerade mal 1,5%, und hier mehr als das 10 Fache, ja die irrsinnigen Verwaltungen fressen alles auf.

Und Frau Merkel reist und reist wie verrückt, so wird eine Grönlandreise gemacht, um sich ein Bild von der sogenannten Klimaerwärmung zu machen, ist der Reisenachholbedarf wirklich so groß, oder ist es nur ein Drücken von der wirklichen Verantwortung. Ja, den Mitgliedern der ehemaligen Übergangsregierung der DDR hat Sie klamm und heimlich zu Pensionen verholfen, Meisterleistung Frau Merkel!
Wie viele Ostler oder ehemalige Stasileute haben wir mittlerweile in der Regierung und in Brüssel??? Die Stasi lässt grüßen. Wir kommen der DDR immer näher und keiner ist da, der uns vor diesem Gesindel schützt.

Die Wirtschaftsweisen, was ich von diesen halte, habe ich im Buch 1 schon ausführlich beschrieben, zur Staatsverschuldung folgende Aussagen auch 2007: In dem Umfang, wie der Staat sein Vermögen mehrt, soll er auch künftig Schulden machen dürfen, als Vermögen werden zum Beispiel auch die Verkehrswege aufgeführt, eine Einschätzung die schlimmer nicht sein kann. Denn die Verkehrswege befinden sich in einem derart miserablem Zustand, dass hierbei überhaupt von Vermögen gesprochen wird, ist schon sehr seltsam, ja, sogar ungeheuerlich.

Auch bei neuen Bundespolizei tut sich einiges, jetzt gibt es sogar Polizeigeneräle. Es ist noch viel schlimmer geworden, als ich es mir je vorstellen konnte, Schäuble (Innenminister) sieht schon Atombomben auf Deutschland und will die Armee auch für Inlandseinsätze.

Wo vor haben die Angst, könnte es angehen, vor dem eigenen Volk, denn sollten die wirklich mal wach werden, was dann! Nun ja, Notstandsgesetze sind schon seit langem unter Dach und Fach. Schäuble wie seine Vorgänger wollen schon seit langem einen Überwachungsstaat, immer mit der Begründung des Terrorismus, stimmt nicht, denn so dumm sind die nicht, denn man weiß genau, dass Abgehört wird und man wird's tunlichst vermeiden, Informationen über diese Linien an die Behörden weiter zu geben.
Eine zentrale Abhörzentrale soll nach Willen von Herrn Schäuble geschaffen werden, Kosten bis 2012 ca. 100 Millionen Euro und vom Personalbedarf ganz zu Schweigen.
Also, der Deutsche soll beschnüffelt und abgehört werden und das ist erst der Anfang, denn weitere Schritte sind schon geplant. Jetzt hat man die Justizministerin Zypriers mit in Boot geholt um nicht alles bei Schäuble abzuladen.
Was hatten wir schon für tolle Innenminister, Kanter (Saubermann der Nation) von Gerichten in punkto Schwarzgeld milde verurteilt, Schily im Buch 1 ausführlich beleuchtet und jetzt Schäuble um nur einige zu nennen.
Jetzt will Schäuble sogar ans Beichtgeheimnis, gehen die Terroristen (Islamisten) mittlerweile schon in die katholische Kirche um Anschläge zu Beichten. Hier kann jetzt wirklich jeder erkennen,

dass es um ganz andere Dinge geht und der Deutsche mehr als verschaukelt wird. Auch sein Vorgänger Schily macht mal wieder von sich Reden, Gesetze und Verordnungen kümmern ihn wenig, Nebeneinkünfte zu nennen, verweigert er und noch schlimmer ist, dass er jetzt ausgerechnet für die Firmen tätig ist, die den von ihm als Innenminister eingeführten neuen Pass herstellen soll. Immer mehr Politiker gehen diesen, für mich ein sehr schmutziger Weg und keiner haut denen auf die Finger. Die Liste dieser Personen wird immer länger, es fing mal klein an und heute scheut sich keiner mehr, siehe Bangemann, Müller, Schröder, Schily, Fischer usw. usw. um nur einige zu nennen.

Die ganze Sicherheitsdebatte stinkt sowieso zum Himmel, trotz des enormen Abkassieren der Bürger ist es nichts anderes als eine Arbeitsbeschaffungsmaßnahme und ein Auffüllen der Staatskasse, denn es hat sich erwiesen, dass es mehr als Lücken gibt, die ohne Schwierigkeiten von ausgebildeten Terroristen genutzt werden können. Dass haben sogar Fernsehteams mehrmals bewiesen. Hier wird der Bürger terrorisiert und nicht der Terrorist.

Unser Verteidigungsminister, oder Kriegsminister Jung, will Flugzeuge in denen sich auch Terroristen befinden einfach abschießen, obwohl das höchste Gericht es ausdrücklich untersagt. Na, was sagen Sie nun????

Ende September gibt sich Frau Merkel in die Fußstapfen von Fischer, auch Sie fordert einen ständigen Sitz in der UNO, ist diese Frau auch so Weltfremd, denn die Kosten werden enorm sein und trotzdem ist die Chance mehr als gering, denn wie schon unter Fischer, gibt es keine Unterstützung der führenden Länder und das ist gut so. Oder man kauft sich die Stimmen, was nicht auszuschließen ist. Mit dieser Politik sind wir näher an der Achse des Bösen, als man es sich überhaupt vorstellen kann. So sieht unrealistische und durchgeknallte Politik aus.

Die UNO ist auch ein bürokratisches Monster, Zweigstellen und Niederlassungen auf der ganzen Welt verteilt, Kosten astronomisch und Nutzen, wie wir alle Wissen, gleich Null.

Und schon wieder auf Reisen, Anfang Oktober große Afrikareise, so sieht Regieren bei Frau Merkel aus, die Geldverschwendung nimmt kein Ende.

Jetzt Ende Oktober 2007 soll es nach Indien gehen und Anfang Dezember nach Bali zum Klimagipfel und dazwischen wohl auch noch Staatsbesuche und weitere Reisen.

Auch sollte man sich mal etwas näher mit der Vergangenheit von Frau Merkel beschäftigen, FDJ Agitatorin, die damals eine neue DDR wollte, aber keineswegs in der Form einer Bundesrepublik Deutschland. Ihr Umfeld war und ist geprägt von Ostdeutschen, Beispiel die Familie de Maizier usw. usw. Die Resultate ihrer Politik kennen wir ja mittlerweile, Aussitzen, Abhängigkeiten schaffen und wenn es sein muss, auch Leute kaltstellen die ihr Schaden könnten und das ohne Rücksicht auf Verluste.

Nun ja, ihr Lehrmeister war Helmut Kohl, dass sagt wohl mehr als genug.

Und jetzt Anfang Oktober 2007 die Krönung, der US Exvizepräsident Al Gore erhält den Friedensnobelpreis, mein Gott, erstens was hat Klimahysterie mit Friedensbemühungen zu tun und zweitens, es gibt genügend andere Personen, die sich diesen Preis ehrlich verdient hätten. Würde mich wirklich mal interessieren wie und was zu dieser Entscheidung geführt hat.

Und wieder wird der Deutsche vorgeführt, September/Oktober 2007, längere Zahlung des

Arbeitslosengeldes 1 an ältere, hierbei geht es keineswegs um gute Taten, nein, es geht ausschließlich um einen Machtkampf zwischen Müntefering und Beck. Hier mehr als deutlich zu Erkennen, wie die gestrickt sind und was dem Volke alles zugemutet wird, reiner Populismus und Machtstreben und nichts anderes.

Frau Merkel ist noch in Indien und Ihre Aussagen, die Armut in Indien muss bekämpft werden, weis die wirklich nicht was in Deutschland los ist. Eine Frechheit, den Gastgeber auf solche Angelegenheiten anzusprechen und die Situationen Zuhause mal eben unter den Teppich kehren. Ach ja, jetzt am 3.11.2007 auch noch Afghanistan und auch hier mit weiteren Versprechungen und Geldzusagen. Was bewegt eigentlich unsere und all die anderen Politiker dazu, diesen korrupten und von westlichem Gnaden eingesetzten Präsidenten zu besuchen und hochleben zu lassen. Seine Macht beschränkt sich ausschließlich auf Kabul, wenn überhaupt und das Land ist mittlerweile unter anderem zum größten der Weltrauschgift Exporteur aufgestiegen. Früher hat man solche Leute gejagt und es tunlichst vermieden sich mit diesen überhaupt ablichten zu lassen. Ja, so ändern sich die Zeiten. (Mafia grüßt Mafia)

Zu nichts im Stande, aber nach Diätenerhöhungen wird geschrien und soll im Schnellverfahren durchgeboxt werden. Die Kleinigkeit von nur 10% fordert man und weist darauf hin, dass man ja kein Weihnachts und Urlaubsgeld erhalte. Wie äußerte sich Schily zur Offenlegung seiner Nebeneinkünfte, Abgeordneter sei doch kein Beruf. Recht hat er und dann diese Forderungen, wie passt das zusammen.
Wenn es um die eigenen Interessen geht, da ist man sich mehr als einig, denn für die SPD und CDU ist die Angelegenheit so gut wie unter Dach und Fach.
Das die Befehlsempfänger, sprich Abgeordneten, überhaupt bezahlt werden, ist schon eine Frechheit für sich. Aber es kommt noch schlimmer, im Herbst erst eine Erhöhung der Diäten um 330 EURO auf jetzt 7339 und die zweite Stufe ab 2009 sollte nochmals 329 EURO bringen, zu wenig, jetzt debattiert man über 500 EURO. So sieht dann das Einkommen eines Abgeordneten aus: Neben den Diäten noch die steuerfreie Aufwandspauschale von 3720 EURO, weiter bis zu 13660 EURO für ein Büro nebst Mitarbeiter, kostenlose Bahnfahrten, Flüge und nicht zu Vergessen, Einkünfte aus diversen Nebenjobs. Innerhalb von nur 6 Monaten hat man eine Erhöhung der Zuwendungen von nicht weniger als 16% beschlossen.
Ja, fast vergessen, die Anwesenheitsprämien oder wie man das nennt, nimmt man an Sitzungen im Parlament oder in Ausschüssen teil, was ja deren Aufgabe sein soll, dann gibt es auch noch Geld und nicht zu wenig, für mich ein Skandal den man schlimmer nur noch in Brüssel findet.

Und schon wieder geht es los mit der Denkmalhysterie, jetzt fordert man ein Denkmal Freiheit und Einheit Deutschlands, ein Ehrenmal für die getöteten Soldaten hat Verteidigungsminister Jung schon in Auftrag gegeben, dass Topografie des Terrors ist schon seit Jahren in den Schlagzeilen, ein Homosexuellen-memoreal und in Planung, dass Holocaust-Mahnmal für die Roma und Sinti usw. usw.

Und das Reisen von Frau Merkel geht weiter, Empfang des Saudischen Königs und an 10.11. 2007 noch schnell zu Bush in die USA.

Und schon wieder Hofberichterstattung bis zum geht nicht mehr, Müntefering ist zurückgetreten, aus welchen Gründen auch immer. Dem Volk alles genommen und auf einmal, oh Wunder, der beste Mann. Die Fernsehsendungen und die Presse sind mal wieder mit Lobeshymnen voll, ist diese Machenschaft überhaupt noch zu Ertragen, ich finde nein, nein und nochmals nein.

Da werden Antidiskriminierungsgesetze beschlossen, aber ab dem 1.1.2008 kommt das Rauchverbot in allen öffentlichen Räumen, Restaurants, Kaffees, Kneipen, Taxis usw. hier werden ca. 17 Millionen Raucher diskriminiert und so gut wie alle schlucken es. Ja, auch die Persönlichkeitsrechte werden mit Füßen getreten.
Hatte oben schon den Begriff Obrigkeitshörig schon erwähnt, hier ist wirklich der beste Beweis, man kann mit dem deutschen Volk machen was man will. Ein Test belegt auch diese Behauptung, im Europacenter in Berlin hat man die Raucher in eine Ecke verbannt, ich aber rauchte in unmittelbarer Nähe eines Restaurants und siehe da, nach einigen Minuten war ich nicht mehr alleine. Auf ihre Dummheit und Feigheit angesprochen, war nur noch Schweigen und Scham zu vernehmen, ja, dass ist der Deutsche, traurig, traurig, traurig.

Und jetzt nach ca. 3 Monaten kann man in Berlin erleben, was dieses Gesetz angerichtet hat, nicht nur die Kneipen sind leer, nein, auch die Restaurants klagen über enorme Umsatzeinbußen und nicht wenige stehen vor der Pleite. Wie sagte ein Politiker so schön, wir können keine Arbeitsplätze schaffen, richtig, aber im Vernichten sind und bleiben unsere Politiker eben Weltmeister.
Trotz allem bin ich mal gespannt, wie viele Kneipen und Kaffees in den nächsten Monaten Pleite gehen, denn mir schmeckt eine Tasse Kaffee oder ein Glas Bier ohne Zigarette überhaupt nicht, also werde ich wohl diesen Genuss mehr oder weniger nach Hause Verlegen.
Hier schreibt der Staat schon vor, was in den eigenen vier Wänden geschieht, ich nenne das Diktatur, mal sehen wie unsere Gerichte das sehen. Jetzt hat man auch noch den Alkohol im Visier, die alten Zittergreise sollen mal überlegen, wie und was die in ihrer Jugend alles gesoffen und geraucht haben. Wo ist der Hotel und Gaststättenverband, natürlich untergetaucht.

Es geht Bergauf, wie von der Regierung mal wieder verkündet, jetzt haben wir die Zahlen für den Einzelhandel aus 2007. Mal wieder Umsatzeinbußen, wie seit über 10 Jahren schon, Weihnachtsgeschäft eine Katastrophe und der Winterschlussverkauf ebenso, ja, es geht Bergauf. Im März 2008 wieder Massenentlassungen, Telekom, Post, BMW, Bayer, Siemens usw. um nur einige zu nennen, wie war das, es geht bergauf. Nach wie vor werden von unseren Behörden Zahlen gedreht und gewendet bis es passt, siehe Arbeitslosenzahlen.

Zur Lichtensteinaffäre Februar 2008 kann und will ich nur folgendes Sagen, erstens, wer war wohl die Ersten die diesen Weg gegangen sind, richtig, die Politiker. Erinnern wir uns an die schwarzen Kassen der CDU, Weihrauch, Kanter, Kohl usw. und nicht auszuschließen Koch, von den letzten zwei wird zwar jegliche Beteiligung abgestritten, aber wer Glaubt wird Selig. Außerdem wurden die angeblichen Beweismaterialien von, nach meiner Meinung, einem Kriminellen, für fast 5 Millionen Euro gekauft, was als sehr fragwürdig anzusehen ist. Natürlich wird der eine oder andere seine Gelder am Finanzamt vorbei geschleust haben, aber der Großteil hat seine versteuerten Gelder nur in Sicherheit vor diesem räuberischen Staat (Regierung) gebracht. Der Staat hat es zu Verantworten, denn unsere Steuergesetze sind mittlerweile auf doppelte und mehrfache Steuerbelastung ausgerichtet, was früher mal von den Verfassungsrichtern untersagt wurde, so wie ich mich erinnern kann. Die jetzt am lautesten schreien, haben es doch, mit Schmiergeldern und Korruptionsgeldern und mit nicht versteuerten Geldern, in schlimmster Weise vorgemacht und ist einer von denen im Knast, nein. Die Strafen, wenn überhaupt, die verhängt wurden spotten jeder Beschreibung. Ja, es waren unsere Politiker und ihre Helfer und Helfershelfer.

Der kleine Mann oder Frau geht sofort in den Knast und diese Personen laufen frei herum und wenn Gras über die Angelegenheit gewachsen ist, geht die Karriereleiter wieder steil nach oben. Auch hier spielt die Medien und Presselandschaft ohne Skrupel mit. Das Auge und Ohr des Volkes, wohl eine Lachnummer.

Unsere Steuergesetze sind nicht nur die Undurchschaubarsten und Bürgerfeindlichsten, ja, sogar die Schlechtesten der Welt. Alle die an dieser Situation mal was ändern wollten, sind kaltgestellt und abserviert worden. Man will es so, Punkt.

Der Bürger und der Mittelstand wird ausgebeutet und feindliche Übernahmen wie zum Beispiel Mannesmann durch Vodafone brauchen nach deutschen Steuergesetzen wahrscheinlich die nächsten 200 Jahre keine Steuern mehr zu bezahlen. Mehr als ein Skandal. Und auch hier, die Medien werden Ihrer Rolle mal wieder mehr als gerecht, Hintergründe erfahren und dementsprechende Berichterstattung zu liefern, Fehlanzeige.

Was die Merkel Regierung bis Anfang 2008 geliefert hat, kann man getrost als Katastrophe bezeichnen, kein Profil mehr in der Partei und Ihre Mandatsträger und Fahnenschwenker kann man getrost vergessen. Nehmen wir nur den oben schon erwähnten Günther Oettinger, nach mehreren Stillosigkeiten und Affären, fordert jetzt gerade er, dass in der Lichtensteinaffäre die Strafen drastisch nach oben gesetzt werden sollen. Ich bin mal gespannt was wir von diesem Mann noch alles Hören werden, für mich untragbar, wir werden Sehen.

Zu Kurt Beck, als Landesvater von Rheinland Pfalz und Bundesvorsitzender der SPD kann es einem mehr als die Sprache verschlagen, von einem Fettnäpfchen ins andere. In Hamburg wurde er jetzt als Geisterfahrer in der Politik beschrieben und zwar nicht von der Opposition, sondern von seinen eigenen Kameraden. Auch sollte man verwundert sein, wenn ein Landesvater, sprich Ministerpräsident auch noch Vorsitzender der Partei ist. Denn, wie man sieht, ist Beck mehr als Parteivorsitzender unterwegs als alles andere. Ich Frage mich, ist ein Ministerpräsident nur noch eine Person für die Öffentlichkeit, wer macht die Regierungsgeschäfte in Rheinland Pfalz??? Ach ja, da sind ja noch die Königsmacher in der zweiten Reihe. Und was sich Anfang März 2008 in der SPD, ganz speziell bei Kurt Beck, so abspielt, kann man mit Worten schon fast nicht mehr Erläutern. Politikkatastrophe und Eiertanz bis zum geht nicht mehr. Müntefering und Genossen lassen Grüßen.

Und es geht weiter, ab Mitte des Jahres sollen die Beiträge zur Pflegeversicherung wieder steigen. Wir haben mittlerweile einen Staat im Staate und dabei geht es um nichts anderes, als die Kassen der Regierung auf das unverschämteste aufzufüllen, um deren verschwenderisches Dasein zu finanzieren.

Es wird auf die Industrie eingeschlagen, Mindestlöhne usw. wer hat denn dem Bürger denn alles genommen, nicht die Industrie, sondern, wie mittlerweile wohl auch der Dümmste weis, der Staat, sprich Regierung. Alles genommen und dann diese Sprüche. Hätte man dem Bürger nicht so unverschämt die Taschen geleert, dann brauchten wir keine Zuschüssen des Staates, was Erziehungsgeld usw. anbelangt. Die Familie könnte es bedeutend besser, denn die Zuzahlungen des Staates gehen ganz bestimmt nicht in die richtigen Richtungen. Unsere Familienministerin von der Leinen ist sogar Stolz darauf, dass mittlerweile auch Väter für bestimmte Zeiten aus dem

Berufsleben Ausscheiden um der angeblichen Kindererziehung gerecht zu werden, an Schwachsinn überhaupt nicht mehr zu übertreffen. Man mischt sich immer mehr in die Angelegenheiten des Volkes ein und so kommen wir der DDR und den Kommunistischen Systemen immer näher, was diese im Endeffekt bedeutet, kann wohl jeder aus Geschichte lernen.

Zu den Linken wollte ich an und für sich nichts mehr Sagen, Populismus und kommunistisches Gehabe sind mir zuwider, aber Lafontaine ist in seinem Element und was ich vermisst habe, ist seine damalige Schattenministerin (Ehefrau). Ja, auch sie ist wieder da und zwar als familienpolitische Sprecherin der Linken im Saarland.
Die SPD unter Beck sucht immer intensiver die Nähe dieser Leute und schließt eine Zusammenarbeit eben mit diesen nicht mehr aus. Ich hatte schon seit Jahrzehnten immer wieder die Vermutung, dass in der SPD doch mehr Kommunismus vorhanden ist, als diese Zugeben wollten. Jetzt endlich haben wir den Beweis.
Ich Wette, dass die Linken genauso Gesellschaftsfähig werden wie seinerzeit die Grünen, armes Deutschland. (Genossen Grüßen mal wieder Genossen).

Bei den Grünen ist Joschka Fischer auch wieder am Strippenziehen, so will er unter anderem die Führungsspitze auswechseln, seine Favoriten sind AL-Wazir und der sehr umstrittene Özdemir, sieht so eine Deutsche Partei der Zukunft aus???????

Und wenn ich die anderen Namen der Grünen nur höre oder lese, wie zum Beispiel Bütikofer, Roth, Kuhn, Künast, Schlauch, Ströbele und nicht zu vergessen, Trittin, dann bekomme ich mehr als Magenschmerzen. Die werden mit den Linken wohl keine Schwierigkeiten haben, denn auch hier jede Menge Maoisten und Kommunisten. All diese Personen kann man getrost als Systemzerstörer bezeichnen, denn was aus deren Ecke kommt, führt Deutschland zurück in die Steinzeit. Beispiel, nach mehr Bildung wird geschrien und was ist deren Ziel, alle in einen Topf, wie schon erwähnt, Saudumme, Dumme, Intelligente und Hochbegabte. Das hier die Guten und sehr Guten Schüler benachteiligt werden steht wohl außer Zweifel. Ja, dass ist gewollt und keiner merkt es. Ströbele fordert nach wie vor, einen Muslimischen Feiertag. Dann noch die Ökowelle, nicht mehr zu bezahlende Stromrechnungen usw. usw. Alle diese Themen kamen aus der Grünen Ecke und die anderen Parteien haben nicht nur mitgespielt, sondern deren Programme sogar zum größten Teil übernommen. Ja, auch so kann man ein Land in den Abgrund stoßen. Wir werden sehen, dass all diese Aktionen uns noch sehr teuer zu stehen kommen werden und Deutschland in den Abgrund befördern wird. Ich kann mich noch erinnern, dass früher Vorbestrafte nicht ins Parlament einziehen durften, schauen sie sich mal die Grünen an und auch das kann man ohne Bedenken Sagen, Deutsch und Deutschlandhasser erste Güte und keiner hat es gemerkt.

Am 14.3.2008 verkündet unser Arbeitsminister Scholz, dass die Renten ab Mitte des Jahres um unglaubliche 1,1% erhöht werden sollen, Inflationsrate (offiziell) 2,8 % tatsächlich aber ein vielfaches. Erhöhung der Pflegeversicherungsbeiträge zum selben Zeitpunkt, dass heißt nicht anderes, als das die Rentner mal wieder mehr als eine Nullrunde zu verkraften haben. Sich bei solchen Zahlen überhaupt der Presse zu stellen, ist schon mehr als eine Frechheit.
Und dann noch die Kontrolle der Pflegeheime, seit Jahrzehnten sind die Missstände bekannt und erst jetzt hat sich die Bundesregierung entschlossen, unangemeldete Kontrollen durchzuführen, dieses aber erst ab 2011, na was sagt man dazu, ich bin sprachlos. Beschlossen Anfang 2008 und

dann 3 Jahre für die Umsetzung. (wie war das mit der Krähe)

Und Frau Merkel reist immer noch wie verrückt, im Mai 2008 eine große Südamerikareise, wieder mit dem dementsprechenden Tross und großspurigen Belehrungen anderer Staaten. Es ist ja so schön, Geschenke und Ehrenformationen über sich ergehen zu lassen. Wenn man die Reiselust dieser Frau beobachtet, kommt für mich automatisch die Frage, brauchen wir Sie überhaupt????

Jetzt Ende Mai 2008 kann man ganz deutlich beobachten, was das Rauchverbot angerichtet hat, viele sind schon Pleite und der Rest zittert vor dem 1. Juni, denn dann kommen die Strafen und eine Pleitewelle im Kaffee und Kneipenbereich wie es Deutschland wahrscheinlich noch nicht erlebt hat. Vor weit über hundert Jahren schon mal versucht, aber seinerzeit hat das Volk sich noch gewehrt und das Rauchverbot wurde wieder aufgehoben, war die Bevölkerung damals schlauer, oder was ist heute los.

Und immer wieder Schäuble, eine nationalen Sicherheitsrat fordert er, was steckt dahinter, mehr Macht für die Regierung, sprich Kanzleramt und Innenminister, mehr Einsätze der Bundeswehr im Ausland und bis dato verbotene Einsätze im Inland. (siehe auch Außenpolitik). Ich hatte mal die Achse des Bösen in Buch 1 angeschnitten, ja, jetzt sind wir mitten drin.

Anfang Juni 2008 verkündet unser Umweltminister Gabriel, dass bis Oktober 2008 die Gaspreise bis zu 40% teuerer werden sollen, ein Preisbeispiel wurde von einigen Sendern auch schon gebracht, wer jetzt 100 Euro zahlt, dem wird ab Oktober eine Rechnung von über 170 EURO ins Haus flattern, wie man sieht, sind es keine 40 sondern 70%, deren Rechenkünste kennen wir ja schon zu genügend aus der Vergangenheit. Normalerweise sollten solche Ankündigungen doch von der Gasindustrie kommen, oder?, nein, hier mal wieder deutlich zu erkennen wer die Preise macht, die Politik. Auch bei der Umstellung der Kfz-Steuer wird meine Vermutung mehr als bestätigen, diese soll auf Schadstoffausstoß umgestellt werden, wenig Schadstoffausstoß soll weniger Belastung bringen. Nach den jetzt veröffentlichen Zahlen, Pfennige und wer mehr ausstößt, der kann mit der doppelten wenn nicht dreifachen Steuerzahlung rechnen. Also auch hier mal wieder eine Abzocke und nichts anderes. Im Moment auf Grund der hohen Benzinpreise vertagt, aber es wird kommen, genau wie die Erhöhung der Mautgebühren für Lkws. Wir wollen dem Volk etwas zurückgeben, wurde vor Tagen noch großmundig verkündet und so sieht das dann im Endeffekt aus, nicht zu Glauben aber Wahr. Der Bürger muss noch mehr Bluten und die Verarmung des Volkes wird solche Ausmaße annehmen, dass einem die Spucke im Hals stecken bleibt.

Kommen wir nochmals zu unseren Finanzministern, was hat der damalige Finanzminister Eichel alles versprochen, Mitte der 90er, ab 1999 einen ausgeglichenen Haushalt, dann sollte es 2002 und dann 2004 und zum Schluss 2006 so weit sein, enorme Schulden war im Endeffekt das Resultat. Und jetzt unser Finanzminister Steinbrück, 2011 will nun er einen ausgeglichenen Haushalt vorlegen, ich schließe heute schon Wetten ab, dass auch er es nie und nimmer schaffen wird, denn trotz enormer Mehreinnahmen, wird nach wie vor das Geld nur so aus dem Fenster geschmissen und die Neuverschuldung wird sich bis 2009 um weit über 60 Milliarden erhöhen.

Auch wird weiter Tafelsilber in Milliardenhöhe verschleudert und verbrannte Erde hinterlassen, wie seinerzeit unter anderem bei der Bundesdruckerei. Hier eine kurze Erläuterung wie die

Angelegenheit unter Rot Grün abgelaufen ist. Hans Eichel, der damalige Finanzminister, hat Ende 2000 die Hochsicherheitstechnologie an die Private Equitty (Heuschrecke) Apax für ca. 1 Milliarde verkauft. Investiert wurde so gut wie nichts, aber der Bundesdruckerei wurden enorme Schulden aufgebrummt, auch wurde der Kaufpreis nicht in voller Höhe gezahlt, sondern es wurden noch weit über 200 Millionen gestundet. Also, man hat über Kredite und Stundung keinen müden Euro selber investiert, alles umsonst bekommen und so konnte man sich natürlich die Taschen füllen bis zum geht nicht mehr. Schon nach Monaten stand die Bundesdruckerei kurz vor der Pleite und dann übernahm eine Auffanggesellschaft, hinter der ein sehr umstrittener Wirtschaftsanwalt steckt, die Bundesdruckerei für einen symbolischen Euro, nachdem Hunderte von Millionen Schulden gemacht wurden, (man nennt das Ausschlachten).

Nun will der Bund wieder mit ins Geschäft, denn man hat ja noch Forderungen aus der Stundung von etwas über 200 Millionen, aber da hat man die Rechnung ohne die Heuschrecken gemacht, denn die fordern für Ihre Anteile (für einen Euro gekauft) jetzt weit über 700 Millionen. Für mich ist das Ganze ein Wirtschaftskrimi erster Güte und ist Herr Eichel jemals zur Verantwortung gezogen worden, nein, sondern er lässt sich nach wie vor in Talk-Shows sehen und wird nicht müde, Ratschläge zu Verteilen. Dieser Mann gehört vor ein Gericht und in keine Talkshow.

Auch werden Unternehmen genötigt mehr an den Staat abzuliefern als diese an Gewinn Erwirtschaften, Beispiel: Telekom, 2007 etwas über 500 Millionen erwirtschaftet, aber fast 3,5 Milliarden an die Aktionäre überwiesen, nicht verwundert, denn der Staat ist nach wie vor der größte Aktionär. Man spricht von Gewinn, in Wirklichkeit hat die Telekom einen Schuldenberg von über 40 Milliarden wenn nicht noch mehr. Bei einem solchen Geschäftsgebaren bleibt fürs Investieren keine Mark übrig. Ja, so sieht auch hier unseriöse und in keiner Weise nachvollziehbare Politik aus.

Hier noch ein Beispiel, die sehr umstrittenen Entwicklungsministerin Wieczorek-Zeul will doch allen ernstes Kredite aufnehmen um fadenscheinige Länder mit Geldern zu Versorgen, dieses soll dann mit den Einnahmen aus dem Emissionshandel, der bis 2013 weit über 10 Milliarden und ab 2020 über 20 Milliarden bringen soll, finanziert werden. Auch den Emissionshandel hatte ich in Buch 1 ausführlich beleuchtet und kam zu dem Schluss, dass es mit Klimaverbesserung nichts aber auch gar nichts zu tun hat, sondern einzig und alleine zum Auffüllen der Staatskasse dient. Als wären die Energiekosten durch den Staat nicht schon in astronomische Höhen getrieben worden, man belastet den Energiemarkt weiter bis zum Ausbluten des Mittelstandes und vor allen des Volkes. Schon heute nicht mehr bezahlbar und das Spiel geht unvermindert weiter. Auch andere Länder haben mittlerweile erkannt, wie man Preise nach oben treibt und die Staatskasse füllt, so werden auch Nahrungsmittelpreise durch erhöhte Exportsteuern künstlich nach oben getrieben und die Spekulanten machen den Rest, was wir in den letzten Monaten schmerzlichst Erfahren mussten.

Alles wird unbezahlbar und unser Staat hilft hier fleißig mit, denn die haben es vorgemacht und einige anderen machen mit, ohne auch nur an die Folgen zu Denken. Freie Marktwirtschaft lässt grüßen, oder besser gesagt, liegt im Sterben.

Gesunde Ernährung wir gepredigt, wer kann aus der gering verdienenden Bevölkerung denn heute die Grundnahrungsmittel überhaupt noch bezahlen, schauen sie sich mal die Preise von Obst, Kartoffeln, Käse, Milchprodukte usw. an, wenn überhaupt dann gibt es nur noch Nudeln mit einer nichtssagenden Beilage. Diese Machenschaften gehen über eine Verarschung so weit hinaus, dass man keine Worte mehr hat.

Die Bundesregierung hat beschlossen, dass ab 2020 keine weiteren Schulden im Bund und in den Ländern mehr gemacht werden dürfen, es sind ja nur 12 Jahre und ich bin sicher, dass der EURO bis dahin verschwunden sein wird. Ja, so sieht Populismus und Verschleierung in Vollendung aus. Der Staat ist mittlerweile mit ca. 4 Billionen verschuldet (offiziell 1,5 Billionen) eine Summe die unvorstellbar ist und ich wundere mich immer wieder, dass es immer noch möglich ist, Gelder am internationalen Kapitalmarkt zu bekommen. Ich bin mir sicher, dass es sich wirklich nur um ganz kurzfristige Anlagen handelt, denn wer geht schon solche Risiken ein und gibt einem vor der Pleite stehenden Land überhaupt noch Gelder??? (Landesbanken, Bundesbank und die EZB) Ja, so wird es sein.

Kurt Beck als Parteivorsitzender bei einer Nacht und Nebelaktion entmachtet und wen haben wir wieder auf der Bildfläche, Müntefering, toll, toll, Tollhaus.

Und nochmals zu den Benzin und Ölpreisen, jetzt im September 2008 ist der Ölpreis von seinem Hoch um ca. 30% gefallen, der Dollar hat sich aber nur um 10 % verteuert, also müsste nach Adam Riese der Tankstellenpreis um mehr als 20% gefallen sein. Nein, an der Tankstelle kostet der Liter Superbenzin noch immer weit über 1,50 Euro. Nach meinen Berechnungen müsste dieser aber weit unter 1,30 liegen, also lieg und lag ich wohl vollkommen richtig, dass hier mit Absprache aller Beteiligten der Preisspegel manipuliert wird. Hatte unseren Verbraucherschutzminister Seehofer schon 2 mal angeschrieben und um Erklärung gebeten. Mull Reaktion, mal sehen vielleicht kommt nach meinem 3. Schreiben eine Antwort. Auch nach meinem 3. Anschreiben vom 10.9.2008 keine Reaktion von dem sonst so großmäuligem Minister. Seehofer, abgetaucht, genau so wie die anderen maßgeblichen Politiker, Presse und die politikhörigen Fernsehanstalten. Mittlerweile ist der Ölpreis am Weltmarkt von fast 150 US Dollar auf etwas über 90 US Dollar gefallen und der Benzinpreis bewegt sich immer noch auf astronomischen Höhen, weit über 1,40 Euro, Schamlosigkeit in Vollendung.
Immer noch keine Antwort, aber eigenartige Dinge passieren, am 17.9.2008 habe ich dem Finanzminister eine E-Mail mit fast dem selben Inhalt geschickt und umgehend kam vom Computer die Warnung, ein nicht identifiziertes Programm möchte auf den Computer zugreifen und umgehend war mein neuer Computer, Drucker/Scanner lahmgelegt und nicht mehr zu gebrauchen, sodass ich einen Fachmann zur Behebung des Schadens hinzuziehen musste, aber der Schaden war so hoch, sodass ich mir einen neuen Computer Kaufen musste. Nun ja, für mich steht fest, wer dahinter steckt. Auch ist das Ausdrucken der Textseiten nicht möglich, das Logo ja, aber alles andere wird verweigert. Hier kann man klar und deutlich Erkennen, dass bei denen Programme existieren, die einen Eingriff möglich machen. (Überwachungsstaat)

Herrn Seehofer habe ich nochmals angeschrieben und diesmal per Post, hier den Auszug aus meinem Schreiben:
Leider habe ich bis heute keinerlei Antworten auf meine per Internet zugeschickten Anfragen.
Also versuche ich es nun über den Postweg und erhoffe mir besonders jetzt eine Reaktion.
Ich habe die Regierungen in der Vergangenheit öfters angeschrieben und auch bei schärfster Ausführung immer eine Antwort bekommen.
Hier nochmals meine Fragen:
Der Ölpreis hat bis gestern den 17.9.2008 um fast 40% nachgegeben, der Dollarkurs ist aber nur

um ca. 10% gestiegen, also müsste der Benzinpreis nach Adam-Riese um ca. 30% gefallen sein. Nun, der Tankstellenpreis ist nicht gefallen, sondern Eigenartigerweise sogar gestiegen, der Liter Superbenzin kostet immer noch weit über 1,50 Euro. Was passiert hier, teilt man sich evtl. die Milliarden Zusatzgewinne unter der Mineralölindustrie und dem Staat auf, oder wo fließen die Gelder hin??????
Ich bin überzeugt, dass gerade der Verbraucherschutzminister eine Antwort geben kann, denn gerade er sollte es doch Wissen, oder?

Jetzt haben wir Oktober 2008 und noch immer keinerlei Antworten, also werde ich mit meinen Vermutungen wohl in Schwarze getroffen haben, man macht <u>Halbe, Halbe.</u>

Ich hatte in Buch eins vorhergesagt, dass wir Zeiten entgegensehen, die an die 20er Jahre Erinnern, seinerzeit wurde ich für verrückt erklärt. Nun sind wir so weit und es wird noch viel schlimmer kommen, die Bundesregierung hat es ermöglicht und jetzt ist das Jammern groß, Schuldige werden gesucht, aber da werden die wohl Pech haben. Werde dieses Thema im Kapitel (Wirtschaft) ausführlich Beleuchten und Erklären, also, unbedingt Lesen.

Es ist so weit, ein schwarzer Tag nach dem anderen, alles fliegt, wie vorhergesagt, dem Staat um die Ohren. Staatsbanken, Landesbanken, sogar die Rentenversicherung und die staatliche Unfallversicherung haben Hunderte von Milliarden verzockt . So sieht es aus wenn wir <u>Machthungrige, Egozentrische, Unwissende, Durchgeknallte</u> und den Anforderungen keineswegs gerüstete Politiker an den Schaltstellen und in unseren Regierungen haben.

Jetzt endlich eine Antwort aus dem Ministerium für Verbraucherschutz, nett, aber wie immer Bla, Bla, Bla. Wichtig, dass man so an etwas genauere Zahlen kommt.

Nettotankstellenpreis inkl. Biobeimischung am 3.7.2008   064,13 Euro
Verkaufspreis inkl. Mineralölsteuer und MWST.   1,55,20 Euro

Macht einen Staatsaufschlag von Sage und Schreibe ca. 135% aus.
Ich bin mir sicher, dass auch hier noch getrickst wurde und die Einnahmen für den Staat noch viel höher liegen. Also nochmals, lassen Sie sich die Zahlen mal auf der Zunge zergehen, über <u>135%</u> <u>Aufschlag</u> und unsere Straßen verkommen.

Und es geht weiter, jetzt im November 2008 wurde die Mautgebühr für LKWs um 40 bis 90% angehoben, (ab 1.1.2009) Die Wirtschaft steckt in Ihrer schwersten Krise und dann ,das, die Kaufkraft wird weiter gesenkt und das ist noch nicht alles, denn ab dem 1.1.2009 kommen weitere Belastungen auf die Bevölkerung zu. Anstatt die Kaukraft zu erhöhen, wird hier weiter abgezockt. Also, nach meiner Meinung sind unsere Politiker jetzt vollkommen durchgeknallt. Gehen diese Gelder in den Straßenbau, nein und nochmals nein.

Nicht zu vergessen, ab 1.1.2009 kommt der <u>Gesundheitsfond </u>und was das bedeutet habe ich früher auch schon ausführlich behandelt. Auch werden die unbezahlbaren Verwaltungen weiter aufgebläht, nachdem die Ordnungsämter ihre Verwaltungen ins Uferlose aufgestockt haben und deren Kontrollinstanzen mit Luxusfahrzeugen durch die Lande ziehen, Fahrrad oder Straßenbahn wäre wohl vernünftiger, wenn überhaupt, aber auch hier geht es nur ums Absahnen. Genauso wie bei der neuen Bundesbehörde, die klamm und heimlich installiert wurde, diese nennt sich

Bundesamt für Güterverkehr mit Hauptsitz in Köln und mit nicht weniger als 11 Außenstellen. Ich habe eine Dokumentation im Fernsehen über deren Arbeitsweise gesehen. Nach den Vorgaben sollen diese nur LKWs ab 12 Tonnen kontrollieren, aber bei dieser Sendung hatte man einen Kleintransporter an der Angel, man suchte und suchte bis man doch noch etwas entdeckte, die Fahrzeit konnte nicht einwandfrei belegt werden, der Chef des Fahrers wurde eingeschaltet und das Drama nahm seinen lauf, nach sehr langem hin und her kam man doch noch zu einem Ende und zwar 30 Euro sollte der Fahrer bezahlen. Ich hätte nie bezahlt, aber dann dufte der Mann nur noch 30 Minuten fahren, da angeblich seine Fahrerzeit dann zu Ende sei. Hätte es diese unnötige und sehr lange Belästigung durch diesen Beamten nicht gegeben, so hätte dieser seinen Job gut und zur Zufriedenheit seines Arbeitgebers erledigen können. Jetzt wissen sie, warum es in Deutschland nur noch bergab geht. (Schikanenland erster Güte)

Özdemir ist Parteiboss der Grünen geworden, keine Steuern zahlen, Bonusmeilen privat Abfliegen, von Lobbyisten Geld annehmen und im eigenen Wahlkreis abgewählt, aber ins Europaparlament gekommen und jetzt Parteichef der Grünen, für mich unerträglich. Die Forderungen der Grünen kennen wir ja, auch diese Leute sind am Zusammenbruch Deutschlands mehr als beteiligt und ich frage mich immer wieder, wer unterstützt oder wählt diese Leute (Partei) überhaupt.

Kein Geld, aber der Amerikanische Präsident Obama ist schon zweimal zu Kurzbesuchen nach Deutschland eingeladen worden, Baden-Baden und Dresden.
Ganze Landesteile wurden lahmgelegt und ein Aufwand betrieben, der alle vernünftigen Maßstäbe sprengt. Kosten der Beiden völlig überflüssigen Visiten ca. 100 Millionen Euro.
Größenwahn von Frau Merkel und eine weitere Einladung für dieses Jahr ist auch schon unter Dach und Fach.
Damit man sich ein Bild über die ungeheure Verschwendung machen kann, hier ein kleine Rechenbeispiele, Herr Obama bleibt Stunden in Deutschland und Beträge die ausgegeben werden, reichen aus, um alle Menschen einer Großstadt von 100 tausend Einwohnern drei Wochen in einen tollen Urlaub zu schicken.

Ab Juni 2009 werden die Zigarettenpreise mal wieder erhöht, zwischen 50 und 70 Cent pro Packung. Ich komme gerade aus Asien zurück und alleine für diese Preiserhöhung bekommt man zum Beispiel in Laos ganze 2 Stangen Zigaretten, ich betone, nur für die jetzige Preiserhöhung. Wütend habe ich mich an die Zigarettenindustrie gewandt um mal an genauere Daten zur Besteuerung der Zigaretten zu kommen.
Hier ein Auszug von meinem Schreiben und die Antwort:
Es würde mich mal interessieren, wie hoch ist die Steuerbelastung pro Zigarette, Packung oder Stange. Bitte nicht aufgeteilt und undurchsichtig wie von der Politik veröffentlicht.
Hier die Antwort:
Tabakprodukte werden in der Regel hoch besteuert. In den meisten Ländern macht die Steuer den größten Teil des Packungspreises aus. Viele Regierungen sehen hohe Steuern als Möglichkeit an, Menschen vom Rauchen abzuhalten. Gleichzeitig stellen diese Steuern eine wichtige Quelle für staatliche Einnahmen dar. Wir sind der Überzeugung, dass Tabakprodukte einheitlich und auf nicht diskriminierende Weise besteuert werden sollten. Steuererhöhungen sollten vorhersehbar als auch mäßig sein.
Auf meine eigentlichen Fragen keinerlei Antworten, ich habe in meiner Antwort darauf hingewiesen und natürlich keine Antwort mehr bekommen. Auch habe ich eine weitere große

Zigarettenfirma angeschrieben, ebenso einen Verband der Zigarettenindustrie, auch hier Stillschweigen und keinerlei Reaktion. Ist es Angst oder was steckt dahinter?

Wie ich aus weitere Nachforschungen entdecken konnte, haben die meisten Zigarettenfirmen ihre Hauptverwaltungen aus den westlichen Ländern abgezogen und stehen wahrscheinlich so unter Druck, dass man jegliche Kommentare zur eigenen Sache vermeiden will, oder sogar muss. Also mache ich mal meine eigene Rechnung auf: Herstellungspreis pro Stange ca. 2 Euro, Vertrieb, Großhandel und Einzelhandel weitere 5 Euro macht zusammen 7 Euro. Ladenpreis pro Stange jetzt ca. 50 Euro macht einen Aufschlag von ca. 43 Euro pro Stange. Ich nenne das Wucher und früher hätte man den Staat eben wegen Wucher vor den Kadi gezerrt.

Die Wirtschaft geht nach wie vor den Bach runter und auf einmal sind die Nachrichten voll mit der Behauptung, der Deutsche ist im Konsumrauch. Also ich habe mich mal in den Hauptgeschäftsstraßen umgeschaut und konnte von einem Konsumrauch nichts aber auch absolut nichts Entdecken, haben wir hier mal wieder eine Gefälligkeitsnachricht von den Fernsehanstalten zur Politik, wäre ja nicht die Erste so kurz vor der Wahl. Muss man wirklich so Lügen, obwohl es dem Volke mehr zum Weinen ist, kann und darf man die Menschen wirklich so hinters Licht führen.

Und schon wieder werden Arbeitslosenzahlen geschönt, wie seinerzeit unter Kohl kurz vor den Wahlen, nur jetzt noch viel schlimmer, 3,5 Millionen sind es nach Angaben der Arbeitsagentur, nicht mitgezählt werden ca. 1,6 Millionen Eineurojobber, Umschulungs und Weiterbildungspersonen. Was den Weiterbildungskandidaten angeboten wird, habe ich in einer Fernsehsendung gesehen, eine Katastrophe. Unter anderem werden gebrauchte Steckspiele auf ihre Vollständigkeit überprüft, Neupreis einige Euros und die Überprüfung von mehreren Stunden wenn nicht Tagen. Auch die anderen Maßnahmen haben nur eine Aufgabe den Arbeitslosen aus den Statistiken herauszuhalten. Hier machen sich mal wieder einige Firmen auf Kosten der Statistikfälschung die Taschen voll. Damals waren es Hauptsächlich Gewerkschaftseigene Unternehmen und heute taucht der Name Dekra immer wieder auf. Dann nicht zu vergessen die Kurzarbeiter, alles zusammen kommen wir mal wieder auf weit über 5 Millionen echte Arbeitslose. Nur um die Zahlen zu schönen, werden die Kassen geplündert und wie wir feststellen werden, alles umsonst.

Denn die Wahrheit wird sich spätesten kurz nach der Wahl herausstellen, wie bei Kohl. Überhaupt hat die Politik auf dem Arbeitsmarkt mehr als versagt, normale Arbeitsplätze wurden im großen Stiel vernichtet und (ca. 8 Millionen) sogenannte Mini-Job installiert, was zur Folge hat, dass Millionen ihre täglichen Ausgaben überhaupt nicht mehr Finanzieren können. Die Löhne wurde derart gedrückt, wobei man auch hier von katastrophalen Zuständen sprechen muss. So wurde auch hier auf Kosten des Volkes Manipuliert und all dieses haben wir Rot Grün zu verdanken und dem damals gefeierten Herr Hartz. Zurück gedreht wurde nichts, alles blieb und bleibt bis Heute beim alten. Also sind die Heutigen auch nicht besser als Schröder und Fischer. Die (8 Millionen sind Regierungszahlen) und ich bin mehr als sicher, dass diese Zahlen vorne und hinten nicht Stimmen und wir ganz bestimmt von weit über 10 Millionen Ausgehen können.

Zu den Themen des wirtschaftlichen Zusammenbruchs, wie Banken, Kreditwirtschaft Autoindustrie, Maschinenbau, Abwrackprämie usw. werde ich in der Rubrik Wirtschaft ausführlich behandeln, also unbedingt lesen.

Nur so viel, man sucht angeblich nach Lösungen damit sich solche Katastrophen sich nicht wiederholen können, ganz einfach, alles vom Markt nehmen und verbieten was Zockerpapiere sind und zur Realwirtschaft zurück kehren.

Der Deutsche hat immer noch nicht erkannt, dass wir ein unheilbares Krebsgeschwür haben und das nenne ich die Politik, die Parteien und den Seilschaften, Korruption und was sonst noch alles in diesem Milieu zu finden ist. Undurchschaubare Netzwerke aus Politik und Wirtschaft geben den Rest.

Und schon wieder wird vom Konsumrauch gesprochen, die GEK (Gesellschaft für Konsumverhalten) gibt diese Nachrichten raus und alle aber auch wirklich alle in den Medienlandschaften geben diese Informationen weiter, ohne auch nur die geringsten eigenen Nachforschungen zu betreiben. Was ist denn alles in diesem Konsumpaket enthalten, hier sind unter anderem auch Heizkosten, Benzinpreise Gas, Abwrackprämie und vieles mehr enthalten, also nehmen wir nur mal die Benzinpreise, die sind in den letzten Wochen ganz enorm gestiegen, also teuerer geworden und so kommt auch eine höhere Ausgabe auf den Verbraucher zu und diese wird dann vom oben genannter Gesellschaft als Konsumrauch weiter gegeben. Ja, so wird es gemacht unter den von der Politik abhängigen Gesellschaften und Instituten.

Und die von mir heißgeliebte Ulla Schmidt hat im Juli 2009 mal wieder richtig in die Scheiße getreten, nach Spanien in den Urlaub gereist und eine Staatskarosse nachkommen lassen, natürlich mit Fahrer und dieser soll nach Medienberichten sogar seinen Sohn noch mitgenommen haben. Aber dann wurde auch schon die Staatskarosse geklaut und so kam die Angelegenheit überhaupt an die Öffentlichkeit. Es war angeblich ein Vortrag vor einigen Rentnern, die in Spanien leben, geplant. Alleine diese Angelegenheit als Dienstreise zu deklarieren empfinde ich schon mehr als eine Frechheit, denn der Vortragsort war nur ca. 10 km von ihrem Urlaubsort entfernt. Also, man fliegt in Urlaub, plant eine kleine Rede vor ein paar Rentnern und schon kann man den Urlaub als Dienstreise Deklarieren. Die Verordnungen schreiben einwandfrei vor, sparsam mit öffentlichen Geldern umzugehen, aber das kümmert diese Personen einen Dreck. Und jetzt kommt noch die Krönung aus dem Bundesrechnungshof dazu, keine Einwände. Auch diese Behörde gehört aufgelöst, denn Befehlsempfänger der Politik und nichts anderes, denn Frau Schmidt war und ist ganz bestimmt nicht die Einzige die Steuergelder nur so verpulvert. Fast alle machen es, nur dort wurde noch keine Karosse geklaut.

Nach der Vogelgrippe jetzt die Schweinegrippe, von Pandemie wird gesprochen und der Pharmaindustrie wird ein Milliardengeschäft zugeschustert. In Mexico wo alles anfing, hat es jetzt nach amtlichen Aussagen lediglich 7 Tote gegeben, wo einwandfrei die Schweinegrippe Schuld daran war und dort ist von der Weltbedrohenden Krankheit nichts mehr zu Spüren. Unsere Politiker spielen dieses Thema in unerträglicher Weise hoch, obwohl man weis, dass durch eine ganz normale Krippe ca. 20 000 Menschen in Deutschland an deren Folgen sterben können. Auch hier spielt mal wieder die ganze Medienlandschaft mit und betreibt mal wieder mehr als Volksverdummung. Auch die Gefahren der Wirkungsverstärker sind bekannt, 1991 im Golfkrieg erprobt, Tausende von US Soldaten haben noch heute unter den Folgen zu leiden und unsere Regierung ruft zur Massenimpfung auf. Jetzt kann man auch Verstehen, warum bei der Bundesregierung und bei der Bundeswehr der ganz normale Impfstoff zur Anwendung kommt, aber nicht bei der Bevölkerung. Benutzt man hier die Bevölkerung als Testmaus, oder wie soll man diese Handlungsweise verstehen! Skandal erster Güte. Auch wird der Bundesregierung vorgeworfen, wissenschaftliche Falschaussagen gemacht zu haben. Typisch Politik.
Ich bin mal gespannt, wo und wann wir oben genannt Ulla Schmidt nach ihrem Ausscheiden aus der Politik wiederfinden werden?????

Und jetzt kurz vor der Wahl ihr nächster und hoffentlich letzter Versuch die privaten Krankenkassen aufzulösen. Ich persönlich kann diese Person nicht mehr Ertragen, ich kann nur Hoffen, dass unter anderem Müntefering, Gabriel, die oben genannte Ulla Schmidt, so schnell wie möglich im Keller verschwinden. Denn der Schaden der angerichtet wurde, ist enorm. Aber wie wir aus der Vergangenheit Wissen, so schnell wird man die nicht los und irgendwann Tauchen die wieder auf.

Der groß angekündigte Fernsehauftritt (das Duell) im Fernsehen am 13.9.2009 hat sich mehr oder weniger als Flop entwickelt. Eine Schlaftablette brauchte keiner. Ich habe so meinen Verdacht, Frau Merkel will und plant eine Neuauflage der Großen Koalition, denn dort fühlt sie sich bestimmt besser aufgehoben, denn ihre Politik ist mehr SPD als CDU oder CSU ganz zu Schweigen der FDP. Nun ja, bei Ihrer Herkunft und Vergangenheit bin ich absolut nicht erstaunt, armes Deutschland.
Hier wird sich das Spiel von 2005 wiederholen, kurz vor der Wahl enorme Verluste, ich hatte schon damals das Gefühl, dass diese Frau ihre eigenen Vorstellungen hatte um mit der SPD zu regieren, was ja auch so eintreten ist. Jetzt, dass selbe Spiel, nur noch durchschaubarer, keine Aggressivität, Planlosigkeit , Inhaltslosigkeit in Vollendung. Ja, auch so kann man den Wahlausgang nach seinen eigenen Vorstellungen beeinflussen.

Eben habe ich ein Fernsehduell im Regierungskanal (Phönix) gesehen, anwesend waren Westerwelle, Trittin und natürlich Lafontaine. Trittin hat mir jetzt eindeutig bestätigt, was die Linken schon lange fordern, noch mehr Staatsangestellte und Beamte, so sieht deren Arbeitsplatzbeschaffung aus. Verwundert war ich zu der Reaktion von Westerwelle, nichts kam um hier mal wirklich einiges Klar zu stellen. Wie schon oft erwähnt 70% zu viel Verwaltung (Beamte und Angestellte) und dann diese Ankündigungen. Ich hatte wirklich erwartet, dass man von Seiten der FDP auf diese Sachlage hinweist und diese Herren in Grund und Boden zerschmettert, aber leider Fehlanzeige. Ist das wirklich ein Schmusekurs oder Dummheit, denn wo angegriffen werden kann, muss ich immer wieder solche Reaktionen Erleben und nicht nur bei der FDP sondern in der Vergangenheit auch bei der CDU.

Die Wahl ist gelaufen, wohl anders als von Merkel gewünscht. Zwar gab sie sich zufrieden wieder Kanzlerin zu sein, aber es werden wohl harte Zeiten auf sie zukommen. Mal sehen ob die FDP mit Ihren Ankündigungen ernst meinte und die Politik in die richtigen Bahnen lenken kann. Die SPD hat mit recht das schlechteste Wahlergebnis aller Zeiten eingefahren und jetzt werden wohl endlich die der SPD so schadeten Köpfe fallen, hoffentlich. Man wird wohl früher oder später mit den linken zusammen gehen und was wir dann haben, na Prost Mahlzeit.

Am 27.10.2009 hat Ulla Schmidt endlich Ihre Entlassungsurkunde bekommen. Gott sei Dank, denn von den ehemaligen Maoisten und Kommunisten haben wir mehr als genug in der Regierung und Parlament. Wie eine unbedeutende Lehrerin überhaupt in solche Positionen kommen konnte ist mir ein Rätsel, denn auch sie kommt aus der Maoisten und Kommunisten Ecke.

Erinnern sie sich, es geht bergauf und die Deutschen sind im Konsumrausch, alles nur Wochen vor der Wahl verkündet und jetzt kommen die wirklichen Zahlen ans Tageslicht, der Einzelhandel hat seit Mai 2009 mal wieder enorme Umsatzeinbußen hinnehmen müssen, wie schon seit sehr langer Zeit. Ja, es wird weiter Betrogen und Gelogen das sich die Balken biegen. Die Tagespresse und die Fernsehanstalten haben diese Meldungen mehrmals täglich gebracht, so dass man hier eindeutig von einer Gehirnwäsche sprechen kann und keiner schämt sich.

Genauso sieht es mit der Meinungsfreiheit aus, bestes Beispiel der Fall Sarrazin (ehemaliger Finanzsenator von Berlin und jetzt Bundesbankmitglied) er äußert sich zur Integrationspolitik und siehe da, alle schlagen auf ihn ein, ganz vorne natürlich die Presse und Medienlandschaft, es wird sogar nach der Staatsanwaltschaft gerufen.
Ja, so weit sind wir gekommen, seine Äußerungen haben den Kern getroffen und entspricht der Wahrheit und nichts als der Wahrheit, denn integrationswillig oder integrationsfähig sind unter den Türken und Arabern nur die Wenigsten. 60% der Türken in Berlin sind schon Kriminell aufgefallen und ca. 80% leben vom Sozialamt oder Harz 4, ganz schlimm sieht es bei den Libanesen aus, fast 90% sind durch Kriminalität schon aufgefallen, oder sitzen im Gefängnis.
Auch Staatsanwälte die sich zu der Problematik in Punkto Kriminalität äußern werden ganz schnell kalt gestellt und bekommen einen Maulkorb.
Ja, jetzt hat man Herrn Sarrazin bei der Bundesbank degradiert und Herr Axel Weber, Chef der Bundesbank, ist in die Türkei gereist, Zufall, oder was geht hier ab? Natürlich hat sich auch der Zentralrat der Juden zu Wort gemeldet, ich bin sprachlos. Ob und wie weit Axel Weber die Angelegenheit gefördert hat, um Sarrazin los zu werden, mag ich nicht Beurteilen, aber das Axel Weber Zarrazin nicht mag, ist absolut kein Geheimnis.
Berlin hatte mit Sarrazin einer der besten Finanzsenatoren und auch die Bundesbank sollte sich diesen Mann warm halten, aber ich fürchte, dass man ihn früher oder später fallen lassen wird, denn die Wahrheit stört.
Ich habe schon vor Jahren in meinem ersten Buch auf dieses Thema hingewiesen und bin froh, dass auch Sarrazin sich dieser Problematik angenommen hat, denn genau wie ich, so wollte wohl auch Sarrazin auf dieses sehr große Problem für die deutsche Bevölkerung hinweisen. Hier wurde Gott sei Dank ein Millionenpublikum erreicht, was mir bis Dato leider nicht gelungen ist. Nun ja, der Name machst, aber gut so.

Wie gut oder schlecht die Bundesbank und die BaFin sind, kann man an folgendem Genehmigungsverfahren ablesen. So wurde vor kurzem der türkisch-kuwaitischen Bank eine eingeschränkte Genehmigung erteilt um Scharia-konforme Produkte zu verkaufen um Gelder einzusammeln, die dann auf türkische Konten überwiesen werden. Deshalb wohl auch die Reise von Herrn Weber in die Türkei, oder?????

Wie es weiter geht, kann man an den Koalitionsverhandlungen zwischen CDU und FDP mehr als deutlich ablesen, dass von mir als tot geglaubte Thema, ständiger Sitz im Sicherheitsrat der Vereinten Nationen ist wieder auf dem Tisch, ich kann es nicht Fassen.

Auch im neuem Bundestag werden wieder Lobbyisten einziehen und zwar so viele wie noch nie. bezahlt und entsandt von der Industrie und diese Damen und Herren werden wir dann in den Ausschüssen wiederfinden, wo Gesetze gestaltet werden. Unerträglich, aber gewollt und geduldet. Denn hier sind die Posten der Zukunft für unsere Politiker zu suchen, wenn man diese aus Amt und Würde entlässt.

Nach den ersten Daten die bekannt werden, können sich die Deutschen keineswegs auf Steuererleichterungen freuen, sondern genau das Gegenteil bahnt sich an. Das Kindergeld soll erhöht werden, aber die Masse wird mal wieder mit Mehrabgaben rechnen müssen. So viel steht heute schon fest, die Müllgebühren, Abwasser, Stromgebühren, Krankenkassenbeiträge und bei der Pflegeversicherung auch soll eine weitere Versicherung installiert werden, dass alles soll die Wirtschaft ankurbeln und dem Bürger mehr Geld in der Tasche lassen, dass ist nicht mehr zum Lachen sondern mehr als zum Weinen. Ja, so sieht s wie immer aus, Täuschung, Täuschung und nochmals Täuschung.

Das neue Bundeskabinett steht, Innenminister wird Thomas de Maiziere, früher im Kanzleramt, ein Danke von Frau Merkel und Wolfgang Schäuble wird Finanzminister, eine Watsche von Frau Merkel? Verteidigungsminister wir Karl Theodor zu Guttenberg, gerade eingearbeitet im Finanzsektor und schon raus. Und der alte Verteidigungsminister Jung wird Arbeitsminister. Bei diesem Karussell kann man mehr als deutlich erkennen, dass es bei den Besetzungen nicht um Erfahrung und Wissen geht, sondern nur um Postenschiebereien. Und wer zu hell strahlt, wie zum Beispiel Guttenberg, den muss man auf Posten schieben, die in der Öffentlichkeit sehr umstritten ist. Und dann haben wir noch den neuen Entwicklungsminister Dirk Niebel FDP, die FDP war doch immer, wie ich, für die Auflösung dieses Ministeriums und dann das. Was hat dieses Ministerium gebracht, in Jahrzehnte wurden Milliarden verbrannt,
Korrupte Politiker wurden Milliardäre und die Bevölkerung der armen Länder sind heute noch ärmer als je zuvor. Für das Gesundheitswesen kommt Philipp Rösler, wollte die FDP den total verrückten Gesundheitsfond nicht abschaffen, bis Dato ist davon aber noch nichts zu erkennen. Ursula von der Leyen ist neben Merkel als einzige auf ihrem Posten geblieben. 7 Kinder und eine Postenhäufung die enorm ist und dann von Mutterpflichten zu sprechen ist mehr als seltsam. Keiner kann mir erzählen, dass diese Kinder etwas von Ihrer Mutter haben, Wochenende evtl.. Trotzdem wird immer wieder betont, dass beides vereinbar sei. Wer Glaubt wird Selig.
Anette Schavan CDU wird Bildungsministerin, ob diese Frau es besser macht als alle ihre Vorgänger, kann und muss ich sehr bezweifeln, denn die Bildungspolitik geht seit Jahrzehnten die verkehrten Wege und einen hellen Streifen am Horizont kann ich nicht entdecken. Ihre erste Forderung, Bildungssparen, ich glaubte nicht richtig zu Hören oder zu Lesen, anstatt für bessere Ausbildung für den Lehrkörper zu plädieren, Bildungssparen.
Auch wird uns die Umbildung des Kabinetts mal wieder enorme Summen kosten und in der Postenverteilung spielen sich seltsame Dinge ab. So soll die BdV Präsidentin Steinbach einen Posten als Staatssekretärin bekommen, wenn sie nicht in den Rat der Stiftung Flucht, Vertreibung und Versöhnung einrückt. Frau Steinbach lehnte ab und das war gut so, endlich ließ sich mal eine Person nicht Kaufen.

Westerwelle hat hier kurz nach seiner Ernennung als Außenminister mehr als versagt, er sollte mal mit den Polen so reden, wie er mit den Journalisten geredet hat, der ihn auf einer Pressekonferenz auf englisch ansprach. Franz Josef Jung als Arbeitsminister wurde schon gefeuert und das nach ca. 1 Monat.
Als Verteidigungsminister (Kriegsminister) versagt und von mir schon seit einiger Zeit als unhaltbar eingestuft. (siehe oben). Frau von der Leyen übernimmt das Arbeitsministerium, hat man jetzt erst erkannt, dass diese Frau für die Familie doch kein Vorbild ist!
Der Fall Schreiber, erinnern sie sich, Waffenlobbyist und die CDU Schmiergeldaffäre aus den 90er wurde im August 2009 an die Bundesregierung ausgeliefert. Schäuble musste

seinerzeit seinen Stuhl als Minister räumen, der damalige Schatzmeister Walter Leiser Kiep, Kohl, Holzer und viele mehr waren involviert, dass Landgericht Augsburg und die SPD Justizministerin haben die Auslieferung bewirkt und was tut sich, natürlich nichts. Man hört absolut nichts mehr von dem Fall und bis dato sind schon fast 3 Monate vergangen. Was spielt sich hinter den Kulissen ab, denn auch noch heute sind die Aussagen dieses Mannes, für viele Politiker mehr als gefährlich, ganz bestimmt für Schäuble, denn seit Jahren wieder in Amt und Würde, mal sehen was passiert. Hinter den Kulissen wird man schon einen Weg finden, Scheinverurteilung oder ähnliches kann ich mir gut Vorstellen.

Und schon wieder werden geklaute Daten auf einer CD der Bundesregierung zum Kauf angeboten und schon nach Tagen entschließt man sich zum Kauf. Nun ja, dass die Regierung mit kriminellen Geschäfte macht, ist nichts neues, denn wie war das mit der Mafia. Seit Jahren schlagen unsere Finanzminister auf die Schweiz ein, vor Erpressung und anderen Schandtaten ganz zu Schweigen. Hatte diese Thema schon mal früher aufgegriffen (Züricher Flughafen usw. usw.) Jetzt macht man mit <u>Kriminellen Geschäfte</u> und diese stehen Schlange. Wie verhasst die Deutschen mittlerweile sind, kann man an den Reaktionen der Schweizer Bevölkerung genauesten Ablesen. Ausweisung der in der Schweiz arbeitenden und wohnenden Deutschen steht ganz oben auf der Fahnenstange. Das alles haben wir unserer Politikern zu Verdanken. Ich habe es schon öfters erwähnt, wer hat denn riesige Summen in Steuerparadiese verschoben, unsere Politiker und jetzt machen gerade diese auf Saubermänner. Kanter und Kumpane lassen Grüßen. Der Deutsche Staat gehört vor ein Internationales Gericht, fordern Schweizer Abgeordnete, recht so, denn die Machenschaften sind kriminell.
Übrigens haben bis Heute fast alle dem Staat und den Ländern gehörenden Banken und Unternehmen ihre Zweigstellen oder Pseudoniederlassungen in den Steuerparadiesen und daran wird sich wohl auch nichts Ändern.

Und jetzt nochmals kurz zu unserem Finanzminister Schäuble, ab 2017 will dieser keine neuen Schulden mehr machen, 2010 die Rekordverschuldung von weit über 80 Milliarden, 2011 rechnet er mit über 70 Milliarden, 2009 (Krisenjahr) wurde mit ca. 34 Milliarden Miese abgeschlossen. Bis 2016, so die Schätzungen, sollen insgesamt über 300 Milliarden Schulden gemacht werden und dann Oh Wunder, Null. Also Herr Schäuble, Sprüche von ihnen kennen wir zu genügend, für wie Dumm halten sie eigentlich das deutsche Volk. Es sei, dass die Abgabeschraube noch weiter hochgedreht wird und dem Deutschen die Luft weg bleibt.

Und die Beträge zur Bankenrettung werden nicht im Staatshaushalt zu finden sein, sondern man hat eigens einen Fonds eingeführt mit dem tollen Namen, <u>Sondervermögen</u>, um Schulden mehr als zu verstecken. Alleine der Name sagt schon mehr als genug, Sondervermögen. Wie kann man von Sondervermögen sprechen, wenn es sich in Wirklichkeit um Schulden handelt. Jetzt Wissen auch Sie, dass die angegebenen Zahlen der Verschuldung des Staates nur Makulatur sind.
Ich hatte in meinem ersten Buch den Staatsbankrott schon vorhergesagt, er tippt wohl auf 2017, dann wäre er wohl aus dem Schneider. Mal ganz abgesehen davon, eine zweite Amtszeit traue ich ihm wirklich nicht zu. Also, kann er Schwätzen so viel er will, wie bei seinen Vorgängern immer wieder erlebt. Denn dann ist er außen vor und kann in Talk Shows Ratschläge geben, auch wie seine Vorgänger.

Nochmals zurück zu den Arbeitslosenzahlen, Anfang 2010 immer noch über 3 Millionen, aber weit über 6 Millionen erhalten Hartz 4 Gelder, auch die Kurzarbeit wurde mal wieder verlängert, was früher mal eine Saisonangelegenheit war, zum Beispiel für Bauarbeiter während der Wintermonate, ist jetzt fast eine Dauereinrichtung für alle geworden. Wie schon öfters erwähnt, nur um die Statistiken zu schönen und nicht anderes. (Anfang 2010 fast 1 Millionen Kurzarbeiter). Auch hat man Hartz 4 eingeführt (Rot-Grün) um die Sozialschmarotzer sprich (ein Teil der Sozialhilfeempfänger) aus den damals geltenden Statistiken herauszuholen.

Auch die Kraken der Verwaltungen nehmen immer weiter zu, Bundesbehörden fasst nicht mehr zu zählen, Institute und Organisationen die vom Staat finanziert werden ebenso, Berater und die angeblichen Sachverständigen verdienen sich eine goldene Nase. so viele <u>Ferrari, Maserati und Bentleys </u>hat Berlin vor Notar und Rechtsanwaltbüros noch nie gesehen, außer bei den Hochkriminellen.

Und jetzt stellt sich heraus, dass auch die Bundesministerien weiter Aufrüsten, 5 Staatssekretäre sind fast zur Norm geworden und wieder neue Abteilungen die keiner braucht, nur um Freunde unter zu bringen. Ganz vorne Frau Ursula von der Leyen, haben wir hier eine neue Ulla Schmidt! Die anderen haben Referate mit mehreren Referatsleiter/innen und Unterabteilungen gegründet usw. usw.
Vor der Wahl wurde Bürokratie und Verwaltungsabbau versprochen, wie seit Jahrzehnten schon und dann das, immer wieder die selben Lügen.

Ende Februar 2010 wurde die Aufstockung der Soldaten für Afghanistan mit großer Mehrheit im Parlament beschlossen, über <u>80% der Bevölkerung </u>ist mit Recht dagegen und unsere Parlamentarier kümmert das natürlich auch mal wieder einen Dreck.

Zu unserem Bundespräsidenten, dass ich dieses Amt in meinem ersten Buch schon als überflüssig beschrieben habe, hat Herr Köhler wohl jetzt mehr als bestätigt. Laut einem Interview im Fokus fordert dieser nun, dass die Benzinpreise doch angehoben werden sollen, angeblich der Umwelt zu liebe. Was hat er vor einiger Zeit mal als Bundespräsident erklärt, er wolle sich in die Politik einmischen und kein schweigender Präsident sein und dann diese Äußerungen. Der Benzinpreis an der Tankstelle liegt momentan bei weit über 1,40 (über 2,80 DM) pro Liter. Er als Präsident hat ja wohl kein Benzingeld für seine Staatskarosse zu zahlen, aber die Millionen Menschen die auf ein Fahrzeug angewiesen sind, schmerzt jeder Cent.
Hat sich hier die Regierung einen Helfershelfer gesucht um mal wieder die Benzinpreise noch weiter mit Staatsabgaben zu belasten!

<u>Und wie wir jetzt Wissen, haben 2009 mal wieder weit über 150 000 Deutsche unser Land verlassen, wenn man alle Zahlen der letzten 15 Jahre zusammenzieht, so haben wir Köln und Düsseldorf an deutschen Einwohnern verloren, auch ein Skandal. Nun ja, bei dieser Politik bin ich absolut nicht erstaunt.</u>

<u>Ich habe über die Verschwendung von Steuermitteln schon viel geschrieben, aber wussten sie, dass die Bundesregierung über einen Fuhrpark verfügt, der alles sprengt was man sich nur Vorstellen kann. Im Internet habe ich unter Drucksache 15/4688 des Bundestages erfahren, das der Fuhrpark 21 994 Fahrzeuge groß ist (Stand 20.1.2005). Nun ja, jetzt haben wir 2010 und die 22 000er Marke dürfte wohl schon lange überschritten sein. Unglaublich aber Wahr, Wahnsinn.</u>

Oder, dass unsere Abgeordneten im Schnitt über 10 Mitarbeiter beschäftigen. Statistenabgeordnete, denn die Entscheidungen und Gesetzesvorlagen werden anderswo entschieden, Bei 10 Abgeordneten-Mitarbeiter macht das mal eben über 6000 unsinnige Angestellte.

Früher kamen die meisten alleine zurecht, einige hatten einen Mitarbeiter und heute sind es über 10 und dann noch einen Büroleiter dazu.

Nicht zu vergessen die Sachmittelpauschale (ca. 12000 Euro für Büromaterial pro Jahr). Ja, bei der Anzahl von Mitarbeitern wird wohl nur Müll produziert um 12000 EURO zu Verbraten.

Und Platz braucht man auch, so wird weiter gebaut, über 520 neue Büroräume entstehen gerade, die weit über 200 Millionen Kosten. Hier mehr als deutlich zu erkennen wo unsere Gelder bleiben.

Seit Wochen sind die Nachrichten voll mit Griechenland, Staatsbankrott usw. usw. Es ist nicht nur Griechenland, sondern halb Europa steht vor der Pleite. Spanien, Portugal, Irland, Italien, Belgien sind so gut wie Pleite. Deutschland, Frankreich und die anderen sitzen nach wie vor auf hohem Ross, trotzdem auch diese Länder Total überschuldet sind und eine Tilgung unmöglich ist. Die Bürger sollten sich darauf Einstellen, dass es in absehbarer Zeit zur Hyperinflation, Abwertung oder einer weitere Währungsreform (nach der EURO Einführung) kommen wird. Aber vorher wird erst noch an den Steuer und Abgabeschrauben gedreht, dass den Bevölkerungen die Luft weg bleibt. Mit der Steuer und Abgabenschraube haben wir in Deutschland ja mehr als Erfahrungen gesammelt und das Ende wird Grauenhaft sein.

Auch mehr als seltsam, das Euro Land Slowenien wird so gut wie nie erwähnt, diese Land wurde von den Rating-Agenturen auf Ramsch heruntergestuft, schlimmer geht's nicht mehr.

Alle diese Länder haben durch aufgeblähte Verwaltungen, Korruption, Verschwendung, Kriegsspiele und anderes das Geld nur so aus dem Fenster geschmissen. Und es ist für mich nach wie vor unverständlich, was man mit den Bevölkerungen alles machen kann, ohne das diese auch nur einen Finger heben.(Siehe Wirtschaft, dort werde ich das Thema Griechenland noch ausführlicher Beleuchten).

Am 29.3.2010 besucht Frau Merkel die Türkei, auch mal wieder eine Katastrophe. Nach der irrsinnigen Forderung, türkische Gymnasien in Deutschland zu installieren, sollte man sich solche Reisen wirklich ersparen.

22.4 Milliarden an Krediten wurden jetzt von der Regierung an Griechenland bewilligt.

Und der Euro steckt in seiner Größten Krise seit bestehen. Auch hier wurde ein Notschirm in astronomischer Höhe installiert (750 Milliarden). Die EZB kauft entgegen seiner Satzungen Staatsanleihen auch aus Griechenland auf. Die 750 Milliarden ist auch nur ein Teil der Wahrheit, denn die Haftungssumme beläuft sich schon jetzt auf über 1,5 Billionen Euro für die unter den Schirm geschlüpften Länder. Auch hier wieder deutlich zu erkennen, EUROLAND ist am Ende.

Griechenland hat kein Liquiditätsproblem sondern ist Pleite, was macht die EU und ganz besonders Deutschland, man pumpt riesige Summen in ein insolventes Land, helfen wird es nicht, denn Steuererhöhungen und Einsparungen in der aufgeblähten Verwaltung und die Bekämpfung der Korruption kommen Jahre zu spät und Griechenland wird nicht wettbewerbsfähiger sondern verliert noch mehr Marktanteile.
Die Arbeitslosigkeit wird steigen, soziale Unruhen sind vorprogrammiert, wie wir es jetzt im April Mai 2010 täglich erleben können. Der einzige Ausweg wäre ein geordnetes Insolvenzverfahren. Diese könnte dann auch für die anderen hochverschuldeten Länder zum tragen kommen. Die Fehler die zu diesen Krisen führen, sind auch hier der Politik anzuhaften, denn wie in manchen teilen der Wirtschaft, so auch in der EU, Größer, Größer und nochmals Größer. Keine intensive Prüfungen der Staatshaushalte der Beitrittsländer, Hauptsache man wächst, jetzt steht Island vor der Türe und wird wohl mit größter Wahrscheinlichkeit auch den Euro bekommen, von Rumänien und Bulgarien ganz zu Schweigen. Im Euroland alles Hereinnehmen was nicht Niet und Nagelfest ist, ja so entstehen die Schwierigkeiten mit dem man heute zu Kämpfen hat.
Das einzige Verfahren was Griechenland Retten kann ist, dass man erst mal dieses Land aus dem EURO entlässt um überhaupt wieder wettbewerbsfähig zu werden. Dann kann man die eigenen Währung abwerten um auf den Märkten überhaupt wieder Fuß fassen zu können. Aber nein, halten, halten und nochmals halten ist die Parole, denn schert Griechenland aus, könnten ja noch andere gefährdete Ausscheren.
Ich habe schon seit Jahren behauptet, dass der Euro schneller an die Wand gefahren wird, als es sich die europäische Union und ihre Bürger je erträumt haben.
Unsere Politiker haben auch schon Schuldigen, die Zocker, nein es sind einwandfrei die Staaten selbst, nur auf Pump gelebt und nicht rückzahlbare Schulden in astronomischer Höhe angehäuft haben.
Hier einige Zahlen über den katastrophalen kurzfristigen Schuldenstand alleine an Staatsanleihen, zu begleichen bis Ende dieses Jahres 2010 und jetzt haben wir schon Mitte 2010.

Deutschland:	ca. 230 Milliarden
Italien:	ca. 228 Milliarden
Spanien:	ca. 75 Milliarden
Portugal:	ca. 17 Milliarden
Griechenland:	ca. 16 Milliarden
Irland:	ca. 8 Milliarden

Ich wiederhole, 230 Milliarden alleine an kurzfristigen Schulden für Deutschland, fast so groß wie der Bundeshaushalt, also unbezahlbar. Und wenn man sich die Gesamtschulden ansieht, so ist die Katastrophe perfekt.
Bei diesen Zahlen kann man eindeutig erkennen, dass es sich hier um ein Schneeballsystem handelt, denn ohne Anschlussfinanzierung wären alle diese Staaten sofort Zahlungsunfähig. Auch sehr seltsam, Frankreich taucht bei solchen Veröffentlichungen so gut wie nie auf, will man hier die sogenannte angebliche deutsch französische Freundschaft nicht gefährden, oder was ist da los.

Die Rating-Agenturen (die unter anderem die Kreditwürdigkeit der Staaten beurteilt) werden hochverschuldete Staaten immer noch als sehr gut eingestuft, für mich unbegreiflich. Man hat die Gefahr einer Herabstufung erkannt und will schnellstmöglich eine eigenen europäische Rating Agentur installieren um Schrottpapiere und Schrottländer dann besser erscheinen zu lassen. Absurd kann man nur Sagen und wenn man sieht welche Namen hinter diesem Vorhaben stehen, dann kann man die Welt nicht mehr verstehen.

Überhaupt sind wir den Griechen näher als unsere Politiker zugeben wollen, denn auch hier werden die Verwaltungen auf unerträglicher Weise immer weiter ausgebaut.

Politiker versorgen ihre Helfer und Helfershelfer. Nach jeder Wahl dreht sich das Beamten und Personalkarussell das es einem schlecht wird. Behördenchefs verfahren genauso.

Auch hier sind Schulden von den Regierungen angehäuft worden, die astronomisch sind und alleine die Zinslast ist ungeheuerlich und das Schuldenkarussell dreht sich auf Hochtouren. Die Zinsen sind absichtlich auf ein Minimum heruntergefahren worden, Spargelder werden vernichtet und der Staat weis genau, dass nur kleine Zinserhöhungen überhaupt nicht mehr finanzierbar sind, wenn der Durchschnittszins um nur 1 Prozent steigt, sind es schon über 15 Milliarden Mehrbelastung. Auch hier liegt der Brandbeschleuniger den man nicht Unterschätzen sollte. Also, man sollte nicht so arrogant und hochnäsig sein, denn auch Deutschland steht kurz vor der Pleite. Hier fliegt unserer Regierung alles um die Ohren und was plant Frau Merkel, einen Besuch bei unseren Fußballern beim Abschlusstraining in Österreich.

Nach Koch ist jetzt auch unser Bundespräsident zurückgetreten. Eine Katastrophe folgt der anderen. Ja, Frau Merkel hat jetzt wenigstens die Österreichreise abgesagt, aber ganz bestimmt geht es nach Süd- Afrika, wir werden sehen.

Bundesverdienstkreuz für Lena & Raab, fordern Politiker, auch hier mal wieder deutlich zu erkennen was wir für Leute in der Politik haben. Ich kann nur sagen, Irrenhaus.

Am 16.6.2010 hat sich unser Finanzminister Schäuble in der BBC Sendung Hardtalk sehen lassen, was für ein Auftritt, schlimmer geht's wohl nicht mehr. Diese Sendung wird um den halben Erdball geschickt und die Resonanz kann ich mir lebhaft vorstellen. Ja, das sind unsere Leute.

Wie vermutet, unsere Kanzlerin reist in der ersten Juli Woche 2010 zur Fußball Weltmeisterschaft nach Süd Afrika, unser Land ist Pleite und dann auch hier mal wieder, Verschwendung von Steuergeldern. Diese Reise wird mal wieder sehr hohe Kosten verursachen und ich würde mich nicht wundern, wie viele Freunde und Bekannte (neben dem Pressetross) hier noch mitfliegen werden. Ich habe das Kanzleramt übers Internet angeschrieben um Detailangaben zu bekommen, jetzt nach Wochen immer noch ohne Antwort. Aber ich lasse nicht los und versuche es weiter. Eine weitere Anfrage, aber immer noch keine Reaktionen, ich bleibe am Ball.

Jetzt Ende Juli 2010, dass tragische Unglück bei der Love Parade in Duisburg, 21 Tote und was geschieht, Schuldzuweisungen von einer Person zur anderen, hier sei die Frage erlaubt, wer hat genehmigt und wer für die Sicherheit, diese Instanzen tragen für mich die Verantwortung, Punkt. Aber es kommt noch schlimmer, die Politik versucht aus diesem tragischen Unfall auch noch Kapital zu schlagen, so wird schnell noch ein Gedenkgottesdienst in Leben gerufen, sogar ein sehr großes Fußballstadion wird für die Trauerfeierlichkeiten hergerichtet, nur hat man nicht mit den Gefühlen der Trauernden gerechnet, den die ließen das Stadion so gut wie leer. Und die

Trauerfeier in der Kirche hat mich mehr als schockiert, war saß in der ersten Reihe, natürlich unsere Politikspitze, Frau Merkel unser Bundespräsident nebst Gattin und nicht zu vergessen unser Bundestagspräsident.

Haben die überhaupt noch Schamgefühl, ich Glaube nein, denn wer gehört wohl in die ersten Reihen, natürlich die Angehörigen. Es ist wirklich zum Kotzen wenn man sich so etwas ansehen muss.

Die Bilder die ich gesehen habe belegen eindeutig, dass auch die Polizei mehr als versagt hat, aber der NRW Innenminister stellt sich demonstrativ hinter seine Leute um auch jeden Verdacht im Keim zu ersticken. Wir werden sehen was dabei herauskommt, wahrscheinlich jahrelanges verschweigen und vertuschen.

Wie war das vor der Wahl, keine Steuererhöhungen, aber auch hier wie immer, alles Lug und Trug. Neben der Ticketsteuer will man jetzt richtig Absahnen, bei der Stromwirtschaft, die Brennelementesteuer ist so gut wie unter Dach und Fach, und Röttgen fordert weitere Abgaben in Milliardenhöhe, ich nenne das, versteckte Steuererhöhungen und wer muss Zahlen, natürlich der Verbraucher. Entlastungen wären gefragt, aber nein, die Kaufkraft wird immer weiter geschwächt und der wichtige Inlandsmarkt ist denen seit sehr langer Zeit mehr als schnuppe.

Das unsere Kanzlerin mehr als eine Verschwenderin ist, dürfte mittlerweile jedem bekannt sein, so hat sie einen Chef des Kanzleramtes, daneben noch drei Staatsminister, sie benutzt meistens 2 Regierungsflugzeuge für Ihre Reisen, daneben noch die ganzen Flüge mit Ihrem Hubschrauber und nicht zu vergessen, den ganzen Sicherheitsapparat. Klotzen ist auch bei dieser Frau an der Tagesordnung, nur noch viel schlimmer, als bei all ihren Vorgängern.

Die SPD, jetzt hat man wieder den eigenen Mann Thilo Sarrazin im Visier, Gabriel legt ihm nahe, aus der Partei auszutreten, fremdenfeindliche Äußerungen werden ihm mal wieder zur Last gelegt, Herr Sarrazin hat vollkommen Recht, aber die SPD und ihre Führung wollen und können das nicht Akzeptieren. Herr Gabriel wäre seinerzeit doch besser zur Friedrich Ebert Stiftung nach Israel gegangen, denn damit hätte er nicht nur Deutschland eine Gefallen getan.

Und die Angelegenheit kocht jetzt im August 2010 richtig hoch, die Türken, die Juden und die Vertreter der Integrationsbehörden schlagen nur so um sich und die Presse und Medienlandschaft spielt fleißig mit.

Telefonumfragen belegen, dass weit über 90% der Bevölkerung hinter seinen Thesen stehen, aber auch hier mal wieder, dass kümmert die, wie immer einen Dreck.

Man sollte sich dieser Diskussion endlich mal stellen bevor es zu spät ist, denn Deutschland wird für diese Verweigerung noch sehr teuer Bezahlen müssen.

Und es nimmt kein Ende, so hoch wie die Wellen jetzt schlagen ist wohl einmalig in Deutschland, die Kanzlerin und so gut wie alle Parteigrößen schlagen nur so um sich, die Medien tun ihr übriges, sogar der Bundespräsident Christian Wullf mischt sich ein, (der Islam gehört zu Deutschland) obwohl dieser, wie schon erwähnt unparteiisch sein sollte, weit gefehlt. Erst kurz im Amt und schon mehrere Patzer, Urlaub in der Villa des Finanzunternehmers Maschmeyer und natürlich die öffentliche Schelte gegen Herrn Sarrazin.

Mal sehen wie die Bundesbank jetzt reagieren wird. Jetzt hat die Bundesbank um die Entlassung von Herrn Sarrazin durch den Bundespräsidenten gebeten, nun dieser wird es wohl nicht schwer haben eine Entscheidung zu fällen. Die Bundesbank nimmt jetzt ihre Vorwürfe zurück und die

Juden sind entsetzt, ganz vorne natürlich mal wieder Friedmann.

Sarrazin bittet seinerseits um Entbindung von seinem Posten als Bundesbank Vorstandsmitglied, richtig so, denn die Politikklasse ist nach wie vor sehr Mächtig, um sich dagegen zu wehren ist fast unmöglich, traurig aber wahr.

Gabriel hat jetzt wohl erkannt, dass man einen unbequemen Mahner nicht so einfach Mundtot machen kann und eiert nur noch so herum. Jetzt haben ihm wahrscheinlich seine Berater ein neues Thema geliefert, die Gene der Juden. Also dieser Mann macht sich jetzt mehr als lächerlich.

Wie die Medienlandschaft in dieser Frage arbeitet, konnte man am 12.9.2010 bei RTL (Spiegel TV) genau beobachten. Man zeigte Bilder von Potsdam, wo Herr Sarrazin zur Vorstellung seines Buches geladen hatte. Eine riesige Menge von Reportern und Fernsehleuten, eine Handvoll von Protestierenden, die aber als Hunderte oder Tausende verkauft wurden. Angeblich mussten die Personen bei der Vorstellung des Buches am Ende Amok laufen. Man konnte eindeutig erkennen, dass dieses nicht der Fall war.

Einen Tag später war Herr Sarrazin in der Berliner Urania, auch hier wieder ein riesiges Aufgebot von Polizeikräften und noch mehr Reporter und Fernsehleuten. Was fehlte waren Protestler, nicht ein einziger war zu erkennen. Diese Blamage wurde nur im Regionalfernsehen gezeigt und bei Spiegel TV wurden diese Aufnahmen mal eben unterschlagen und überhaupt nicht mehr erwähnt. Ja, so arbeiten diese Leute.

Zurück zu Gabriel, bei einer Gesprächsrunde im Fernsehen (9.9.2010), zeigt er nicht die geringsten Einsichten, gibt aber zu, dass mindestens 15% der Migranten integrationsunwillig sind. Die Migrantenzahlen der Islamisten schwanken bei der Statistiken so stark wie nirgends wo anders, mal sind es 2, dann 2.5 und dann 3 oder 4 Millionen. Ich gehe aber von weit über 7 Millionen aus, aber lassen wir das mal, nehmen wir nur 5 Millionen, dass macht mal eben 750 000 Integrationsunwillige Personen und Gabriel bezeichnet diese Zahl als eine erfreulich kleine Zahl, wo lebt diese Mann überhaupt, den sollte man mal für einige Zeit in Neukölln Zwangseinquartieren.

Auch die Zahl von 15% integrationsunwilligen Personen ist mehr als anzuzweifeln, denn unabhängige Schätzungen gehen von mehr als 30% aus, dann wären es schon über 1,5 Millionen. Was für ein Gefahrenpotenzial!

Wie manipuliert die oben genannten Zahlen sind, kann man eindeutig an der Gesamtzahl der Menschen ablesen, die hier mit Migrationshintergrund leben.

2008 waren es ca. 19%, also über 15 Millionen. Da die Türken zum Beispiel die stärkste Gruppe darstellt und wenn man jetzt noch die Libanesen und die Araber und Afrikaner hinzuzählt wird die Statistikbetrügerei erst richtig deutlich.

Dann kommt noch die Forderung aus der Politik, mehr Migranten in den Staatsdienst zu übernehmen, also, ich habe keine Worte mehr.

Und die neueste Forderung von Gabriel, jede 7. Führungsgenosse in der SPD soll einen Migrationshintergrund haben, Toll, Toll, Tollhaus. Was ich ganz besonders von Gabriel halte, ist wohl kein Geheimnis mehr.

Der Politik laufen die Spitzenpolitiker reihenweise davon, jetzt hat Frau Steinbach (Vertriebenen Chefin) sich aus dem Vorstand der CDU verabschiedet, wohl auch, weil Sie die Verlogenheiten der Politiker nicht mehr Ertragen kann.

Es wird immer von Sparen gesprochen, aber da wo Sparen unbedingt erforderlich wäre, geschieht nichts. Nach wie vor werden die Verwaltungen aufgebläht und Milliarden verpulvert. In den letzten Jahren hat alleine die Bundesversicherungsanstalt BVA ihre Mitarbeiterzahl um 14% erhöht, 70% Abbau wäre nötig gewesen. Bei den Arbeitsämter und dem Bundesarbeitsamt (welches sich heute anders nennt) genau das selbe Spiel. Gesetzliche Krankenkassen haben riesige Verwaltungen und nicht zu vergessen, die Regierung selbst. Ministerien völlig überflüssig und Außenstellen die nicht mehr zu Zählen sind. Dann noch die Bundesbank, auch hier habe ich die Missstände schon früher ausführlich beschrieben, ein Moloch der Gelder nur so verschleudert.

Alles in allem, hier könnten Jahr für Jahr riesige Milliardensummen eingespart werden. Aber nein, es ist bedeutend einfacher es dem Volk abzunehmen und das eigene Klientel zu schonen.

Und schon wieder die Nachrichten wieder voll mit der Behauptung, es geht bergauf, nach den Einbrüchen von Teilweise bis zu 80% wird eine Erholung von 2,5 bis 3% als die Sensation gefeiert. Auch der Binnenmarkt, wird heute in den Nachrichten auch wieder berichtet, erholt sich rapide, obwohl allgemein bekannt ist, dass dieser nach wie vor stagniert. Falschprognosen und Fehlinformationen sind wir ja mittlerweile schon seit Jahrzehnten gewöhnt, aber diese werden immer unverschämter und dreister.

Wie kann sich ein Binnenmarkt erholen, wenn mal wieder eine Steuer und Abgabenflut auf den Bürger zukommt, hier einige Beispiele:
Brennelemente Steuer, Sonderabgabe oder Steuer für die Atommeiler, alleine die Ticket-Steuer (bis zu 45 Euro pro Ticket) ca. 1 Milliarde Mehreinnahme. Die Strompreise ziehen jetzt schon an und die Gaspreise klettern mehr als hoch, obwohl der Gaspreis auf dem Weltmarkt rapide gesunken ist. Hat man hier evtl. klamm und heimlich eine Steuererhöhung vorgenommen???

Wie stark die Strompreise steuerlich heute schon mit Abgaben belastet sind, geht aus folgenden Zahlen hervor:
Da haben wir das Erneuerbaren-Energie-Gesetz, Kraft-Wärme-Kopplungs-Gesetz die Konzessionsabgabe sowie die Strom und Mehrwertsteuer. Macht schon jetzt einen Abgabeanteil von über 70%. Mit den neuen Belastungen werden wir wohl einen Aufschlag von weit über 100% kommen und die Strompreise werden wohl mehr als unbezahlbar werden. (siehe Wirtschaft). Krankenkassen Zusatzbeiträge, Apothekenzuzahlungen usw. usw. Im Gespräch LKW-Maut für die Landstraße, Führerschein nach 15 Jahren erneuern, ohne Prüfung aber mit Kosten verbunden und der neue Personalausweis, Kosten dreimal so hoch wie der Alte, wie wir sehen, Irreführend und Verdummung. Der Gesundheitsfond hat sich jetzt seit 8 Monaten nach der Einführung als Katastrophe entwickelt, alle Beiträge fließen an den Staat und der verteilt nicht nur die Gelder, sondern kann machen was er will, Vorteile wie versprochen Schall und Rauch und die Kassenärztliche Vereinigung existiert auch noch. (Jetzt noch viel überflüssiger als früher).

Erinnern Sie sich an meine Anfragen zur Reise nach Süd-Afrika zur Fußballweltmeisterschaft von Frau Merkel, jetzt nach Monaten endlich eine Antwort, aber welche, keine meiner Fragen wurde beantwortet.
Hier ein Auszug aus dem Schreiben:
Internationale Fußballspiele haben große gesellschaftliche Bedeutung. Daher wird im internationalen Protokoll der Besuch von Regierungschefs zumindest als angemessen angesehen und weiter nur noch Bla, Bla, Bla.

Ich habe aber versprochen, dass ich nicht aufgebe und am 10.9.2010 habe ich nochmals einen Brief los geschickt um endlich meine Fragen beantwortet zu bekommen.
<u>(Ich Bitte Sie, mir klare Antworten zu geben und von Ausweichungen abzusehen).</u>
Ich werde weiter von den Entwicklungen berichten.

Und in der Innenpolitik tut sich auch nichts, die Zigeuner machen der Polizei das Leben schwer, kriminelle Personen und Jugendbanden machen das öffentliche Leben zur Qual, unser Innenminister schweigt, aber jetzt nach der Sarrazin Veröffentlichung kommt wenigstens etwas Leben in die Angelegenheit, wohl nur für kurze Zeit.
Der Französische Staatspräsident Sarkozy unternimmt wenigstens etwas und schmeißt diese aus dem Lande. Jetzt aber ist der Aufschrei groß und die EU kündigt sogar Klage an. Unterstützung, klar erkennen, kommt mal wieder aus der deutschen Politik, Medien und Presselandschaft.

Frau Merkel Ende September 2010 vor der UN in New York, der Saal mehr als leer und die, die dageblieben sind waren fast nur Nehmerländer. Eine weitere Blamage für Deutschland.

Eine Schreckensmeldung nach der anderen, so soll nach dem Energiekonzept (Gebäudesanierung) noch mehr Kosten auf den Mieter abgewälzt werden.
Frau Merkel brüstet sich damit, dass nach der Sanierung ja weniger Heizkosten anfallen und mit diese Ersparnis ja ohne weiteres die höhere Miete getragen werden kann. Ganz schlimm wird es die Einfamilien oder Kleinhausbesitzer treffen, wenn diese Verordnungen oder Gesetze wirklich zum Tragen kommen.
Ein ganzes Leben abbezahlt, keinen Urlaub oder sonstige Vergnügen und jetzt die Zwangssanierung. Na, was wird wohl passieren, seinerzeit gebaut oder gekauft um im Alter Mietfrei zu wohnen, Pustekuchen. Ein Bekannter hat mal Ausrechnen lassen, welche Kosten auf ihn zukommen, wenn er die gesetzlichen Vorgaben erfüllen muss, ca. 80 000 Euro. Was wird passieren, <u>Verkäufe und Zwangsversteigerungen</u> wird es Tausendfach, wenn nicht Millionenfach geben. Auch hier, die Menschen werden ohne Rücksicht auf Verluste von der Politik in den Ruin getrieben.
Nicht besser sieht es bei Mietwohnungen aus, 11% darf der Vermieter auf die Miete Umlegen. Nehmen wir mal ein Zahlenbeispiel, der Vermieter braucht für die Gebäudesanierung 1 Millionen, also darf er 110 000 auf die Miete umlegen, was in einigen Fällen eine Verdoppelung der Miete ausmacht, auf jeden Fall ca. <u>250</u> Euro Mieterhöhung. Einsparung an Stromkosten ca. <u>20 bis höchstens 40 Euro</u> pro Haushalt, macht einen Fehlbetrag von mindestens <u>210 Euro und das pro Monat.</u>

Ich frage mich allen ernstes wie soll ein Geringverdiener oder Rentner diese Summe überhaupt aufbringen. Umziehen und dann in nicht isolierte Häuser wird es Millionenfach geben und werden auch diese Häuser isoliert geht das Spiel in gewohnter Form weiter. Auch haben Fachleute herausgefunden, dass die Schimmelgefahr enorme Steigerungen erfahren wird und eine spätere Endisolierung nicht ausgeschlossen werden kann, von der Brandgefahr ganz zu Schweigen. Ja Frau Merkel, dass ist Ihre Politik, Schämen sollte man sich. Und das ganze wird noch als Wohltat für die Allgemeinheit verkauft.

Fortsetzung

Was soll überhaupt die Häuser Sanierungen kosten, über 2 Billionen **Euro, sie lesen richtig über 2 Billionen, macht Jahr für Jahr über 70 Milliarden Euro. Wenn mir einer erzählt das die noch richtig Ticken, dann verstehe ich die Welt nicht mehr.**

Der hoch subventionierte Ökostrom wird auf Kosten der Verbraucher noch intensiver gefördert (Plus, die Wenigkeit von 70%). Der Verbraucher muss sich mal

wieder auf höhere Stromkosten einstellen, obwohl noch im Juni 2010 ein Herunterfahren der Subventionen versprochen wurde. Wie immer Pustekuchen. Es profitiert ja nicht nur der Ökomarkt sondern auch hier mal wieder der Staat, den die oben genannten Erhöhungen unterliegen ja auch der Mehrwertsteuer. Frau Merkel und Ihre Mannen sollten ganz schnell einpacken, denn Scheinheiliger und dem Volk schädigendem Verhalten sind die nun wirklich nicht mehr zu übertreffen.
Für die Wind und Solarstromanbieter hat sich die ganze Angelegenheit zur Gelddruckmaschine entwickelt und das auf Kosten der Verbraucher.

Hier einige Zahlen: Börsenpreis pro Kilowattstunde	0,5 Cent
Windstromvergütung	10 Cent
Solarstromvergütung	33 Cent
Natürlich vom Verbraucher zu Zahlen.	

Wo ist Westerwelle, mal eben verschwunden und FDP Minister verteidigt diese Maßnahmen sogar noch, was haben die vor der Wahl nicht alles versprochen, eine Schande. Also wie immer, alle in einen Sack.

Ich muss nochmals auf die Proteste der angeblichen Bevölkerung eingehen, ganz deutlich zu Erkennen bei den Protesten in Stuttgart 21 und den Atomprotesten am 18.9.2010 in Berlin. Hunderttausend und hier die Frage; wer kann diese Massen überhaupt Mobilisieren, hier kommen nur die Parteien und die Gewerkschaften in Frage und kein anderer. Man braucht sich nur die Anschauen, die an vorderster Front Marschieren, dann hat man mehr als den Beweis. Ganz vorne die Linken, die SPD und natürlich die Grünen, in erster Reihe natürlich mal wieder_ Roth und Trittin.

Erinnern wir uns an Trittin als Umweltminister unter Rot Grün, war er nicht gegen jegliche Proteste zu den Kastortransporten, ja, und jetzt unter den Protestler an vordersten Front. Hier auch mal wieder deutlich zu erkennen, was für Lügner die sind.
Die Protestler werden mit Sonderzügen und Bussen herangekarrt, es würde mich mal interessieren, wer Bezahlt das und welche Leute sind das überhaupt. Aus der arbeitenden Bevölkerung ist bestimmt fast keiner dabei, es sei, man zählt Parteimitläufer politisch motivierte Langzeitarbeitslose und Genossen der Gewerkschaften dazu. Ich kenne Länder wo die Protestierenden sogar mit Geldern gelockt werden, ist man hier evtl. schon genau so weit??? Also wird auch hier die Bevölkerung mehr als auf die Schüppe genommen, oder noch besser gesagt, manipuliert. Auch zu den Gewerkschaften habe ich mich in Buch eins ausführlich geäußert, hat sich bei diesen Organisationen seit dem etwas geändert, nein und nochmals nein. Auch hier Seilschaften und Verrat an den Mitgliedern ist nach wie vor deren Tagesgeschäft. Glück muss man haben, denn die Mitglieder haben immer noch nicht gemerkt, wie sie seit Jahrzehnten verschaukelt werden.

Das ich Recht habe beweist eindeutig die Reaktion der Grünen, denn die Feiern jetzt ganz offen den Erfolg der Proteste als der Ihren. Bis Dato hüllen sich die Linken noch in Schweigen, wohl nicht mehr lange.

Jetzt Ende September 2010 spielt sich wieder mal ungeheuerliches ab, Terror-Alarm in Europa,

angeblich steht Frankreich und Deutschland im Mittelpunkt. Diese Informationen kommen von einem Afghanen der in Pakistan von den Amerikanern verhaftet wurde. Auch wurden wahrscheinlich weitere 8 Islam-Deutsche bei einem Drohnenangriff in Pakistan getötet. Und jetzt kommt das unbegreifliche, ja, diese Männer haben alle einen Deutschen Pass. Wie sie sehen, deutsche Pässe wurden verteilt wie Postwurfsendungen. Ich habe auch diese Praxis schon mehrmals als kriminelle Handlungen von unseren Behörden beschrieben, was aber bis heute noch gängige Praxis ist und ein Ende ist nicht abzusehen. Armes Deutschland. Nach dem Terror-Alarm vom 3. und 4. Oktober 2010 in Deutschland, kommt man zu dem Resultat, dass die Regierungsflugzeuge der Kanzlerin für die Kleinigkeit von 140 Millionen EURO mit Abwehrraketen umgerüstet werden sollen. Toll oder!

Und schon wieder unser Bundespräsident, bei seiner Ansprache am 3.10.2010 sagt er doch schon wieder allen ernstes, dass wir nicht nur eine Christlich Jüdische Gesellschaft sind, sondern eine Christlich, Jüdische und Islamische. Hat Herr Wullf vergessen, dass der Islam unsere Werte mehr als in Frage stellt. Natürlich sind auch hier die Grünen und die SPD begeistert von seinen Äußerungen. Ja, diese Leute wollen sogar noch mehr, der Islam soll sogar mit den anderen Religionen gleichgestellt werden. (Kirchensteuer und Bezahlung der Imame usw. usw.). Mir bleibt wie immer, die Spucke im Hals hängen. Ein Fernsehsender hat seine Zuschauer gefragt, haben wir einen guten oder schlechten Bundespräsidenten. Na Raten sie mal, weit über 80% haben sich für einen schlechten entschieden. Auch das hat es in Deutschland noch nie gegeben.

Am 5.10.2010 empfängt unser Bundeskanzlerin den chinesischen Ministerpräsidenten Wen Jiabao und Ihre sinngemäßen Worte, wir begleiten sie weiter auf dem Weg zur Marktwirtschaft. Weis Frau Merkel überhaupt was Marktwirtschaft ist, denn die Chinesen sind bedeutend weiter als man es sich überhaupt vorstellen kann, auf jeden Fall weiter als wir. Bei uns geht es immer weiter in die Planwirtschaft und man kann dieser Frau nur eines Empfehlen, sich mal besser zu Informieren. Und schon wieder ein Toter und 14 Schwerverletzte in Afghanistan, wann ziehen unsere Politiker endlich unsere Truppen ab. Der Preis für dieses Abenteuer ist schon seit langem viel zu Hoch und was noch schlimmer ist, vollkommen überflüssig.

Nochmals zu Sarrazin, Seehofer fordert ein Stopp für die Einwanderer aus der Türkei und den Arabischen Ländern, richtig so, aber bei Herrn Seehofer habe ich nicht das Gefühl, dass es ihm Ernst gemeint ist und diese Aussagen von rein populistischer Natur sind, denn das kennen wir bei Herrn Seehofer ja zu genüge. Von unseren Politikern wird dieses nach wie vor abgelehnt und als Begründung, Fachkräftemangel angegeben, dass ist ein Lacher für sich, als ob gerade aus diesen Ländern die Fachkräfte kommen. Sozialschmarotzer ja und nichts anderes.

Frau Merkel scheint ein nicht zu stoppender Fußballfan zu sein, so wird mal eben der türkische Ministerpräsident zum Länderspiel Deutschland-Türkei nach Berlin eingeladen. Natürlich, wie man hört reist der Ministerpräsident mit einem Tross an, der in keinem Verhältnis zu seinem Besuch steht. Alle finden sich im Fußballstadion vereint wieder. Wann und wer Stoppt diese Frau endlich.

Auch soll sich Frau Merkel in die Umkleidekabine der deutschen Mannschaft begeben haben, was einen weiteren Skandal auslöste.

Zur Sache Fußballweltmeisterschaft in Südafrika habe ich immer noch keine befriedigende Antwort. Ich habe Anfang Oktober 2010 das Kanzleramt angerufen und nach 2 Tagen eine telefonische Antwort bekommen, auf solche Fragen gebe man keinerlei Antworten. Auf den Hinweis der Informationsgesetze schwenkte man ein und sagte mir, dass ich mich schriftlich dazu äußern sollte und das die ganze Angelegenheit dann aber mit Kosten verbunden wäre und eine Antwort auf meine Fragen sowieso nie und nimmer bekommen werde, Noch habe ich nicht aufgegeben und die Kanzlerin erneut angeschrieben, denn die ist geflogen und weiß genau mit wie vielen Flugzeugen und Personen. Ich warte ab und werde weiter davon berichten.

Überhaupt kann man sagen, dass Frau Merkel mittlerweile der teuerste Bundeskanzler/in ist den wir je gehabt haben. Außer den Reisen kommen noch die anderen Vergünstigungen hinzu, mit Hubschrauber mal eben nach Hause, ein Fuhrpark der sich sehen lassen kann, unnötige Einladungen zum Essen ins Kanzleramt und nicht zu vergessen, der Sicherheitsapparat. 20 Personen sollen ständig um sie herum sein, da der Tag ja mal eben 24 Stunden hat, können wir diese Personenzahl wohl auf 60 erhöhen, Hausbewachung, Urlaub und Krankheitsfälle nicht mitgerechnet, nehmen wir diese hinzu, so kommen wir ganz bestimmt auf über 100 Personen und das für nur eine Person. Heraus kommt ein mittelständiger Betrieb. Wenn man hört, dass bei den freigelassenen Sexualstraftätern die Überwachung einer Person über 12000 Euro pro Tag veranschlagt wird, so kann man ohne Übertreibung sagen, dass hier eine Wahrsinnssumme zustande kommt. Rechnen wir alle diese Ausgaben zusammen, dann können wir Herrn Ackermann von der Deutschen Bank als Geringverdiener einstufen.

In Sachen Südafrikareise immer noch keine Reaktion, ein erneuter Anruf im Kanzleramt hat auch mal wieder nichts gebracht. Man ist jetzt richtig zugeknöpft und will absolut keinerlei Informationen geben. Was sagt uns das, die Verschwendung von Steuergeldern war wohl noch höher als man es sich Vorstellen kann und ein Weitergeben der Zahlen würde wohl zu einem Skandal führen und Frau Merkel in einem Licht erscheinen lassen, was mehr als schädlich für sie sein wird. Täglich wird vom Sparen gesprochen und die, die es Verkünden sind diejenigen, die unsere Gelder nur so aus dem Fenster schmeißen.

Ja, auch das kennen wir von unseren Politikern, wird es unangenehm dann werden Auskünfte zum Teil ganz schroff verweigert und dann verschwinden diese Leute schneller als man weitere Fragen überhaupt stellen kann. Auch bei Interviews müssen Fragen vorher eingereicht werden, entsprechen diese nicht ihren Vorstellungen, müssen diese gestrichen werden, oder man kommt erst gar nicht. Alles wird bis ins kleinste Detail vorbereitet und der Zuschauer oder Zuhörer ahnt nicht, dass alles nur noch eine inszenierte Veranstaltung ist.

Zurück zu Stuttgart 21, Geißler als Vermittler. Nun ja, zu Geißler habe ich schon vor 30 Jahren gesagt, dass dieser Mann in der absolut verkehrten Partei ist, denn er steht und stand immer ganz links in der Ecke und zwar so weit links, sodass ich es nie Verstehen konnte, dass dieser Mann überhaupt Karriere in der CDU machen konnte. Aber in der Politik ist alles möglich, wie wir mittlerweile Wissen. Jetzt sitzt er mit den Grünen an einem Tisch, hat zwar lange gedauert, aber da ist er bestimmt besser aufgehoben.

Wie weit dieser Mann sich von der Realität entfernt hat, kann man an einer Äußerung bei einer Gesprächsrunde im Fernsehen mehr als deutlich Erkennen. Er will die Deutschen doch allen ernstes zum selbständigen Denken erziehen. Ich halte die Deutsche Bevölkerung keineswegs für Intelligenzbestien, aber hier kann man schon von einer Beleidigung sprechen und es wird ohne

Murren geschluckt. Hat er doch Recht???

Ich Glaube, Frau Merkel hat mittlerweile erkannt, dass ihre Zeit evtl. abgelaufen ist. Fehläußerungen bis zum geht nicht mehr, jetzt wiederholt sie öffentlich mal wieder den Spruch von dem Bundespräsidenten Wulff, der Islam gehört zu Deutschland,aber bis zur nächsten Wahl hat diese Frau wohl wieder alles im Griff, Dank der enormen Vergesslichkeit der Bevölkerung. Können sie sich vorstellen, dass ein türkischer Ministerpräsident oder Staatspräsident sagt, dass Christentum gehört zur Türkei, ich nicht, denn das wäre wohl seine letzte Amtszeit gewesen und wenn er Glück hat, entgeht er einer Steinigung.

Jetzt kommt die Zeit der Ablenkungsmanöver, zu wenig Fachkräfte hört und sieht man jetzt _ wieder mehr und verstärkt in der Medienlandschaft. So oft und intensiv, dass es einem schon auf den Wecker gehen kann. Auch hier, alle, aber auch wirklich alle spielen mit. Kommen wir zu den Fakten, über 5 Millionen echte Arbeitslose, keine Statistiken wie viele Ingenieure und IT-Leute darunter sind, dann haben wir noch unsere Universitäten, können dort nicht die zu gebrauchenden Fachkräfte ausgebildet werden, doch, aber hier geht es um andere Fakten. Die unnützlichen Zuwanderungen müssen begründet werden und dabei ist denen jede Lüge willkommen. Natürlich rufen die dementsprechenden Arbeitgeberverbände nach den Fachkräften, aber nur um billig an diese zu kommen. Politisch gesehen will man nicht hinnehmen, dass die Deutsche Bevölkerungszahl etwas Schrumpfen könnte, Großmannssucht und nichts anderes. Hätte die Politik ihre Hausaufgaben gemacht, dann wären alle diese Diskussionen hinfällig und ich möchte noch mal betonen, wir sind kein Einwanderungsland sondern ein Auswanderungsland erster Güte. Millionen deutsche Fachkräfte haben auf Grund der politischen Situationen Deutschland schon verlassen und dann diese unverschämten Aussagen.

Und man schießt sich weiter ein, Wirtschaftswunder ist nun angesagt, Merkel, Brüderle und von der Leyen spielen sich auf wie die Macher. Von einem Wirtschaftswunder absolut keine Spur, Glück hat man gehabt, denn der Euro rutschte bis auf unter 1,20 zum Dollar und das, auch nur das, war ein Startzeichen für die gesunden Länder sich verstärkt sich mit Investitionsgütern und Luxusfahrzeugen einzudecken. Jetzt ist der Euro wieder auf ca. 1,40 zum Dollar und wenn er weiter steigt, ist das Wirtschaftswunder ganz schnell wieder vorbei. Auch Westerwelle äußert sich genau so wie Merkel Brüderle und von der Leyen. Ich habe immer Rücksicht auf Westerwelle genommen, aber jetzt hat er bei mir mehr als verspielt.

Wir sind schon seit langem eine Gesellschaft die sich aus dem globalen Wettrennen um Marktanteile verabschiedet hat, Klimadiskussionen, Verteufelungen der Autoindustrie, Konsumfeindlichkeit und seit ca. 15 Jahren immer noch das Abwürgen des Binnenmarktes, von oben verordnet, tut das Übrige.
Ich hatte früher schon mal geschrieben, dass ich Kohl und seinen Mannen noch nicht mal vertretungsweise ein Imbissbude anvertrauen würde und daran hat sich nach Kohl nicht das geringste geändert.

Kein Ende in Sicht, die Zigarettensteuer wird wieder erhöht, 8 hatten wir schon, nur in den letzten 10 Jahren und weitere 3 sind auch schon beschlossen. Der Raucher soll die stromintensiven Unternehmen finanzieren. Das Resultat wird sein, dass Zigaretten aus den Ost-Europäischen Ländern noch mehr gefragt sein werden und der Schwarzhandel sich für die Händler noch mehr

lohnen wird. Heute schon ist die meistgerauchte Zigarette nicht vom hiesigen Markt und wem kann man verdenken, dass ein Geringverdiener oder Rentner sich mit diesen Zigaretten eindeckt, denn die Preise hier kann wohl überhaupt kein Raucher mehr bezahlen.

Die Politiker werden dann wohl von kriminellen Sprechen, sieht fast so aus, wie zu Zeiten des Schwarzhandels vor der Währungsreform nach dem zweiten Weltkrieg. Auch diese Menschen sind seinerzeit kriminalisiert worden, eine Schande.

Wie schon erwähnt, ist es fast unmöglich an die genaue Höhe der Steuerbelastung der Zigarettenpreise zu kommen, also habe ich mir 5 Packungen auf einer Reise mehr eingepackt und diese auch bei meiner Einreise nach Deutschland deklariert.

Ich musste diese Nachversteuern mit 19 EURO, also liegt die Steuerbelastung pro Stange Zigaretten bei sagenhaften 38 EURO, was meine oben genannte eigene Berechnung mehr als bestätigt.

Und es kommt noch besser, in Kambodscha kostet eine Stange versteuerter Zigaretten (Marke Liberation) mal gerade 1,85 Euro und wenn man diese beim Großhändler kauft, nur 1 Euro 40 nochmals 1 Stange, noch Worte, ich nicht.

Auch die Ticketsteuer zeigt erste Früchte, der Billigflieger Ryanair streicht erst mal ca. 30% seiner Flüge in Deutschland und das wird noch nicht das Ende sein.

Frau Merkel hat heute den 4. Integrationsgipfel (3.11.2010) abgehalten. In Dreierreihen um den sehr großen runden Tisch, wie man so einen Dialog führen kann ist mir unverständlich und was ist heraus gekommen, wie immer Bla, Bla, Bla. Aber weitere Kosten die den Steuerzahler mal wieder aufgebrummt werden. Statt endlich mal auf den Tisch zu Hauen und die Integrationsunwilligen mit Ausweisung zu Drohen und Umzusetzen, Fehlanzeige. Auch sollte man sich endlich mal Gedanken darüber machen, wie man denjenigen die die deutsche Staatsangehörigkeit zu Unrecht bekommen haben, diese schleunigst wieder zu Entziehen.

Am selben Tag wurden Urteile gesprochen, wo 3 Serientäter (mit Migranten- Hintergrund) die ein junges Deutsches Paar überfallen haben, der jungen Mann wurde fast zu Tode geprügelt , 2 fachen Schädelbruch, Gehirnblutungen usw. usw. Spätfolgen noch nicht abzusehen, aber nicht ohne.

Jetzt kommen wir zu den Strafen, etwas über 4 Jahre für den Haupttäter etwas über 2 für den vermeintlichen Nebentäter und der Dritte um Bunde natürlich eine Bewährungsstrafe. Nach der Urteilsverkündung wurden Deutsche und Medienleute noch von dem Familienclan der Täter auf das Übelste beschimpf und bespuckt. Nicht zu Glauben aber wahr. Diese Angelegenheiten sollten mal bei den Integrationsgipfel besprochen werden. Einzelfälle absolut nein, obwohl es immer wieder so hingestellt wird. Hier gehören, wie so oft, nicht nur die Täter sofort des Landes verwiesen sondern der ganze Familienclan, aber auch hier geschieht absolut nichts, Grauenhaft was dem Deutschen alles zugemutet wird.

Schon wieder, im November 2010 Terroralarm, angebliche Paketbomben aus Griechenland. Die Nachrichten sind wieder voll mit diesen Meldungen, wieder wird der Abschuss von Flugzeugen gefordert und verstärkte Sicherheitsmaßnahmen. Auch unsere Kanzlerin hat ein solches Paket bekommen, oh wie schlimm, als ob diese Frau überhaupt ein Paket selber annimmt, da sie noch nicht mal an Sie gerichtete Briefe zum Lesen bekommt. Aus Fachkreisen war sofort zu hören, dass es sich lediglich um ziemlich harmlose Sendungen handelt, etwas Schwarzpulver

Gemisch, welches lediglich zur Verpuffung führt. Man hat mal wieder ein Ablenkungsthema und nichts anderes.

Schäuble wir nicht müde an der Steuerschraube zu drehen, jetzt steht die einheitliche Einkommensteuer vor dem Aus. Jetzt können die Kommunen nach belieben die Steuerhöhe festsetzen, wer glaubt es geht nach unten, der wird mehr als enttäuscht sein.

Kommen wir mal zu den gebeutelten Rentner, was mussten die in den letzten ca. 20 Jahren nicht alles verkraften, Rentenkürzungen, Rentensteuer, Nullrunden, nicht mehr zu zählen, Pflegeversicherung usw. usw. Und wie sieht es bei unseren überproportional gewachsenen Beamtenapparat aus, hier zählen für die Pension nicht die Dienstjahre sondern einzig und alleine das zuletzt bezogenen Gehalt. Und wenn man sieht, dass ganz besonders in den gehobenen Positionen ganz kurz vor der Pensionierung noch befördert wird, so kommt auch hier der Skandal erst richtig zum Vorschein. Es ist schon sehr lange überfällig, dass dieser, zum Teil völlig überflüssiger Beamtenapparat, für seine Altersversorgung selber aufkommt und die Kosten auch übernimmt. Aber da sind wir seit Jahrzehnten meilenweit entfernt. Alleine diese Thema anzusprechen kommt schon einer Todsünde gleich. Einsparungspotenzial Milliarden.

Hier kann man mehr als deutlich erkennen, dass der marode Beamtenapparat sich das Volk als Beute ausgemacht hat, um ihre Interessen und Privilegien zu Erhalten.

Und der Rentner sieht einer sehr düsteren Zukunft entgegen, Verarmung bis zum geht nicht mehr, eine sehr große Zahl dieser, muss sich mehrmals überlegen, ob er überhaupt noch ins Theater gehen kann, oder in vielen Fällen noch schlimmer, eine Tasse Kaffee oder ein Essen im Restaurant ist so gut wie nicht mehr bezahlbar.

Auch zu diesen Entwicklungen habe ich vor Jahren schon gewarnt, leider ohne Erfolg und was mich seinerzeit am meisten schockierte waren eben die Aussagen der Rentner (uns geht's noch gut). Der Rentenanspruch von Heute (von etwas über 50% soll bis 2030 auf ca. 43% sinken) und die Rentenbesteuerung wird dann die volle Höhe schon lange erreicht haben. Also werden diese mir dann wohl Recht geben, aber wie immer bei den Deutschen, wohl etwas zu spät. Hauptsache die Beamten sind überversorgt.

Mal wieder Schäuble, er macht seinen Sprecher vor der Pressekonferenz zur Sau, nur weil gewisse Dokumente nicht verteilt wurden, er verlässt sogar den Saal. Jetzt lese ich, dass der Pressesprecher seinen Job hingeschmissen hat, gut so.

Ich reise ich sehr viel und man unterhält sich natürlich auch mit den Flugbegleitern über unsere Politiker und was mich in keiner Form verwunderte ist, dass die meisten unserer Politiker als Kotzbrocken bezeichnet werden, ebenso die Begleitpersonen, was naheliegend sein dürfte. (Wie der Herr so die Begleitung). Als Innenminister mehr als umstritten und jetzt als Finanzminister wiederholt sich das Spiel mal wieder.

Schon wieder beschlossen, die Krankenkassenbeiträge werden erhöht, die Arbeitgeberanteile eingefroren und die Zusatzbeiträge jetzt ohne Limit, dass heißt, man kann in Zukunft nehmen was man will. Abbau der riesigen Verwaltungen Fehlanzeige, bessere Kontrolle der Ausgaben ebenso. Jetzt hat man die Türe für Betrug und vor allem der Geldverschwendung noch viel weiter geöffnet und Frau Merkel betont auf dem CDU-Parteitag Anfang November 2010, dass man doch in den letzten 12 Monaten sehr gute Arbeit geleistet hat, wo lebt die Frau überhaupt? Oder meinte sie vielleicht, dass gute Arbeit viel Reisen und Abkassieren des Volkes gute Arbeit sein soll.

Ich habe über die Verwaltungen der Bundesrepublik in Buch eins sehr viel geschrieben, vor allem über die Verschwendung der einzelnen Behörden. Umbaukosten und Renovierungskosten Astronomisch, Anmietungskosten gehörten in den Fantasiebereich.

Und es ging und geht unvermindert weiter, der Bundesnachrichtendienst kommt nach Berlin, dass Bundesinnenministerium hatte seinerzeit den so gut wie unvermietbaren Komplex eines Berliner Pizzabäckers zu einer Wahnsinnsmiete auf 30 Jahre angemietet.

Jetzt plant man einen Neubau in unmittelbarer Nähe zum Kanzleramt. Das angemietete Objekt war riesig, trotzdem hat man noch Zweigstellen eingerichtet, einmal im Bundeshaus und eine weitere am Fehrbelliner Platz und natürlich besteht auch noch in Bonn eine Niederlassung. Mietkosten im Hauptobjekt 8,13 Millionen pro Jahr kalt, hinzu kommen noch sämtliche Nebenkosten und die zusätzlichen Kosten für Sicherheitsmaßnahmen. Die Mietverträge laufen bis 2029, frühester Teil- Kündigungstermin 2016 und der andere Teil erst 2020, was aber mit Abfindungen gekoppelt ist und diese dürften sich auf weit über 100 Millionen Euro belaufen. Bauherr wird aber nicht das Bundesinnenministerium sein, sondern die 2005 neu gegründete Bundesanstalt für Immobilienaufgaben. Welche Überlegungen sich dahinter Verbergen kann man auch hier nur Erahnen. Wie man sieht, weitere Milliarden werden verschleudert und dann von Sparen überhaupt zu Reden ist schon mehr als eine Frechheit.

Dann gibt es noch eine Behörde (Bundesanstalt für Digitalfunk) diese befasst sich unter anderem mit dem Aufbau des digitalen Funknetz für Polizei und Rettungsdienste.

Es wird geplant und verworfen und wieder geplant und gestritten bis zum geht nicht mehr. Zuerst sollte die Bahn das System aufbauen, dann war EADS an der Reihe und Alcatel-Lucent hat die Betriebshoheit übernommen. Auch hier, was die Betriebshoheit bedeutet kann man mal wieder nur Erahnen. (Abkassieren) Wie man heute weiß, ist die Technik schon sehr lange überholt, also von vorgestern und die Kosten werden sich für Bund und Länder auf weit über 7 Milliarden Euro belaufen.

Hier kann man ebenfalls mehr als deutlich Erkennen, wo Beamte ihre Finger im Spiel haben, ist die Katastrophe schon vorgeplant, denn das ganze könnte viel Effektiver, Kostengünstiger und Moderner gestaltet werden. So werden eigene Funkmasten aufgestellt und dieses tausendfach, obwohl man bei der Telekom und anderen Handyanbietern diese Infrastruktur schon lange besitzt, nein es muss ein Eigenes her, was bei Testläufen aber mehr als versagt.

Noch eine weitere Behörde möchte ich näher Beleuchten, die Wasser und Schifffahrtsverwaltung für neue Baumaßnahmen. Die Wenigkeit von 13 000 Mitarbeitern (Beamten) in 7 Direktionen und 39 Ämtern, nicht genug damit, es kommen noch 4 Sonderbehörden dazu. Die Beamten, besonders im Osten sind zum Geldverschwenden verdonnert und zu tun haben die so gut wie nichts.

Da wurden Hafenbecken gebaut, mehrere Frachter könnten anlegen, aber in den letzten Jahren hat nicht ein einziges Schiff angelegt, ein Beispiel von vielen völlig unnützlichen Investitionen. Chef dieser Geldverschwendungsmaschine ist unser Verkehrsminister Ramsauer.

Oder der oben genannte Bundesnachrichtendienst, der Mammutbau soll über 800 Millionen kosten. Der Bau ist noch nicht fertig und auch das Kennen wir zu genüge, nach Fertigstellung wird der Preis wohl in die Kategorie Wahnsinn eingestuft werden. Und auch hier Bahnen sich schon Skandale an, Sicherheitslücken und über 2000 Subunternehmer. Jetzt sollen sogar geheime Baupläne gestohlen worden sein und das bei unseren Agenten, schlimmer geht's nicht mehr. Und auch hier, es kann der Fertigstellungstermin nicht eingehalten werden, die Kosten Explodieren, wie immer bei solchen Objekten.

Was die ganzen Geheimdienste Taugen und Kosten, darauf braucht man wohl nicht mehr näher einzugehen, neben dem Bundesnachrichtendienst haben wir noch den Verfassungsschutz mit Zweigstellen in allen Bundesländern, den Militärischen Abschirmdienst, die Bundespolizei usw. usw. Auch hier ein Beamtenkoloss der ohne Schaden anzurichten um nicht weniger als 70% gekürzt werden könnte.

Die Kassen leer, aber ein Kriegsmuseum muss her, fast 60 Millionen sind veranschlagt. Bauherr ist das Verteidigungsministerium und der Architekt ist keine geringerer als der Amerikaner Daniel Libeskind (Architekt des jüdischen Museums Berlin).
Diese Museum soll vor allem die Gröelltaten des 3. Reiches aufarbeiten und Kriegsspiele der Neuzeit wie zum Beispiel der Balkan und Afghanistankrieg usw. wird wohl nicht erwähnt werden. Auch die Stadt Dresden, wo das Museum gebaut wird, wird Dresden als Opfer und Täter ganz groß herauskommen. Möchte nicht Wissen wie hoch sich die Kosten alleine für den Architekten belaufen. Also, ich kenne kein Land auf der Welt, wo für Netzbeschmutzung so viel Geld ausgegeben wird wie hier in Deutschland, obwohl sehr viele Länder solche Instutionen mehr als nötig hätten.

Der Bundesrechnungshof und das Schwarzbuch vom Bund der Steuerzahler ist mehr als eine Witzveranstaltung, denn deren Zahlen die veröffentlicht werden, können sie getrost Vergessen. Von 25 Milliarden der einzusparenden Gelder ist bei denen die Rede, ich gehe aber von mindestens 80 bis weit über 100 Milliarden aus, wenn das überhaupt reicht. Egal wo man hinschaut, nur Verarschung und nichts anderes.

Und hier einen sogenannten offenen Brief der Kanzlerin, vier Versprechen, gut und schön, aber Schauen wir uns diese Versprechen mal näher an.

1. Wir sichern die Finanzen, es wird seit längerer Zeit wieder gezockt bis zum geht nicht mehr und die Todbringenden Finanzanlagen sind nach wie vor am Markt und der Zusammenbruch der Märkte ist nur eine Frage der Zeit.

2. Wir schaffen die Bildungsrepublik, nein und nochmals nein, denn auch bei diesem Thema nur vorgetäuschte Wahrheit, denn mit der Bildung der Bevölkerung geht es wie gehabt weiter nach unten, Hauptschulen und Realschulen werden, wie in Berlin, zusammengelegt um intelligente Kinder in der Masse unter gehen zu lassen.

3. Wir sichern die Energieversorgung, diese soll unter anderem bezahlbar sein, auch eine Lüge, denn bezahlbar sind die Stromrechnungen für die Kleineinkommen und für viele Rentner schon lange nicht mehr. Dem Energiekunden wurden und werden Staatsverordnete Mehrbelastungen auferlegt die als unzumutbar anzusehen sind.

4. Wir gestalten die Finanzierung Gesundheitswesen so das diese bezahlbar bleibt.

Ja, mit Beitragserhöhungen, dem Einfrieren der Arbeitgeberanteile usw. usw.

Wie Sie sehen, Frau Merkel geht mit Steuergeldern an die Öffentlichkeit um für Ihre verlogenen Politik noch Reklame zu machen, für wie Dumm werden wir eigentlich von dieser Dame eingeschätzt.

Ich habe mich schon mehrmals zum Nobelpreis geäußert, hier wäre mal einer der diesen Preis wirklich verdient hätte, Julian Assange, Herausgeber von WikiLeaks.
Hier wurden Lügen aufgedeckt, Beispiel Irakkrieg, dieser Krieg wäre überhaupt nicht möglich gewesen wenn diese Fakten von WikiLLeaks früher bekannt gewesen wären. Dank WikiLeaks Wissen wir es heute und hätten es ansonsten niemals Erfahren. Man hat die Lügner entlarvt und nach meiner Meinung ist die Welt ein klein wenig sicherer geworden.
Doch nun wird er gejagt und mit nicht beweisbaren Anschuldigungen belastet, verhaftet und Dank Freunden freigelassen. Dieser Mann mit seinem System könnte eine Segen für die Weltbevölkerung sein, aber nein, so etwas darf und wird es nicht geben, dafür werden die Politiker schon Sorgen.

Auch hatte ich früher schon darüber geschrieben, dass wir Verhältnisse haben wie in den 20er Jahren und es wird immer schlimmer, Preisverleihungen, Gala und Benefiz Veranstaltungen sind nicht mehr zu zählen, alleine Mitte Oktober 2010 fast tägliche Sausen. Es gehen Leute über den roten Teppich die kein Schwein kennt, diese werden als Stars ja sogar als Superstars angekündigt, für mich sind die allermeisten diese Personen Provinzschauspieler und nicht mehr. Hier wird auf Kosten der Bevölkerung,gefeiert bis zum Abwinken. Denn ohne die Filmförderung, Gelder vom Kulturstaatsminister (Haushalt über 1 Milliarde) und den Gebühreneinnahmen der öffentlich Rechtlichen wären diese Exzesse überhaupt nicht möglich. Später wenn alles auseinanderfällt wird man nur in diesen Kreisen Sagen können, die Goldenen 00 oder 10er Jahre, des 21 Jahrhunderts. (Alles wiederholt sich).

Ich möchte nur 2 Personen aus dem Merkelrunde etwas näher beleuchten.
Nehmen wir den von der Presse sehr hoch gelobten Karl Theodor zu Gutenberg, für mich ein PR Mann in eigener Sache und nichts anderes. Am besten zu belegen an seiner Reise mit Ehefrau nach Afghanistan, ein riesiger Tross an Medienleuten und Johannes B. Kerner soll ebenfalls mit von der Partie gewesen sein, ebenso der Ministerpräsident David McAllister aus Niedersachsen und Wolfgang Böhme aus Sachsen Anhalt. Die Berichterstattungen waren natürlich enorm und die Kosten auch.
Die Kanzlerin war natürlich nicht Begeistert und so musste Herr zu Gutenberg Tage später mit der Kanzlerin noch mal nach Afghanistan, aber jetzt als zweites Glied um die Machtposition der Kanzlerin zu Unterstreichen. Was für ein Kindertheater und was für Kosten.

Mittlerweile sind die Kosten für den Afghanistan Krieg von 2009 auf 2010 um fast 50% gestiegen, offiziell auf ca. 1.5 Milliarden, Inoffiziell kann man nur Raten, denn diese Zahlen dürften wohl als Geheim eingestuft sein, hinzu kommen noch Gelder aus den verschiedensten Ministerien, Innenministerium, Entwicklungshilfeministerium, Außenministerium und sogar das Landwirtschaftsministerium ist dabei. Wie die Kosten für 2011 aussehen werden, da kann man sich nur Überraschen lassen, wahrscheinlich nochmals eine enorme Steigerung.
Auch die Umstellung auf eine Berufsarmee dürfte nach Fachkreisen keine Geldeinsparungen bringen, sondern man erwartet genau das Gegenteil.

Und schon wieder 3 Tote deutsche Soldaten (Februar 2011) erschossen von einem angehörigen der Afghanischen Armee und dazu noch von uns mitbezahlt. Dieser Einsatz ist eine Katastrophe. Obwohl mittlerweile ca. 90% der Bevölkerung strikt gegen diesen Einsatz sind, wird diese Unsinnige Aktion weiter geführt und das nennt man hier Demokratie.

Ursula von der Leyen, als Familienministerin nun ja, als Arbeitsministerin lässt sie jetzt endlich die

Katze aus dem Sack, Machtgeil und Postengeil. Als es für sie nicht mehr so richtig lief, wollte sie EU Kommissarin werden, dann Bundespräsidentin, auch dieses gelang ihr nicht, also muss die eigene Hausmacht gestärkt werden um später ins Kanzleramt einziehen zu können. Sie dachte wohl mit der Frauenquote Punkten zu können, aber genau das Gegenteil dürfte sie wohl erreicht haben. Also, Frau von der Leyen unterschätzen sie die Kanzlerin nicht, denn die weis genau wie man sich Gegenspieler vom Hals schafft. Übrigens was soll die Frauenquote in Großunternehmen Bewirken, ich empfinde dieses mehr als eine Einmischung in die Strukturen eines Unternehmens und finde, dass gerade die Politik hier absolut nichts zu suchen hat.
Mit diesem Quotenquatsch hat die Politik in der Vergangenheit schon mehr als Unheil angerichtet.

Auch die unerträgliche Diskussion um Hartz 4 geht einem mehr als an die Nieren, erst 5 Euro Erhöhung, nicht genug, jetzt streitet man seit Monaten um eine Erhöhung auf 8 Euro, macht in der Summe noch nicht mal ein vernünftiges Abendessen für eine Familie. Jeden Tag sind die Nachrichten voll mit diesem Blödsinn und die wirklich wichtigen Themen bleiben ungeachtet, oder sind eine Tagesmeldung, (siehe Tote in Afghanistan). unerträglich aber wahr.
Zumal es sich bei dieser Angelegenheit wirklich nur um ein Theaterspiel handelt, nehmen wir mal die in Frage kommenden Personenkreise (ca. 2,5 Millionen Menschen) so kommen wir im Endeffekt bei einer Erhöhung bei 5 Euro auf lächerliche 12.5 Millionen EURO und bei 8 Euro mal eben auf 20 Millionen Euro Mehrbelastung für den Staat. Ca. 50 Milliarden neue Schulden für 2011, da sind diese Beträge mehr als lächerlich. Also kann man nicht mehr von Theater sprechen, sondern hier ist der Begriff Schmierentheater wohl eher angebracht. Auch hier Federführend mal wieder Frau von der Leyen, verwundert, ich nicht.
Eine Einigung ist nah, 5 Euro sofort und drei Euro ab 2012, die Spucke bleibt mir im Halse hängen. Ach so, jetzt spricht man von 4,5 Millionen Berechtigten, auch das Kennen wir zu genüge.

Und schon wieder die Grünen, die Flüchtlinge aus Tunesien und jetzt aus Libyen sollen aufgenommen werden, welche Tatsachen dahinter stehen, wird natürlich verschwiegen,
1. Die Tunesienflüchtlinge sind reine Wirtschaftsflüchtlinge und nicht anderes.
2. Die Flüchtlingswelle aus Libyen sind kaum Libyer sondern Gastarbeiter die das
   Land verlassen wollen, unter anderem Ägypter (über 1 Millionen) Sudanesen usw.
Özdemir und Trittin sind mal wieder in Höchstform, wollen die wirklich unserem Staat den Rest geben.

Gutenberg ist am 1.3.2011 zurückgetreten, Plagiataffäre, gut und schön, wer aber wirklich hinter diesen Aktionen steht, wird wohl nie ans Tageslicht kommen.Von den Medien mehr als hochgejubelt und jetzt wird er zerrissen.
Keiner fragt, was war bei der Universität Bayreuth los, wie konnte das Passieren. Und die Opposition steigert sich in eine Hysterie, mal wieder Trittin und Özdemir ganz vorne und von der SPD natürlich Gabriel, Anette Schawan und Genossen.

Das bei Doktorarbeiten sehr häufig geschummelt wird und wurde, dürfte wohl allgemein bekannt sein, ich bin mir sicher, wenn man alle Titelträger unserer Regierung mal intensiver auf Seriosität beleuchtet, so werden wohl einige ihr blaues Wunder erleben.

Und wieder Ramsauer (Verkehrsminister CSU) Maut für alle und natürlich Horst Seehofer (CSU) ist auch dabei. Wann hört das endlich auf, der Deutsche ist schon jetzt zum Sklaven verkommen, früher hätte man alle zu Teufel gejagt und der Deutsche ist immer noch nicht wach geworden,

eine Schande kann man nur Sagen.
Wie ein verkappter Grüner (Seehofer) überhaupt Ministerpräsident von Bayern werden konnte, ist und bleibt für mich ein unlösbares Rätsel.

Die Angelegenheit Sarrazin ist immer noch am Kochen, den Ausschluss aus der SPD ist abgewendet, aber in der SPD rumort es weiter und einer brachte es auf den Nenner, der Schaden der bei den Wählern mit Migrations-Hintergrund angerichtet wurde ist enorm. Also geht es nicht um Schaden vom deutschen Volke abzuwehren, sondern einzig und alleine um Wählerstimmen. Ja, so kommen wir der Wahrheit immer näher.

Soeben flattern mir die Unterlagen zur Wahl der angeblichen Vertreter der Versicherten der deutschen Rentenversicherung ins Haus. Wer sind die und was können diese Bewirken, ist völlig unbekannt, also ein Pseudohaufen der nichts und absolut nichts zu melden hat, denn die Entscheidungen werden ausschließlich von unseren Politikern getroffen und was dabei herauskommt ist wohl allen bekannt. Also, auch hier Beitragsgelderverschwendung in Vollendung.

Der Tsunami und die Explosion im Atomkraftwerk in Japan wird mal wieder zum Anlass genommen um die Atomindustrie in Deutschland an die Wand zu fahren.
Vor Monaten wurden die Atomkonzerne noch mit Belastungen von ca. 20 Milliarden Euro belegt, was im Endeffekt natürlich der Verbraucher zu zahlen hat und jetzt stoppen die Atomkonzerne natürlich ihre Zahlungen, weil ihre Zukunft mehr als ungewiss ist. Und schon gehen die Debatten los, wo man sich nun die fehlenden Gelder holen kann, na Raten sie mal wer da in Frage kommt. Weltweit werden neue Atommeiler gebaut, auch da, wo man schon Erfahrungen mit Gaus hat. (siehe Tschernobyl). Russland baut 8 neue Atommeiler, ja die können noch Rechnen, Öl und Gas verkaufen und billigen und umweltfreundlichen Strom mit Atomkraft für das eigene Land Produzieren.

Zurück zu Griechenland, weitere Bürgschaften und Zahlungen stehen an, es ist die Rede von weiteren 80 Milliarden.

Volkszählung Mitte Mai 2011, auch ein Witz, wie kann man ein Volk zählen, wenn nur ca. 10% der Bevölkerung angesprochen wird..

Inflationsraten in Deutschland sind nach wie vor von Schönfärberei durchsetzt, dass einem schlecht werden kann, etwas über 2% obwohl man es täglich erleben kann, wie Teuer alles mal wieder geworden ist. Hier einige Beispiele:

Heizöl   32%
Benzin   11%
Butter   30%
Aufschnitt   20%
Gemüse   35%

Und bei Kaffe sieht es besonders heikel aus, seit dem es keine Sonderangebote gibt, kann man von einer Erhöhung von fast 90% Reden.

Um nur einige zu nennen, bei Zigaretten hier ist die Fahnenstange noch lange nicht erreicht. Und jetzt ab April 2011 zahle ich sogar Mehrwertsteuer für meine Garage. Und jetzt kommt der Witz aus der Regierung (Mai 2011) die sprudelnden Steuereinnahmen könnten für eine Steuerentlastung sorgen. 2011 über 50 Milliarden Schulden gemacht, trotz sprudelnder Steuereinnahmen, aber die angebliche Steuerentlastung soll natürlich erst ab 2013 zum Tragen kommen. Also vor der nächsten Bundestagswahl, auch hier kann man mal wieder sehen, für wie Dumm man die Bevölkerung hält.

Und auch im Finanzministerium geht das Absahnen der arbeitenden Bevölkerungen unvermindert weiter. Von jedem verdienten Euro gehen schon heute Astronomische Summen an den Staat. Und will ein Unternehmer auf Grund guter Geschäftslagen und Lohnverzicht in der Vergangenheit Bonuszahlungen leisten, so hält auch hier unser Finanzminister die Hände auf. Von 1000 Euro geht fast die Hälfte an den Staat.
Das Unternehmer in der Vergangenheit immer die besseren Sozialpartner waren, geht eindeutig aus Unternehmen der früheren Generationen hervor. So haben Krupp, Thyssen, Bosch, um nur einige zu nennen ganze Stadtteile für ihre Mitarbeiter gebaut, auch andere Unternehmen haben ihre Mitarbeiter am Erfolg ihres Unternehmens beteiligt. Und heute macht unser Staat alles zunichte, denn wer hat schon Lust seine Mitarbeiter extra zu Belohnen, wenn er weis, dass der Staat hier noch unverschämt die Hände aufhält. (Ablösesummen, Geldwert-Vorteil, Nachtarbeit, Sonntagsarbeit usw. usw. alles was früher mal frei von Steuerbelastungen war, bereichert sich heute der Staat auf unverschämteste Weise.
Und ab 2012 gehen die versteckten Steuererhöhungen unvermindert weiter, Inflation und Progression tun das Übrige. Arbeit soll sich wieder Lohnen, dass ich nicht lache.

Der Atomausstieg ist seit Ende Mai 2011 beschlossenen Sache, auch hier kann man sehen, wie die Wendehälse reagieren. Gestern für eine Verlängerung der Laufzeiten,und heute Grüne Politik. Haben die überhaupt noch eine eigene Meinung, nein und nochmals nein. Hatte oben schon erwähnt, dass wir teilweise schon heute für Milliarden Euro Atomstrom aus Frankreich und anderen Ländern Einkaufen und hier macht man diese Anlagen dicht. Erneuerbare Energien laufen nur dann, wenn Wind und Sonne vorhanden ist, Speicherkapazitäten gibt es so gut wie nicht. Also müssen wir wahrscheinlich wieder an die Kohle um Lücken zu Schließen. Kann es angehen, dass man sich über den Emissionshandel noch intensiver die Taschen füllen will, oder wie soll dieses Spiel für ein Industrieland wie Deutschland wohl aussehen. Ich sehe in dieser Frage mehr als schwarz. Der Emissionshandel ist schon heute für die Regierung eines der besten Geschäfte des Jahrhunderts und um hier noch höhere Einnahmen zu Erzielen ist denen wohl jede Lüge recht.
Auch Gas ist im Gespräch, Russland hat schon die Fühler ausgestreckt um am Deutschen Markt richtig abzukassieren. Beteiligungen sind geplant auch Übernahmen von den durch den Atomausstieg gebeutelten Unternehmen sind nicht auszuschließen.
Hier sind Preise zu erzielen, die in Russland als unerreichbar eingestuft werden, dass 4 Fache ist

drin. Überhaupt lachen die Russen über den Atomausstieg in Deutschland. Der Neubau an Atomkraftwerken läuft Weltweit auf Hochtouren und hier wird dieses Spiel noch sehr teuer, wenn nicht unbezahlbar werden. Wie ich gerade lese, plant Russland jetzt schon 30 neue Atomkraftwerke.

Deindustrialisierung und falsche Profilierung führen zum wirtschaftlichen Selbstmord, das ist Grüne Politik. Ja, Frau Merkel. wie sie sehen, es geht nur noch um Wählerstimmen, aber so ist das Abrutschen der CDU und CSU in der Wählergunst wohl mehr als wahrscheinlich, aber man wird

ins selbe Horn blasen um das zu vermeiden. Die Politik hat ganz bestimmt mit diesen, für das Volk und der Industrie sehr gefährlichen Aktionen alle Glaubwürdigkeit verloren.
Ich beurteile diese Entscheidung als die gefährlichste Entscheidung die je in Deutschland getroffen wurde und eine vom Stromkunden bezahlte Entscheidung als teuerste Fehlinvestition aller Zeiten.

Auch die Panikmache mit dem EHEG Erreger kann einen Sprachlos machen, ganze Ernten werden in Europa vernichtet, zuerst waren es die Gurken, dann die Tomaten und letzt endlich die Sprossen. Dann hat man den Erreger noch in einem kleinen Bach gefunden, will man uns auch hier Verschaukeln, wie bei der Schweinegrippe, Geflügelpest, Rinderwahn usw. usw. 20 bis 40 000 Tausend Menschen sterben jährlich an Krankenhauserregern, hier sollte die Politik mal ansetzen, aber darauf warten wir auch schon seit Jahrzehnten vergeblich.
Jetzt hat man den angeblichen Erreger gefunden, ein aus Ägypten stammendes Bockshornklee oder so etwas ähnliches. Auch hier mal wieder ein Tollhaus.

Nochmals zurück zu den Grünen, (Friedens und Ökopartei) wer hat unsere Jungs 1999 in den Kosovo- Krieg geschickt und etwas später nach Afghanistan, natürlich auch die Grünen, wer hat als Umweltminister vor Demonstrationen zum Castortransport in Gorleben abgeraten und später (nicht mehr Umweltminister) an vorderster Front mit demonstriert, Jürgen Trittin. Stuttgart 21 soll nicht kommen, so das Wahlversprechen, Auch dieses Versprechen kann man nicht einhalten, jetzt man hat sich für einen Volksentscheid entschieden.
Sollte der Volksentscheid sich gegen die Grünen richten, dann haben die Grünen wohl endlich alle Glaubwürdigkeit verloren. Mal sehen was passiert und hoffentlich gehen nicht nur die Grünen in Baden-Württemberg zur Wahlurne, sondern der normal denkende Mensch. Der Volksentscheid hat sich für den Bau entschieden, aber das wird noch lange nicht das Ende der Fahnenstange sein.

Und schon wieder sind im Mai 2011, in nur 9 Tagen, 4 Bundeswehr Soldaten in Afghanistan gestorben, wie immer nur eine Tagesmeldung, die Talk Shows sind voll mit der Affäre Kachelmann, dass es einem Übel werden kann. Wo sind denn unsere Journalisten und Berichterstatter, Fehlanzeige nichts und auch nichts zu Hören oder Sehen. Eine Schande die kaum zu beschreiben ist. Ja, wie schon mehrmals erwähnt, alles Hofberichterstattung und nicht mehr.

Nun ja, das Frau Merkel eine Verschwenderin von Steuergeldern ist, habe ich schon bemerkt, aber das dieses noch viel schlimmer ist als von mir angenommen, geht aus folgendem Beispiel eindeutig hervor: Die Flugbereitschaft ist angeblich nicht mehr Zeitgemäß und was wird gemacht, 2 Airbusse des Typs 340-300 müssen her und diese werden noch sehr aufwendig und teuer zu VIP Jets umgebaut, natürlich auch mit einem Raketenabwehrsystem.

Nicht genug damit, es kommen noch 2 A310 und 2 A319 hinzu und auch die Challenger sollen ausgewechselt werden. Dann besteht die Flugbereitschaft (ohne die 3 Hubschrauber) aus 8 Maschinen. Gesamtkosten ganz bestimmt ca. 1 Milliarde wenn nicht noch mehr, denn wie die Kosten verschleiert werden, kennen wir ja mittlerweile.

Der erste A340 wurde soeben ausgeliefert und was macht Frau Merkel, diese Maschine muss natürlich ausprobiert werden und das in einer Weise, dass einem die Luft weg bleibt. Es werden mal eben 2 Länder ausgesucht, Indien und Singapur.

Man nimmt die Maschinen und packt die voll mit Politikern (Friedrich, der Innenminister, De Maizere Verteidigung, Ramsauer Verkehr und Bildung Schavan mit deren Tross natürlich und nicht zu vergessen eine Armada von Journalisten.

Die Reise dauert noch nicht mal 3 Tage, nimmt man die Flugzeiten heraus, bleiben weniger als 2 Tage, also hat das ganze nichts und absolut nichts mit einer begründeten politischen Mission zu tun, denn die Zeit die verbleibt reicht gerade für einen Imbiss und ein freundliches Händeschütteln. Diese Aktion kann man wie folgt Beschreiben, einer kauft sich ein neues Auto und man will es natürlich der Familie Präsentieren, eine Probefahrt wird gemacht und alle sind glücklich. Nur hier verhält es sich anders, diese Aktion verschlingt Millionen an Steuergeldern und das nennt man Sparen. Ja, Frau Merkel übertrifft in der Verschwendung von Reise-Geldern alle Vorgänger und Herrn Kohl, als ihren Lehrmeister.

Hier noch eine Kurzbeschreibung des Airbus 340-300, eines der Größten und teuersten Flugzeuge der Welt. 4 Triebwerke und ein Tankvermögen von ca. 140 000 Liter, für den oben genannten Flug waren wohl 2 Tankfüllungen nötig, also ca. 280 000 Liter. Hier kann auch der Laie erkennen, dass der Flug Millionen verschlungen hat und von den weiteren Kosten ganz zu Schweigen.

Das sie gerade diese Länder für Ihre Stippvisite ausgesucht hat, ist für mich mal wieder ein Rätsel, denn wie gerne unsere Politiker dort gesehen werden, Pfeifen in diesen Ländern die Spatzen von jedem Dach. In Indien genau so wie in Singapur.

Und jetzt gerade sind mal ca. 3 Tage vergangen schon wieder eine Reise mit der halben Regierung und Showmaster, Fußballtrainer, usw. usw. nach Amerika, ist diese Frau überhaupt noch zu Stoppen???

Aber das ist noch nicht alles, auch der Bundesnachrichtendienst soll über eine eigene Flotte verfügen, wie groß diese ist, ist natürlich ein Geheimnis und wo sonst noch Flugzeuge versteckt sind, Wissen wohl nur die Eingeweihten.

Um die Dimension dieser Verschwendung besser zu verstehen, hier ein Beispiel.
Der Afghanistan-Kriegseinsatz kostet nach Regierungsangaben angeblich 1,5 Milliarden EURO pro Jahr, also fast die gleiche Summe wie für oben genannte Aktion ausgegeben wird. Noch Worte, ich nicht.

Das auch diese Zahlen nicht stimmen, Pfeifen ebenfalls die Spatzen vom Dach.
Auch gibt es noch eine kleinen Unterschied, in Afghanistan Sterben unsere Jungs und das andere ist reine Verschwendung und Großmannssucht.

Überhaupt scheint Reisen zu den Hauptbeschäftigungen unserer Politiker zu gehören, Beweis, am 11.6. Bis 12.6.2011 reist Kauder nach Japan und einen Tag später Trittin auf der selben Reiseroute. Nun ja, auch die Grünen haben sich an diesen Luxus schon lange gewöhnt.

Und der neue Wirtschaftsminister Rösler durfte die neue Maschine schon nach Moskau benutzen, für diese kurze Strecke dürfte wohl einer kleineren Maschinen mehr als ausgereicht haben. Die Verschwendung an Steuergeldern geht ungebremst weiter.

Ich kann mich noch an eine Reise nach Kenia erinnern, Zwischenstopp der ganz normalen Linienmaschine im Sudan und wer flog mit und stieg im Sudan aus, der damalige Minister Egon Bahr, ja so wurde früher mal gereist und Heute, eine Katastrophe.

Und jetzt am 27.6.2011 kommt das Unverschämteste was man sich überhaupt Vorstellen kann, Steuerentlastung wurde angeregt, aber von den meisten sofort abgelehnt, ganz oben die Länderchefs und was wurde so gut wie unter Dach und Fach gebracht, eine Diätenerhöhung von nicht weniger als 584 EURO und das pro Monat, für die Abgeordneten (Statisten des politischen Geschehens). Die Rentenanpassung ab 1.7.2011 eine Schande für sich und dann diese unbegreiflichen Zahlungen. (Blutsauger kann man nur Sagen).

Sparen könnte man an sehr vielen Stellen, so zu Beispiel in Bonn, wo noch immer sehr viele Ministerien bestehen und der Wanderzirkus nach wie vor existiert. Auch unsere Bundeskanzlerin hat noch eine Außenstelle in Bonn und zwar das Palais Schaumburg nebst Mitarbeiter. Das größte Kanzleramt der Welt und wenn man alle Nebenstellen und Repräsentationsgebäude hinzu zieht (im Osten sowie im Westen) dann kann man auch hier von einer Verschwendungswut sprechen, der alle Vorstellungen sprengt.

Soeben lese ich in der Süddeutschen Zeitung und im Internet (Money Online), dass die Preise von 2001 bis 2010 um durchschnittlich 1,36% pro Jahr gestiegen sein sollen, wie war das mit der Hofberichterstattung. Jeder weis, dass diese Zahlen mit der Wirklichkeit überhaupt nicht übereinstimmen. Man holt sich von der Regierung gezinkte Zahlen und macht noch einen Artikel daraus. Genauso sieht es aus mit der Rentenentwicklung aus. Alles nachzulesen am 4. und 5.7.2011. Haben unsere Zeitungen überhaupt noch ein Gewissen, oder bleibt bei dem ewigen Reisen mit der Bundeskanzlerin und deren Minister keine Zeit mehr um eigene Recherchen zu Betreiben.

Jetzt hat man die Steuersenkung beschlossen, wie oben schon erwähnt, aber erst für 2013, also vor der nächsten Bundestagswahl, wie die genau aussehen soll, ist noch ein Geheimnis. Man muss erst die neuesten Zahlen haben und vor allem Wissen, was der Umbau des Energiemarktes kostet. Nichts, und das Wissen die, denn der Umbau wird schon seit langem nur von dem Stromkunden bezahlt und daran wird sich auch nichts und absolut nichts ändern. Auch hier mal wieder der Beweis wie verlogen unsere Politiker sind.

Und jetzt kommt der absolute Hammer aus der Europäischen Zentralbank, die Rating-Bestimmungen werden außer Kraft gesetzt, aber nur für die EZB, was bedeutet das, die EZB kann jetzt die sogenannten Schrottpapiere im großen Stiel aufkaufen.
Also ist die EZB mittlerweile zu einer sogenannten Bad-Bank verkommen. Währungshüter, dass ich nicht lache. Unabhängigkeit ist ebenfalls Schnee von Gestern.
Ja, die Franzosen haben nicht nur in der EZB das Sagen sondern auch im IWF und was dabei herauskommt werden wir noch erleben.
(EZB europäische Zentralbank IWF internationaler Währungsfonds).
Auch die Privaten, sprich Versicherungen melden sich zu Wort, so sieht die Allianz schon eine Versicherung für Staatsanleihen vor. Versicherungen für Schrottpapiere#kennen wir doch schon aus der Finanzkrise, haben die noch alle Tassen im Schrank, oder was ist hier los.

Der Bundesrat hat am 8.7.2011 das Steuervereinfachungsgesetz abgelehnt. Es geht wirklich nur darum, die eigenen Pfunde zu erhalten, das Volk ist denen nach wie vor Schnuppe.

Auch die Debatte um eine Steuersenkung kann ich nicht mehr hören oder sehen. Wie war das in der Vergangenheit, vor jeder Entlastung wurden Gebühren oder Steuern so angehoben, dass von einer Mehreinnahme beim Volk nichts übrig blieb, sondern der Staat hatte sich diese angeblichen Vergünstigungen schon mehr als nötig vom Volk schon bezahlen lassen. Auch werden solche Ankündigungen terminlich immer kurz vor Wahlen gelegt.

Und die Reisewut geht unvermittelt weiter, Merkel in Afrika und Westerwelle in Südamerika, beide mal wieder mit dem dementsprechenden Tross. Die neuen Flugzeuge sind im Dauereinsatz. Frau Merkel reist nach Kenia und macht Millionenversprechungen, dann geht's nach Angola, wo sie Patrouillenboote verkaufen wollte, ist nichts geworden. Hier wird sie sich ganz besonders wohl

gefühlt haben, sozialistisches Land und dann war Nigeria an der Reihe. Ehrenformationen Abschreiten und Diktatoren die Hand Schütteln scheint ihr wichtiger zu sein als vernünftige Politik zu gestalten. Auch dieses Programm wurde mal wieder in drei Tagen abgespult, wie das Funktionieren soll ist und bleibt für mich ein Rätsel.

Ich habe immer wieder die Hofberichterstattung unserer Presse und Medienlandschaft angeprangert, jetzt haben wir in England den Murdoch-Skandal. Politiker und Polizei wurden nicht nur geschmiert, sondern von den zu Murdoch gehörenden Verlage sogar abgehört, sogar die Königsfamilie soll dabei gewesen sein. Hochrangige Polizeichefs sind schon zurück getreten und was die Politiker anbelangt, so wird dieses wohl mehr oder weniger im dunkeln bleiben. Denn die Verflechtungen sind wohl viel zu intensiv gewesen. Murdoch hat viel zu viele Premierminister gemacht und weis wahrscheinlich mehr als denen heute überhaupt lieb sein kann. Haben wir hier in Deutschland auch so eine Abhängigkeit, ich Glaube ja, denn schauen sie sich mal unsere Presse und Medienlandschaft an und die Antwort dürfte wohl nicht schwer fallen, denn auch hier gelten die Medien und Presse als Königsmacher und so wäscht eine Hand die andere.

Jetzt hat Griechenland ein weiteres Hilfspaket erhalten, nach den ersten 110 Milliarden kommen jetzt weitere 109 Milliarden hinzu. Griechenland ist nun endgültig zum Spielball der EU und des IWF geworden. Und das Spiel ist damit noch keineswegs beendet, sondern man hat sich lediglich Zeit gekauft und das Drama wird unvermindert weiter gehen. Größter Geldgeber auch hier mal wieder Deutschland und wie schon oft erwähnt, selbst Pleite und dann noch diese ungeheuerlichen Verpflichtungen. Oder sagt man evtl. in Berlin, wenn schon Pleite, dann aber richtig. Hier wird mittlerweile alles aber auch alles nur über Schulden finanziert was eine Katastrophe für sich ist.

Und schon wieder Horrormeldungen, Maut für alle, läuft auch schon über Jahre, Autobahnen verkaufen ist die neueste Variante, nun ja, im Verkaufen von Volkseigentum waren unsere Politiker schon immer Weltmeister. Wie man sieht, kein Geld für Innlandinvestitionen, aber Milliarden unter anderem für Griechenland.

Das ganze Stinkt zum Himmel, denn auch Zweckentfremdung von Geldern gehört zur Tagesordnung. KFZ- Steuer, Benzin Steuer usw. sollte mehr als Ausreichen um unsere Straßen in Ordnung zu halten, Vergolden könnte man diese. Wie immer, Skandale über Skandale.

Der von mir vorhergesagte weitere Börsen Crash bahnt sich an, jetzt zwischen 1. und 5.8.2011 hat alleine der Deutsche Aktienmarkt ca. 15% eingebüßt, Weltweit werden mal wieder riesige Vermögen vernichtet. Höchste Alarmstufe in den Regierungen und Sondertreffen sind schon vereinbart. Alles war und ist vorhersehbar gewesen, nur die Regierungen haben mal wieder alles verpennt. Mehr dazu unter Wirtschaft.

Auch die Treffen Merkel und Nicolas Sarkozy sind nichts anderes als ein Ablenkungsmanöver, oder besser gesagt, ein Tollhaus.

Denn Deutschland und Frankreich haben immer wieder gegen die Maastricht-Verträge verstoßen, die angekündigten Strafen wurden von beiden Ländern ausgehebelt, auch 2013 wird Frankreich die Obergrenze von 3% weit Verfehlen. In den neuen Verordnungen werden wieder harte Strafen gefordert und ganz vorne mal wieder Merkel. Sie sehen alles aber auch alles Täuschungsmanöver, denn alle sind Pleite und dann diese mehr als unglaubwürdigen Aussagen. Viele Spitzenleute aus der Bundesbank und der Europäischen

Zentralbank haben das <u>Handtuch schon geschmissen, denn die wollen und können wahrscheinlich den von der Politik zu verantwortenden Todesstoß der einzelnen Länder nicht mit Tragen.</u>

Eine Wirtschaftsregierung in der EU will man schaffen, einen Präsidenten hat man auch schon im Auge, ein bis zwei mal im Jahr soll diese dann Tagen.

Ja, auch die Transaktionssteuer soll kommen. Also, alles was passiert ist immer wieder mit neuen Steuern verbunden und nichts anderes. Die Märkte sollen beruhigt werden, so einen Quatsch habe ich noch nie gehört, mit einer Steuer die Märkte beruhigen, für wie Dumm hält man die Bevölkerung überhaupt. Damit kann man evtl. einen Özdemir oder Trittin ködern, aber keinesfalls einen etwas gebildeten Deutschen.

Was man von unseren Beamten erwarten kann, geht aus neuester Verordnung hervor, wer eine Wust am Imbissstand isst und dabei steht, bezahlt 7% MWST. aber wer sitzt muss 19% bezahlen. An Irrsinn überhaupt nicht mehr zu verstehen, denn erstens, wie soll dieser Wahnsinn überhaupt überprüft werden und zweitens, haben die wirklich nichts anderes zu tun, als dem kleinen Geschäftsmann das Leben noch komplizierter zu machen, als es ehedem schon ist. Hier wären Worte angebracht, die ich aber tunlichst vermeiden werde, denn dann würde mir eine Strafe wegen Beamtenbeleidigung drohen die diese Worte absolut nicht Wert sind. Sie sehen auch dort hat man vorgesorgt, sodass man sich bei diesen Leuten jedes Wort zweimal Überlegen muss um nicht in diese Falle zu laufen.

Unser Verkehrsminister Ramsauer wird nicht müde die PKW Maut zu fordern. Die LKW Maut in unerträgliche Höhen getrieben, diese Gelder sollten in den Straßenbau fließen, nichts davon, der Straßenbau hat nicht mehr Geld zur Verfügung-als zuvor. Also sind auch diese Gelder im Staatsaushalt und bei dem Gebühreneintreiber verschwunden. Überhaupt sehen sie sich mal unseren Straßenbau an, <u>Baustellen nicht mehr zu zählen und Arbeiter nicht zu Finden.</u>
Die Autofahrer werden schikaniert und Tätigkeiten werden nur vorgetäuscht, denn auch an den <u>Staus verdient</u> nicht nur die Mineralölindustrie, sondern ganz besonders der Staat. Alle Versprechungen können sie vergessen, denn alles besteht nur aus Lug und Trug.
Dann noch die Forderung, lärmärmere Straßen, doppelt so teuer und nur die halbe Lebensdauer, anstatt die bestehenden Verkehrswege zügig auszubauen diese völlig verrückte Forderung. Nein hier geht es nur ums Geldeintreiben und nichts anderes. Ich nenne das, versteckte Steuererhöhungen und davon haben wir beileibe schon mehr als genug. Riesige Summen werden in den Lärmschutz investiert, teilweise sogar mehr als verplempert, denn auch dort wo keine Häuser stehen.
Auch sollte man bedenken, dass viele ein sehr preiswertes Haus oder Grundstück, eben an

diesen Stellen gekauft haben und diese natürlich Lärmschutz fordern um eine dementsprechende Preissteigerung zu Erfahren und das auf Kosten der Allgemeinheit. Sie sehen, Politik kann nicht bösartiger sein, als von unseren Politikern praktiziert.

Die SPD macht schon jetzt (September 2011) Wahlkampf und will mit massiven Steuererhöhungen Punkten. Hier deutlich zu erkennen, was man von der deutschen Bevölkerung hält, absolut nichts, denn wer denkt mit Steuererhöhungen die Wähler zu erreichen, wird wohl bei den vergangenen Steuererhöhungsorgien Pech haben, es sei, die Sozialschmarotzer hätten eine Mehrheit. Abbau der Verwaltungen der Korruption und der gewaltigen Verschwendungen wäre wohl ein Wahlkampfthema, aber dieses finden wir so gut wie bei keiner Partei, denn dann ginge es an den eigenen Kragen und das wird man tunlichst vermeiden.

Auch schon wieder im Gespräch, Rentenalter zuerst von 65 auf 67 und jetzt fordert man schon 69, sind unsere Politiker überhaupt noch zu Ertragen, nein, nein und nochmals nein. Auch sehr seltsam, dass immer wieder von Rentenaltererhöhungen gesprochen wird und das Wort Pensionsalter mal eben unter dem Tisch verschwindet.

Wie sieht die Zukunft für den Euro aus, hier gibt es für mich nur 4 Szenarien.
1. Der Euro verschwindet und eine neue Währung wird geschaffen, wie gehabt, bei der Euroeinführung, man bekommt diese mit einer Abwertung von 1 zu 2 oder sogar 1 zu 3.
2. Die Deutsche Mark kommt zurück, aber auch dann müssen wir für die DM ganz bestimmt das doppelte oder Dreifache an Euros zahlen um an eine DM zu kommen.
Also hätten wir seit 1948 schon die dritte Währungsreform.
3. Das schlimmste Szenarium, Alles Geld verschwindet und die Bevölkerung bekommt ein Handgeld von einer neuen Währung und fängt quasi bei Null von vorne an.
Altersvorsorge, Lebensversicherung, Risterrenten usw. usw. alles für die Katz.
4. Die Europäische Union verschwindet in seiner jetzigen Form und stellt sich besser effektiver und Kostengünstiger auf, was wohl wünschenswerter und bedeutend besser wäre. Alle vier Möglichkeiten beinhalten ein massives vernichten von Volkseigentum und einer Verarmung der Bevölkerung bis zum geht nicht mehr. Das ist zwar Horror pur, aber so oder ähnlich wird es im Endeffekt wohl kommen. Unsere Politiker kommen und gehen und das Wissen diese Damen und Herren ganz genau, also haftbar kann man wohl keinen mehr machen, denn deren Pensionen und Vermögenswerte werden wohl sicher sein, dafür wird man rechtzeitig Sorge tragen. Es sei, die Bevölkerung wird rechtzeitig wach und jagt diese früh genug aus der Verantwortung. Denn auch im Verschieben von Vermögenswerten sind unsere Politiker geübt.

Und dann fordern gewisse Kreise noch den Euro-Bond, ganz vorne mal wieder die SPD (Gabriel) und natürlich, wie kann es auch anders sein, die Grünen. Am lautesten Özdemir und Trittin. Die Euro-Bonds sind <u>Brandbeschleuniger</u> und nichts anderes.
Nun ja, von Populisten, Politikern und Laien kann man auch nichts anderes Erwarten, oder geht denen das Sterben der Nation noch zu langsam voran???
Genau so sieht es mit den ganz großen Zockern aus, auch diese Fordern den Euro-Bond, warum bloß, ganz einfach, um noch mal schnell an das große Geld zu kommen und ihre jetzigen Spekulationen abgesichert zu sehen. Auch von diesen Leuten wird Angst geschürt, dass Banken und die Währungssysteme zusammen brechen würden.
Trotz allem sind und bleiben die <u>Zentralbanken</u> die größten Spekulanten unserer Zeit, Punkt.

Und nach Überlegungen der Finanzminister soll die EFSF eine Banklizenz erhalten um sich so über die EZB Refinanzieren zu können. Das heißt nicht anderes als das die EFSF das Geld was sie von dem Rettungsschirm bekommt gegen Staatsanleihen weiterleitet, diese wieder an die EZB als Sicherheit übergibt und damit den selben Betrag nochmals bekommt usw. usw. Ähnliches kennen wir schon aus anderen hochkriminelle Bereichen die, die Finanzkrise ausgelöst haben. Sie sehen, die Schrecken vor nichts zurück, würde ein normaler Geschäftsmann so handeln, so wäre dieser schneller im Knast als dieser es sich überhaupt vorstellen kann.

Und jetzt am 29.9.2011 wurde der erweiterte Rettungsschirm durch den Bundestag gepeitscht, namentliche Abstimmung, damit auch keiner aus der Reihe tanzt, denn wer dagegen stimmt, ist sofort entlarvt und kann somit seine Laufbahn evtl. als beendet ansehen. Ja, auch so kann

Erpressung aussehen.

Noch viel erschreckender war, dass einige Abgeordnete noch nicht mal wussten, wie hoch der Rettungsschirm überhaupt angesetzt ist und über welche Summen der Staat Garantien übernimmt. Wie kann man die Interessen des Volkes überhaupt Vertreten, wenn man noch nicht mal weis, worum es im einzelnen überhaupt geht. Presse und Medienlandschaft ist voll mit diesen Zahlen und man ist noch zu Faul sich diese Zahlen überhaupt zu Merken. Eine Schande die man wohl nur in Parlamenten findet.

Auch wird mit dem Rettungsschirm der Bevölkerung nur Sand ins Auge gestreut, denn mittlerweile sind schon weit über 4 Billionen an Garantien geflossen, auch dafür haftet Deutschland in einem nicht zu unterschätzenden Anteil. (ca. 30%).

Ich beobachte unsere Abgeordneten seit Jahren ganz genau und konnte wirklich nur einen einzigen ausmachen, der seiner Aufgabe gerecht wird und das ist Wolfgang Bosbach (CDU), er hat und das ist die ganz große Ausnahme, gegen den Rettungsschirm gestimmt. Nun ja, Frau Merkel hat bis dato alle kalt gestellt, die Ihrer Linie nicht gefolgt sind, mal sehen ob sie auch diesen sehr guten Politiker feuert oder feuern kann. Jetzt einen Tag nach der Abstimmung ist der Druck auf Herrn Bosbach schon enorm und er erwägt schon heute, ob er weiter machen will, oder kann. Ich habe schon vor Wochen Herrn Bosbach für seine Haltung und Arbeit per E-Mail gratuliert. Sie sehen, gute Leute kann man nicht gebrauchen und es stört die einen Dreck, wenn diese die politische Bühne Verlassen. Auch hier kann man nur sagen, armes Deutschland. Jetzt meldet sich der Kanzleramtschef

Ronald Pofalla zu Wort, unter anderem diese Äußerung: Ich kann deine Fresse nicht mehr Sehen. Sie sehen was die namentliche Abstimmungen bezwecken und wie wir unsere Politiker einstufen sollten. Leute wie Pofalla gehören entfernt, aber deren haben wir wohl viel zu viele und dann wäre unser Parlament wohl leer. Bei den Befehlsempfängern wäre das kein Beinbruch sondern ein Segen für Deutschland.

Neue Verordnungen haben und hatten wir mehr als genug, aber jetzt kommt die Krönung, ab November 2011 sollen alle Wasserleitungen in Häusern und Wohnungen auf Keime untersucht werden und das Jährlich. Hier kommt mal wieder eine Kostenlawine auf die Hauseigentümer und Mieter zu. Den Minister wollte man zu diesem Thema befragen, dieses Anliegen wurde natürlich abgelehnt und in einer schriftlichen Äußerung soll es geheißen haben, Bürokratieabbau sei Sinn und Zweck. Diese Aktion bringt den zuständigen Verwaltungen und den daran beteiligten Unternehmen ein Milliardengeschäft und ein Bürokratieabbau ist mehr als ein Witz. Ja, auch unser Gesundheitsminister Bahr gehört wohl auch in die Witzkiste.

Und schon wieder geht es los, wie sagte Frau Merkel vor nicht allzu langer Zeit, Bankenpleiten dürfen und werden sich nicht wiederholen. Jetzt hat es unter anderem die belgisch-französische Großbank Dexia getroffen. Den Stresstest vor kurzem noch bestanden und dann das, ca. 90 Milliarden sollen es sein, die dann in einer Bad-Bank Verschwinden soll. Auch hier mal wieder im großen Stiel griechische Papiere, die auch von anderen französischen Banken immer noch im großen Mengen gehalten werden. Die vielen Treffen von Merkel und Sarkozy haben mich schon immer irritiert, will Sarkozy evtl. Merkel über den Tisch ziehen und die Fehlspekulationen unter anderem Deutschland Aufbrummen Auch die Griechische Prontobank ist Pleite und wurde vom griechischen Staat übernommen und die Finanzierung soll natürlich aus dem Rettungsschirm von 2010 (110 Milliarden Euro) erfolgen.

Auch wird immer wieder von den Beiden betont, dass die Rehkapitalisierung der Banken

sichergestellt wird. Also kann man weiter Zocken ohne auch nur das geringste Risiko einzugehen und wenn die Rechnung von Sarkozy auf geht, dann sind die französischen Banken in etwas aus dem Schneider.

Hier Kocht und Brodelt es und Frau Merkel ist schon wieder mit großem Tross auf Reisen, Vietnam, natürlich auch hier wieder mit Geld und Kreditzusagen, (über 450 Millionen Euro) anschließend soll es noch in die Mongolei gehen.

Am 9.10.2011 noch das Krisentreffen mit Sarkosy und am 10.10.2011 frönt sie sich wieder ihrer Lieblingsbeschäftigung (Reisen). Unglaublich.

Noch nicht ganz zurück, da fliegt unser Bundespräsident Wulff zu einem Staatsbesuch nach Afghanistan um dem sehr fragwürdigen Präsidenten Karzai die Hand zu Drücken. Ich verstehe die Welt nicht mehr, haben die überhaupt noch ein Gewissen, oder was ist hier los. (Karzai-Clan, die Dynastie der Drogenhändler).

Wie gut die Hofberichterstattung funktioniert belegt eindeutig die neue Rinderseuche die seit Wochen in Norddeutschland grassiert, vergleichbar mit dem Rinderwahn vor einigen Jahren nur noch etwas gefährlicher als damals, denn die Krankheit springt auf den Menschen über. In den Überregionalen Nachrichten kein Wort davon so dass man sich Fragen muss, was ist auch hier mal wieder los. Ganze Herden sterben weg und die Bevölkerung wird, wenn überhaupt nur in den regionalen Gebieten informiert. Auch hier mal wieder, wo ist das Gesundheitsministerium, das Verbraucherministerium usw. usw. Vor allem die Presse, hat man hier Maulkörbe verteilt, oder was passiert hier hinter den Kulissen.

Das letzte Wochenende hat es in sich, ein Treffen nach dem anderen und Beschlüsse werden von einem auf den anderen Termin verschoben. Jetzt von Mittwoch den 26.10.2011 auf Donnerstag den 27.10.2011 der angebliche Durchbruch. Der Rettungsschirm wird noch weiter aufgebläht und die Banken sollen auf ca. 50% des Wertes ihrer griechischen Anleihen verzichten. Ist damit das Problem gelöst, nein keineswegs, denn man hat sich hier mal wieder nur Zeit gekauft und nichts anderes.

Was macht die Börse, alles geht nach oben, der Euro, das Öl und natürlich alle Aktienwerte, kein einziger Verlierer. Ganz besonders die Bankwerte, teilweise weit über 10% Zuwachs. Was sagt uns das, alle fühlen sich in Sicherheit und so kann die Zockerei ungestört weiter gehen.

Griechenland bleibt im Euro und soll bis 2020 seine Verschuldung auf 120% abbauen. Griechenland wird zum Dauerbrenner und wird weiter im Chaos versinken. Das England aus der EU Ausscheren möchte, geht hier in der Presse mal wieder vollkommen unter. Ein Bürgerentscheid wurde von der jetzigen Regierung zwar abgewendet, aber ich bin sicher, wäre es dazu gekommen, hätten die Engländer sich mit Mehrheit für ein Abwenden entschieden.

Ich möchte nochmals betonen, Griechenland muss aus dem Euro raus, denn es gibt überhaupt keinen anderen Weg dieses Land zu Retten.

Jetzt endlich am 31.10.2011 hat der griechische Ministerpräsident Papandreou erkannt, dass ohne Mitsprache des griechischen Volkes nichts geht und einen Volksentscheid angekündigt. Die Reaktion der anderen europäischen Politiker ist mehr als beschämend, denn das Volk in Entscheidungen einzubeziehen ist für die ein Fremdwort und kommt Hofverrat gleich.

Der oben genannte Aktien und Devisen Sprung hat ein jähes Ende gefunden und die gewonnen

Kurssprünge sind in kürzester Zeit verloren gegangen, denn alles aber auch alles war nur auf Lug und Trug aufgebaut. Die erste Bank (amerikanische) ist schon nach Stunden Pleite, denn man hatte auch hier mit Staatsanleihen gezockt.

Auch hier deutlich zu erkennen, wohin die Gelder fließen, die den Banken nachgeschmissen werden. Mal gespannt wer überhaupt noch Staatsanleihen kauft, denn einen Wert stellen die ganz bestimmt nicht dar. Auch bin ich mehr als verwundert, dass Deutschland immer noch als Hafen der Sicherheit angepriesen wird und von den Rating Agenturen Bestnoten bekommt. Schauen sie sich mal den oben genannten kurzfristigen Kapitalbedarf an und man weis, dass bei der geringsten Störung des Kapitalmarktes auch Deutschland abstürzen wird. Es wird immer wieder, unter anderem auf Italien, Spanien, Portugal und Frankreich als Problemländer hingewiesen und Deutschland außen vor gelassen, stimmt nicht, auch Deutschland ist ein Problemland. Schulden mit Schulden bekämpfen funktioniert nicht und Schulden abtragen geht erst recht nicht, denn diese sind viel zu hoch und können nie und nimmer abgezahlt werden, noch nicht mal in hundert Jahren. Sie sehen, der Karren Euro ist am Ende und der Fall ist nur eine Frage der Zeit.

Zu früh gefreut, der griechische Ministerpräsident Papandreou wurde in Cannes so stark unter Druck gesetzt, dass er den Volksentscheid zurück nehmen musste. Nach eigenen Aussagen wurde er sinngemäß mit Steinen beschmissen und konnte nicht anders als sich diesem Druck zu beugen.

Am selben Tag eine bemerkenswerte Äußerung von unserem Finanzminister Schäuble, der Euro ist sicher, ganz besonders für die Deutschen. Erinnert mich doch sehr an die Äußerungen von Norbert Blüm, die Renten sind sicher. Ich kann nur Hoffen, dass Merkel mit Ihren Leuten die nächste Wahl nochmals gewinnt, damit man endlich mal jemanden direkt zur Verantwortung ziehen kann, denn der Zusammenbruch kommt schneller als von denen erwartet, es sei, die EZB kauft wirklich allen Schrott auf.

Ach, wie schön, die Bad-Bank der Hypo Real Estat hat sich mal eben um die Kleinigkeit von über 50 Milliarden verrechnet, wo waren die Kontrollinstanzen wie Herr Schäuble als oberster Aufseher, die Bundesbank und alle anderen Instanzen, Deutsche wie Europäische. Sie sehen auch hier Behörden im Überfluss und was Taugen die, absolut nichts.

Claude Trichet ist als Präsident der EZB verschwunden, der neue Mario Draghi, schockt schon in den ersten Tagen, der Leitzins wurde von 1,5 auf 1,25 gekürzt, trotz einer Inflation von ca. 3% offiziell, inoffiziell bedeutend höher. Auch schließt er nicht aus, Staatsanleihen im großen Stiel aufzukaufen, wenn diese am freien Markt keine Käufer finden. Nun ja, nach dem Franzosen jetzt ein Italiener, hatte auch nichts anderes erwartet, denn wer ist schon so Blöd und kauft Staatsanleihen, wenn man mit diesen Geldern ganze Industrien und Länder Aufkaufen kann.

Wie befürchtet, Tage im Amt und schon kauft der Neue EZB Präsident Mario Draghi im großen Stiel italienische Staatsanleihen auf, ich habe keine Worte mehr.

Auch nach intensiven Nachforschungen kann man die angeblich anderen Käufer von Staatsanleihen nicht ausmachen, ich habe da so meine Befürchtungen, neben der EZB haben wir ja noch die Bundesbank, die ehemalige Hypo Real Estat usw. usw.

Hier noch ein kleiner Nachtrag, wo kommt der EZB Präsident Draghi und der neue italienische Ministerpräsident her, natürlich von Goldman/Sachs, die Bank die ganz besonders an der Finanzkrise als einer der Hauptakteure beteiligt war. (siehe Wirtschaft und sie Wissen wie diese Bank einzustufen ist).

Jetzt haben wir die Zahlen, Steuersenkung ab 2013, 2 Milliarden und 2014 sollen es weitere 4 Milliarden sein, die Pflegeversicherung soll erhöht werden und weitere Abgaben werden wohl bis zu diesem Zeitpunkt diese angeblichen Entlastungen längst überholt haben. Vom Abbau der Steuerprogression keine Spur und die Entlastung reicht mal gerade für eine Tasse Kaffee. Über 2 Jahre hat man gestritten und ein Politiktheater durchgezogen, dass es einem schlecht werden kann und Frau Merkel stellt sich vor die Kameras mit den Worten, wir geben dem Volk etwas zurück, zum Beispiel die Inflationsrate, schlimmer geht es wohl nicht mehr. Es nimmt mit dem Verarschen und Verschaukeln kein Ende. Und was macht die SPD und die Grünen, Gabriel droht mit dem Bundesverfassungsgericht und will diese Aktion mit den Grünen im Bundesrat blockieren, nicht um dem Bürger mehr zukommen zu lassen, sondern die Räuberei ungebremst weiter laufen zu lassen.

Auch die immer wieder beteuernden Ausführungen von Frau Merkel, dass Geld der Deutschen ist sicher, stimmt keineswegs, denn wenn der Staat Pleite ist, sind alle diese Beteuerungen nur noch Schall und Rauch. Vergesst alle Versprechungen und verlebt oder versauft euer Geld, denn der Knall wird kommen und mit dem verbleibenden Geld könnt ihr euch dann die Wand tapezieren.

Früher hieß er Stabilitätspakt und wer hat so ziemlich als erster jahrelang dagegen Verstoßen, natürlich die deutsche Bundesregierung, Heute heißt er Fiskalpakt und dieser soll weitere Verschuldungen in der Zukunft verhindern. Ich Wette schon heute, dass auch hier die Bundesregierung ganz massiv dagegen Verstoßen wird.

Ob es überhaupt so weit kommt kann mehr als angezweifelt werden, denn zu den angepeilten Terminen wird der Euro wohl verschwunden sein und das Wissen unsere Politiker wohl ganz genau. Und Frau Merkel bezeichnet den Fiskalpakt als Meilenstein in der europäischen Politik, Lachen kann man wohl über diese Äußerung nicht mehr, Wut und Tränen sind angesagt.

Die Rettungsschirme haben mittlerweile eine Größenordnung erreicht, dass es einem nicht nur schlecht werden kann, man sollte sich mal die Frage stellen, sind die Verantwortlichen Politiker noch klar in der Birne, denn die Vernichtung von Deutschland und Europa ist bei diesen Aktionen wohl mehr als wahrscheinlich.

Die Arbeitslosenzahlen sind und werden nach wie vor manipuliert und nimmt man die europäischen Arbeitslosenzahlen, so haben wir ein nie gekanntes Hoch zu Verzeichnen. Nehmen wir nur Italien Jugendarbeitslosigkeit über 35% oder Spanien weit über 50% und von Griechenland ganz zu Schweigen.

Hier noch eine Sache in Punkto Schweiz, die Deutschen waren nach dem Krieg mehr als verhasst, was sich aber im Laufe der Jahre änderte, ja, man kann Sagen, dass bis in die 90er ein gutes und freundschaftliches

Verhältnis bestand, ganz bestimmt unter der Schweizer und Deutschen Bevölkerung. Aber dann ging es los, unsere Politiker fingen an, die Schweiz zu Erpressen, zuerst war der Züricher Flughafen an der Reihe, nachdem aber die Lufthansa die Swiss Air übernommen hatte, was auf einmal Ruhe.

Dann kam das Bankenwesen ins Visier der Bundesregierung, angebliche Schwarzgelder sollten aufgespürt werden und man zwang die Schweiz zu Verträgen, die schon an die Substanz diese Landes ging. Nicht genug damit, man wandte kriminelle Machenschaften an und kaufte Diebesgut in Form von CDs auf. Jetzt endlich hat die Schweiz mal reagiert und Haftbefehle auf die Mitverantwortlichen ausgestellt.

Dass Geschrei in der Regierung war natürlich enorm, ganz vorne mal wieder die SPD und natürlich die Grünen. Einige Politiker wollten sogar unseren Beamten das Bundesverdienstkreuz geben. Hier kann man mal wieder sehen, wie die Ticken.

Den Schaden den unsere Politiker hier angerichtet haben ist nicht wieder gut zu machen, die Deutschen sind wieder verhasst und wer kann es der Schweizer Bevölkerung bei diesen Machenschaften unserer Politiker Verübeln.

Der Bundespräsident Christian Wulff ist gegangen, aber mit allen Ehren und der dementsprechenden Bezahlung, Seilschaften und Vetternwirtschaft war wohl sein Verderben, Joachim Gauck heißt der Nachfolger. Nun, ich hatte schon öfters erwähnt, dass wir diesen Geldverschlingenden Apparat abschaffen sollten, denn Nutzen bringt er absolut keinen, sondern nur Verwirrungen.

Zu unseren Bundespräsidenten habe ich oben schon einige Ausführungen gemacht, aber wie teuer uns dieses Amt kommt habe ich erst jetzt erfahren, über 30 Millionen im Jahr, ohne die versteckten Ausgaben, Flüge Ehreneskorten, Polizei und Bundeswehreinsätze usw. usw. Es kommt uns viel teurer als die meisten Königshäuser in Europa und was bringt uns dieses Amt, nichts, sondern nur Ärger mit den Amtsträgern. Die Königshäuser bringen wenigstens noch Einnahmen aus dem Souvenirverkauf und bei Feierlichkeiten verstärkten Tourismus. Also, weg mit dem Quatsch.

Und jetzt noch Zypern, auch Pleite, die Zypern Kredite wurden durch den Bundestag gepeitscht. Hier die Bedienungen für die Rettung, höhere Benzinpreise und Kraftfahrzeugsteuern, massive Rentenkürzungen für Frührentner höhere Krankenkassenbeiträge , Staatsbetriebe müssen verkauft werden, höhere Verbrauchssteuer und die Unternehmen sowie die Sparer sollen ebenfalls Bluten.

Das dürfte nur ein Teil der bekannt gewordenen Einschnitte sein und das Supperelend wird wohl nicht mehr lange auf sich Warten lassen, wie in vielen südeuropäischen Ländern schon heute. Jetzt wird das Privatvermögen in den Südeuropäischen Länder als Vergleich hinzugezogen, Deutschland steht natürlich am Schwanz der Tabelle, was natürlich mal wieder politisch ausgeschlachtet wird.

Slowenien ist am 30.4.2013 erneut von den Agenturen auf Ramsch heruntergestuft worden, ja, dass ist Europa und der Euro.

Jetzt sollte man sich auch mal Fragen, wer hat nach der Wiedervereinigung wen übernommen, der Westen den Osten, oder umgekehrt. Schaut man sich heute die Führungsspitzen an, so kann man zu der Vermutung kommen, der Osten hat den Westen übernommen, oder???

Ich muss nochmals auf die Risterrente zurück kommen, jetzt hat man schon fast 15 Millionen in diese Zusatzversicherung getrieben, obwohl auch den Politikern mittlerweile bekannt sein dürfte, dass die eingezahlten Gelder nie und nimmer bei dem Versicherten zurückkommen werden, es sei, er wird über 100 Jahre alt.

Und die größte Unverschämtheit ist, dass gerade Rister immer noch an der nach ihm genannten Rente festhält und keinerlei Reue zeigt, was er dem Deutschen da angetan hat.

Immer wieder neue nicht begreifbare Entscheidungen oder Planungen, dass Betreuungsgeld. Eltern die ihre Kinder nicht in eine Krippe oder Kindergarten schicken, sollen 150 Euro erhalten, na Raten sie mal wer diese Personen sind.

An erster Stelle dürften es Personen sein die überhaupt kein Interesse daran haben ihre Kinder überhaupt in solche Einrichtungen zu schicken.

Da sind zu Erwähnen, die meisten Türken, Araber und Libanesen wie es bei den Afrikanern aussieht kann ich noch nicht Beurteilen. Hinzu kommen noch die sogenannten Asozialen, Na, wie viel Bier oder Schnaps kann man wohl dafür kaufen. Sie sehen auch hier mal wieder, alles aber auch alles was aus dieser Ecke der Politik kommt, ist mehr als nicht nachvollziehbar und gehört, wie so vieles in die Rubrik Tollhaus. Und am lautesten kommt diese Forderung mal wieder

von Horst Seehofer, was ich von diesem Mann halte, habe ich schon öfters erläutert, absolut nichts.

Nochmals Sparen, schönes Wort, aber wo Sparen angesagt wäre geschieht mal wieder genau das Gegenteil, ein Energieministerium wird angepeilt und das Kartellamt soll um eine Markt-Transparenz-Stelle erweitert werden, beides völlig überflüssig, aber mal wieder Posten und Mammut-Verwaltungen die Unsummen kosten werden.

Von den Grünen hat man auch was gelernt, da bewirbt sich unser Umweltminister Röttgen im Mai 2012 um den Ministerpräsidentenposten in NRW. Er wird Parteivorsitzender in NRW und zieht als noch Umweltminister in den Wahlkampf und das über Monate. Hier kann man sehen, wie beschäftigt unsere Minister sind und ein Fehlen über Monate überhaupt nicht auffällt. Seinen Posten in Berlin will er nicht aufgeben, denn sollte er Verlieren, dann geht es zurück in den sicheren Hafen. Genau so wie Frau Künast (Grüne) seinerzeit in Berlin. Die Wahl hat er verloren, aber die Rechnung ist nicht aufgegangen, Frau Merkel hat ihn gefeuert.

Und schon wieder reist Frau Merkel im Juni 2012 zum Trainingslager der deutschen Fußballmannschaft nach Polen, nein diese Frau ist nicht mehr zu Stoppen. Fußball, oder besser gesagt, diese Operettenveranstaltungen sind zur Schaubühne von Frau Merkel verkommen, ob es wirklich Begeisterung fürs Fußball ist, oder nur als Propagandamaschine benutzt wird, bleibt offen. Ich Tippe auf zweites.

Wie gut oder schlecht unsere Politiker über die Weltwirtschaft informiert sind, geht aus folgendem Beispiel sehr deutlich hervor, unser Wirtschaftsminister Philipp Rösler reist nach Saudi Arabien um diesen Photovoltaik Anlagen zu verkaufen, dass Saudi-Arabien mehrere Atomkraftwerke im Bau hat und ganz andere Interesses verfolgt, kam wohl im Wirtschaftsministerium nicht an. Also hat man sich auch hier mal wieder mehr als lächerlich gemacht.

Der Ex-Präsident Wulff und seine Vorgänger und Nachfolger bekommen mal eben 18000,-Euro mehr an Bezügen, macht die Wenigkeit von fast 10% seiner jetzigen Bezüge, eine Geschmacklosigkeit die für den Bürger wohl nicht mehr zu Ertragen sind, zumal die Vorwürfe der Vorteilnahme überhaupt noch nicht gerichtlich abgeklärt wurde. Überhaupt wird das eigenen Klientel mehr als gehegt und gepflegt.

So gibt es eine UN Konvention oder Resolution aus dem Jahre 2003, die Korruption von Mandatsträgern unter Strafe stellen soll, da Politiker auch einbezogen wurden, wird dieses Vorhaben von allen Parteien abgelehnt, Rot-Grün, die große Koalition CDU, CSU und SPD und natürlich auch von FDP. Über 160 Staaten haben diese Resolution schon sehr lange unterschrieben, außer 3 Staaten, unter anderem Saudi-Arabien, Syrien und Deutschland. Die Begründung, Sinngemäß, der Mandatsträger könne seine Aufgaben nicht mehr Wahrnehmen, dass heißt für mich, dass Korruption zu Ihrem Tagesgeschäft gehört, oder?? Ja, so weit sind wir gekommen. Beweis, Honorare der Abgeordneten müssen nur bis 7000 Euro angegeben werden, bekommt einer aber 100 000 Euro oder sogar noch mehr, so sind nur die 7000 Euro Meldepflichtig, mal wieder ein Skandal erster Güte.

Und schon wieder von der Leyen, im August 2912 fordert diese doch allen Ernstes eine Zuschussrente von 800 Euro für alle Niedrigverdiener, aber mit Auflagen die so gut wie keiner erfüllen kann, 45 Jahre gearbeitet und Rentenbeiträge, Pflegeversicherung und Risterrente bezahlt, zusätzlich noch weitere private Vorsorge soll gefordert werden um überhaupt in den Genuss zu kommen. Die Rentenkassen sind prall gefüllt und eine Abstufung der Rentenansprüche werden weiter gesenkt, von derzeit etwa 50% auf 43% und dann das.
Auch das Wort Zusatzrente ist eine Irreführung erster Güte, denn hier geht es nicht um eine Zuschussrente sondern um eine endgültige auszuzahlende Rente. Soll hier mal wieder der Versicherungswirtschaft ein Milliardengeschäft zugeschanzt werden, was aber mehr als nach hinten los gehen wird. Schämen sollte sich diese Frau und wenn man dann noch hört, dass sie das Kanzleramt im Auge hat, dann verstehe ich die Welt nicht mehr. Mit 63 in Rente, eine Mogelpackung bis zum geht nicht mehr. (Mit 18 ins Berufsleben gegangen plus 45 dann sind wir schon bei 63, noch was zu Sagen).

Auch beschlossen, am 6.9.2012 unbegrenzter Aufkauf von Staatsanleihen von der EZB, trotz ausdrücklichen Verbotes der Staatsfinanzierung durch die EZB.
Sie sehen, alle Verträge die mal beschlossen wurden, sind ihr Papier nicht Wert.

Zum Schluss dieses Kapitels möchte ich noch auf das Steueraufkommen der Bundesrepublik kommen, auch hier wird getrickst und verschleiert bis zum geht nicht mehr. Die Zahlen die der Bevölkerung präsentiert werden stimmen vorne und hinten nicht.
Schaut man sich die einzelnen Posten an und addiert diese mit den öffentlich gemachten Zahlen, so kommt man auf ganz andere Ergebnisse. Nun ja, auch diese kennen wir aus anderen Bereichen mehr als genug, siehe Rentenversicherung, Arbeitslosenversicherung usw. usw. Die Mehrwertsteuer konnte oder wollte man nicht erhöhen, als muss eine andere Steuer her, die Energiesteuern war mehr als geeignet, alleine für 2012 rechnet man mit einer Steuereinnahme von über 10% am Gesamteinnahmekuchen der Steuereinnahmen. Die Energiesteuer ist gleichzusetzen mit der Mehrwertsteuer, denn auch hier werden alle Bereiche des Verbrauchers erfasst, vom Brötchen bis zum Auto.
2011 war angeblich das beste Jahr seit Jahrzehnten, die Steuereinnahmen sprudelten nur so und trotz allem macht der Bund weitere Schulden in Milliardenhöhe und für 2013 sieht es auch nicht besser aus, auch mal wieder Milliarden an Schulden.
Hier deutlich zu erkennen, dass es mit dem Land nie und nimmer nach oben gehen kann, der Absturz ist mehr als vorprogrammiert. Was die Schuldenproblematik der Bundesrepublik anbelangt, sind wir schlechter als die Spanier, kaum zu Glauben aber Wahr und dann die unglaubliche Großkotzigkeit und Arroganz unserer Politiker sind kaum noch zu Ertragen.

Jetzt hat wohl auch Schäuble erkannt, dass nichts mehr zu Retten ist. Denn Ende 2012 fordert gerade Schäuble einen Europäischen Finanzminister, ich wiederhole, einen Europäischen Finanzminister, obwohl er dafür bekannt ist, nie einen Faden seiner Macht abzugeben. Und alle schreien nach mehr Europa, will man so die Verantwortung mal eben nach Brüssel verschieben und Deutschland noch dazu.

Wie sagte Frau Merkel sinngemäß so schön, Euro-Bonds nur über ihre Leiche, dass aber <u>EFSF,</u> <u>ESM und die Euro Bills</u> nicht anderes ist, als Schulden in Deutschland abzuladen, hat diese Frau wohl nicht erkannt oder absichtlich verschwiegen. Übrigens wer soll die Staatsanleihen überhaupt kaufen. Keine Rendite, ja das Geld wird sogar entwertet.
Also kommen als Käufer sowieso nur die EZB, die Bundesbank, die Landesbanken, die anderen Staatsbanken, ESM oder die EFSF in Frage.
Wie schlimm es überhaupt aussieht kann man an der Forderung eines Deutschen Wirtschaftsinstitut erkennen, die Schlagen doch allen ernstes vor, <u>Zwangskauf von</u> <u>Staatsanleihen für Wohlhabende und Versicherungen.</u> Wer jetzt noch Zweifel hat, dass unser Land am Ende ist, dem ist nun wirklich nicht mehr zu Helfen.
Und es kommt noch schlimmer. Frau Merkel fliegt Ende August 2012 nach China, diesmal nicht mit 2 Flugzeugen, sondern mit 3 Maschinen, die halbe Regierung und einen Tross der nicht zu Überbieten sein dürfte. Die Aufgabe lautete, China zum Kauf von europäischen Staatsanleihen zu bewegen, China hält schon Anleihen im ganz großen Stiel und dann das. Für wie Blöd hält man die Chinesen überhaupt.
Und dann wirbt man noch um Investitionen in Deutschland, haben wir nicht schon mehr als genug verscherbelt, soll jetzt noch der Rest an Patenten usw. versilbert werden. Sie spricht von Gleichbehandlung, weis die Frau wirklich nicht, dass dieses überhaupt nicht existiert, denn wer in China investiert, ist Minderheitsgesellschafter (49%) und wenn die Chinesen hier Kaufen, dann haben die das Sagen und nichts anderes.

<u>Eines muss noch ganz klar und deutlich erwähnt werden, nicht das Volk, oder auf Europa</u> <u>gesehen, die Völker haben die Schulden gemacht, sondern einzig und alleine die Regierungen</u> <u>und ihre Politiker. Man rechnet die Schulden auf die einzelnen Personen um, auch hier eindeutig</u> <u>Verschleierung und Ablenkung von den wirklichen Gegebenheiten. So und nur so, will man mal</u> <u>eben dem einzelnen die Schulden Aufbrummen die man selber gemacht hat und meisten haben</u> <u>es immer noch nicht Begriffen, welch unverschämtes Spiel hier abgezogen wird.</u>

Was hat unsere Kanzlerin versprochen, der Strompreis muss bezahlbar sein, ist er schon lange nicht mehr und jetzt im Oktober 2012 hat man die Vergütung der erneuerbaren Energien mal eben von 3,5 auf 5,277 Cent pro kWh zum 1.1.2013 erhöht, macht fast 50% aus. Und die Netzentgelte werden ebenso erhöht um den Netzbetreibern die Risiken abzunehmen und dem Bürger aufzubrummen.
Nicht genug damit, auf diese Erhöhung kommt noch die Strom und Mehrwertsteuer.
Auch sollte man nicht vergessen, dass schon jetzt fast nichts mehr in deutscher Hand ist.
Einer der Netzbetreiber ist ein dem holländischen Staat gehörendes Unternehmen Namens Tennet und ein zweiter aus Australien Namens Transmission und die großen im Windparkgeschäft kommen unter anderem aus Dänemark. Also wurde auch hier die vom Stromkunden über Jahrzehnte finanziert und bezahlten Stromnetze verschleudert.

Und es kommt noch bösartiger, immer wieder müssen Windstromanlagen abgeschaltet werden, da zu viel Strom produziert wird, dieses Handeln wird natürlich entschädigt und wie kann es auch anders sein, der Stromkunde muss auch das noch Bezahlen.

Was mich am meisten erstaunt ist, dass der Deutsche immer noch alles schluckt ohne auch nur einen Finger zu krümmen. Es werden Millionen Menschen im Winter mit Pullover und Mantel im Wohnzimmer sitzen um diesen Wahnsinn zu finanzieren.

Der neue Umweltminister Altmaier will in alle Haushalte einen Energieberater schicken und das kostenlos. Reiner Populismus und nichts anderes. Wie ich eben erfahren habe, verabschiedet sich dieser Mann vom Flugpersonal und einer PR Frau von der Fluggesellschaft auf französisch, nun ja bei diesen Leuten wundert mich überhaupt nichts mehr. Wie glaubwürdig dieser Mann ist, kann man an seinen Äußerungen mehr als deutlich erkennen, so wird von ihm behauptet, dass man mit

einfachen Mitteln 30% Energie Einsparen kann, wie und woher er diese Zahlen hat ist wohl sein Geheimnis, denn nicht nur Fachleute lachen mehr oder weniger über seine Ausführungen.

Hier hat man eine Gelddruckmaschine für die Betreiber und den Staat geschaffen die alle Vorstellungen übertreffen dürften, ja, bei diesem Volk ist alles möglich..

Jetzt haben wir neben der Aktienblase, Goldblase noch eine Immobilienblase, also alles Faktoren die alles, aber auch alles in den Abgrund reißen wird.

Jetzt haben wir November 2012 und Seehofer hat es geschafft, dass völlig unsinnige Betreuungsgeld durchzusetzen. Und für 2013 haben wir mal wieder eine Neuverschuldung von über 13 Milliarden Euro, dafür soll es ab 2014 (also nach der nächsten Bundestagswahl) ein ausgeglichener Haushalt kommen.

Was haben wir gelernt, unsere Politiker haben systematisch unser Land ruiniert und in die Pleite getrieben. Alles wurde verscherbelt, Strom, Wasserwerke, Banken, Fuhrparks der Verkehrsbetriebe, Verwaltungsgebäude Wohnsiedlungen und sogar Rathäuser usw. usw. wurden an die sogenannten Wirtschaftgeier verkauft. In Bonn wurden seinerzeit hunderte von Millionen pro Jahr an Mietzahlungen für Regierungsgebäude aufgebracht, also hatte man schon damals alles verscherbelt was nicht Niet und Nagelfest war und in Berlin sieht es nicht besser aus. Hier wurden unvermietbare Objekte zu Wahnsinnspreise angemietet, obwohl mehr als genug Immobilien zur Verfügung standen und stehen. Auch werden Immobilien, die dem Staat gehören, im großen Stiel weiter an Heuschrecken verkauft, Wohnungsnot ist in den Ballungsgebieten mehr als vorhanden und dann das.

Schauen wir uns doch mal die Weltpolitik an, hier werden alle, aber auch wirklich alle Kriminalstatistiken über den Haufen geschmissen. 50% der Länder und ihre Politiker kann man ohne Übertreibung als Hochkriminell bezeichnen, 40% sind als kriminelle Vereinigungen einzustufen, Korruption, Seilschaften und Meineidsvergehen (Schaden vom Volke abzuwenden). Wo und wie sie Deutschland mittlerweile Einstufen, dass überlasse ich Ihnen.

Alles, aber auch alles ist von Korruption und Seilschaften durchsetzt, wo wir nicht nur Mitglied sind sondern auch noch astronomische Summen bezahlen müssen.

Die EU, Verwaltungen die keiner mehr Bezahlen kann.

Die Nato, auch ein unendlicher Kostenfaktor.

Die Uno und UNESCO, UNICEF und die vielen anderen zur UNO gehörenden Ableger, belasten uns ebenso und der Nutzen ist gleich Null. (siehe naher Osten, Afrika usw.) IWF (internationaler Währungsfond) ist auch nicht unschuldig am Desaster.

Und nicht zu vergessen die Weltbank, auch da sind wir zahlendes Mitglied.

Dann noch die deutschen Organisationen:

Umwelt, Naturschutz usw. Schaden und Kosten Milliarden und auch hier Nutzen fast Null.

Denkmalschutz, eine Witzveranstaltung, auch hier Milliardenkosten.

Wie weit wir von einer Demokratie entfernt sind belegt die Abstimmung in Bundestag vom 30.11.2012. Schon wieder wurde ein weiteres Hilfspaket für Griechenland im Bundestag in kürzester Zeit durchgeboxt, obwohl über 90% der Bevölkerung dagegen ist, haben unsere Volksvertreter das Vorhaben abgesegnet. namentliche Abstimmung war wieder gefordert und wer dagegen stimmt dessen Tage sind gezählt, denn zur nächsten Wahl ist es nicht mehr weit und eine erneute Listung ist für diese Personen so gut wie ausgeschlossen. Ich kann das Wort Demokratie für Deutschland nicht mehr Hören oder Lesen.

Peer Steinbrück wurde Ende September 2012 zum Kanzlerkandidaten gekürt, Ich habe diesen Mann im Kapitel Wirtschaft ausführlich beschrieben und kann diese Wahl überhaupt nicht nachvollziehen, denn an dem Finanzdebakel von 2000 und 2008 nicht unschuldig, ebenso hat er die Agenda 20/10 mit zu Verantworten, denn hier sind die Fehler zu suchen, dass die Schere zwischen Arm und Reich immer weiter auseinander ging. Steuererhöhungen fordert er schon jetzt, ich kann nur Hoffen, dass der Deutsche nicht schon wieder auf solche populistischen Sprüche hereinfällt.
Überhaupt tritt er in jedes nur erdenkliche Fettnäpfchen, Kanzlergehalt zu niedrig, Ausländische Politiker betitelt er als Clowns usw. usw. und so eine Person will Kanzler werden, nun ja, wir werden sehen.
Mai 2013 die EZB senkt mal wieder den Zins und die Aktien haben in kürzester Zeit ein Allzeithoch erreicht, was bei dem billigen Geld nicht Verwundern sollte, denn das Geld muss untergebracht werden und so kommen diese völlig unrealistischen Auswüchse zustande. Die Banken können wieder ungehemmt Zocken und für den Sparer und den Altersvorsorgeleistenden ist es mal wieder eine Katastrophe.

Weiter Mai 2013 eine Wirtschaftssteigerung von 0,5 % wird als Erfolg verkauft, alle die auch nur etwas von der Wirtschaft Verstehen, Wissen, dass erst ab 3% von einem Aufschwung gesprochen werden kann. Fast alle Südeuropäischen Länder stecken voll in der Rezession, also unter 0% und dann noch von Erfolgen überhaupt zu Sprechen, ist mehr als Volksverdummung, Gehirnwäsche ist wohl der bessere Begriff.

Und schon wieder wurde ein Friedensnobelpreis verliehen, 2013 an die Organisation für das Verbot chemischer Waffen, was hat diese Organisation bewirkt, nichts und absolut nichts. Nein da werden Personen oder Organisationen geehrt die diesen Preis absolut nicht verdient haben, auch hier gibt es Beispiele mehr als genug. Nehmen wir nur Henry Kissinger 1973 oder aus der Neuzeit den Amerikanischen Präsidenten Obama.

Trotz schwacher Wirtschaft, Reckorteinnahmen für den Staat. Hartz 4 hat Millionen in die Armut getrieben und die Belastungen für die Bevölkerung sind auf ein Rekordhoch angeschwellt, alles ist derart teuer geworden, so dass sogar ein normal Verdiener sich mehrmals überlegen muss, ob er den Kühlschrank überhaupt noch Auffüllen kann. Ganz schlimm sieht es bei den Rentnern aus, Null Runden ohne Ende und dann noch die Rentenbesteuerung. Früher ist die Bevölkerung mal mit Mistgabeln auf die Politiker losgegangen und Heute passiert absolut nichts.

Ein anderer scheußlicher Trick, Sozialbeiträge werden zur Hälfte vom Arbeitgeber erbracht, aber vom Arbeitnehmer erwirtschaftet, also eine versteckte Abgabe um die Arbeitnehmer mehr als zu Täuschen. Würden die wirklichen Belastungen für den arbeitenden Menschen ersichtlich sein, dann wäre wohl die Hölle los, oder???
Eine andere Lüge, der Solidaritätsbeitrag ist ebenfalls nichts anderes als eine Steuer, nur das diese Einnahmen absolut nicht mehr Zweckgebunden sind, wie bei anderen Einnahmen auch, Verschwinden diese im Staatshaushalt. Es schockt mich immer wieder, was man mit dem Deutschen alles machen kann, ohne auch nur die kleinsten Gegenreaktionen.

Der Wahlkampf 2014 ist eröffnet und was für ein Wahlkampfthema von der SPD und den Grünen, Steuererhöhungen. Ganz dreist geht es bei den Grünen zu, an die Reichen will man ran, aber wie sich bei genauem Betrachten herausstellt sind fast alle Bevölkerungsschichten betroffen, der ermäßigte Mehrwertsteuersatz soll gestrichen werden, eine Hubraumsteuer für Autos, Handys sollen mit einem Pfand belegt werden und Flugpreise sollen über höhere Kerosinsteuer noch teurer werden, obwohl die Nebenkosten für ein Ticket schon heute fast den Ticketpreis erreichen. Und die Bürgerversicherung ist auch wieder da, wie schon mal angestrebt, die privaten Krankenkassen sollen abgeschafft werden und mit der gesetzlichen in eine Bürgerversicherung eingehen, dass geht den Grünen aber noch lange nicht weit genug, so sollen nach deren Vorstellungen, nicht nur die Löhne und Renten ausschlaggebend sein, die Mieteinnahmen und das Einkommen aus Kapitalanlagen sollen ebenfalls noch weiter belastet werden. Macht eine Mehrbelastung von ca. 1000 Euro bei einem Einkommen von ca. 38000 Euro pro Jahr. Überschüsse von ca. 20 Milliarden 2012 und dann das. Nicht zu vergessen, die Grundsteuer, die Erbschaftssteuer, höhere Zinsbesteuerung und eine Vermögensabgabe sind geplant. Auch die Beitragsbemessungsgrenze soll angehoben werden, Skandale über Skandale.

Trittin und seine Mitstreiter haben wohl die Rechnung ohne den Wirt gemacht und ich kann nur Hoffen, dass der Deutsche endlich mal erkennt was für ein Verein das ist. Also, ich kann und konnte diesen Verein noch nie ertragen und bin immer wieder Entsetzt über deren Arroganz und deren Forderungen an die Bevölkerungen, was Milliarden kostet und gekostet hat. Dann noch die Einkommen, ab 60000 Euro sollen noch intensiver zur Kasse gebeten werden, also, auch der Mittelstand, wenn man diese Personenkreise überhaupt dazu Zählen kann, soll Bluten. Erinnern sie sich an die Spritpreise, die Grünen wollten mal 5 Euro für einen Liter Benzin und so etwas wird in Deutschland noch gewählt. Auch nicht mehr zu übersehen, dass die anderen Parteien sich der vernichtenden Grünen Linie immer weiter angenähert haben, also wie immer, alle in einen Sack. Wie wir mittlerweile Wissen, haben alle Aktivitäten unserer Regierungen nur ein Ziel, Mehreinnahmen für den Staat, durch Falschmeldungen, Untergangsstimmungen und von der Wahrheit weit entfernte Behauptungen durchzusetzen um deren Kassen zu Füllen und die Verschwendungen ungehindert Fortsetzen zu können. Die besten Beispiele: Auto Verteufelung, Klimahysterie, Pandemien, Raucher usw.

Wie ich leider erst jetzt erfahre hat der Rechtsstreit Bundesregierung mit Toll Collect (Mautgebühren) alleine der Bundesregierung bis Dato ca. 100 Millionen an Anwaltsgebühren gekostet, jetzt Wissen sie woher die ganzen Superreichen der Politik nahestehenden Anwälte herkommen und wer diese Finanziert. Wie wir Wissen sind gerade unsere Politiker und Mandatsträger Land auf und Land ab sehr Klagefreudig und auch das kostet den Steuerzahler Unsummen.

Fußball ist immer noch bei Frau Merkel angesagt, so geht es mal eben nach Frankreich um sich ein Spiel Deutschland - Frankreich anzuschauen. Unsere Bildungsministerin Frau Schawan fliegt mit einer Regierungsmaschine nach Süd-Afrika. Erinnern sie sich an die Affäre Gutenberg und Ihre Äußerungen, (er sollte sich Schämen) jetzt steht sie selbst im Verdacht auch gemogelt zu haben und ist nur als Ministerin zurückgetreten. Der Doktor Titel wurde ihr aberkannt und Klage hat sie angekündigt, nun ja, als Mitglied des Bundestages erhält sie ganz bestimmt Prozesskostenzuschüsse.

Alleine der Flug dürfte sehr hohe Kosten verursacht haben, denn es war kein Blitzbesuch sondern er ging über mehrere Tage und ob das Flugzeug dort herumstand oder doppelt Fliegen musste ist mir nicht bekannt und wahrscheinlich auch nicht zu Erfahren. Sie sehen, die Skandale nehmen kein Ende.

Und nicht zu vergessen die ÖPP (Öffentlich-Private-Partnerschaft oder auch PPP (Public-Private-Partnership) genannt, eines der aller größten Sumpfgebiete die je ins Leben gerufen wurden.

Einer der größten Befürworter und Initiator war mal wieder Peer Steinbrück. Milliarden Verluste und Milliarden Zukunftskosten werden und wurden dem Steuerzahler aufgebrummt. Korruption, Seilschaften und kriminelle Machenschaften wurde Tür und Tor geöffnet, der Schaden der hier angerichtet wurde und immer noch wird, ist kaum zu beziffern, aber mehr als astronomisch. Staatsdiener und höhere Beamte lassen sich die Taschen füllen, ja geheime kostenlose Beteiligungen soll es massenhaft geben. Auch hier werden unter vorgehaltener Hand Ross und Reiter genannt, Staatsanwaltliche Ermittlungen, Fehlanzeige. Hier noch mal die Frage: wo sitzen die Verbrecher, ist es unter anderem ein Herr Uli Hoeneß oder unsere Politiker und Mandatsträger, die Antwort überlasse ich gerne Ihnen.

Der Wahlkampf, wenn man den überhaupt so nennen kann, läuft auf vollen Touren.
Alle Themen die sehr wichtig sind, wurden ausgeklammert und ein Schmusekurs unter den Parteien ist nun wirklich nicht mehr zu Übersehen. Das Duell wurde groß angekündigt und eine Schlaftablette brauchte auch wohl keiner mehr.
Auch von der FDP kommt nichts, sondern nur Peinlichkeiten und damit will man wiedergewählt werden. Nun ja, bei deren Besetzung habe ich mehr als Bedenken, wir werden sehen. Außerdem wurde die FDP schon über einen sehr langen Zeitraum von der Presse und Medienlandschaft ins Lächerliche gezogen, was auch nicht ohne Folgen sein wird.

Gott sei Dank haben wir eine neue Partei, die AFD. Ich bin mal gespannt wie diese Partei bei den nächsten Wahlen abschneiden wird. Einige haben es probiert und sind gescheiter, da wird die Presse und Medienlandschaft schon für Sorgen.
Entweder werden die Neulinge tot geschwiegen, oder als Rechte degradiert. Ich kann nur Hoffen, dass der Deutsche endlich mal wach wird und sich auf sein eigenes Gefühl verlässt.

Die Wahlen sind gelaufen, stärkste Partei wurde die CDU/CSU, aber die absolute Mehrheit wurde verpasst, die FDP ist zum ersten mal in ihrer Geschichte rausgeflogen.
Und jetzt sollen die Koalitionsverhandlungen für Klarheit sorgen. Wie von mir befürchtet hat die AFD es nicht geschafft (4,7%) aber aus dem Stand 4,7% ist auch nicht ganz von schlechten Eltern. Wenn man aber bedenkt, dass eine Chaotenpartei wie die Piraten seinerzeit auf ganz andere Ergebnisse kam, so muss man doch mehr als erstaunt sein.
Im Gespräch ist eine große Koalition, aber auch Schwarz-Grün wird noch nicht ausgeschlossen, ich kann es nicht Glauben. Nun ja, die CDU hat mit der alten CDU überhaupt nichts mehr zu tun, die ist mehr nach links und grün gerutscht, so das mich überhaupt nichts mehr vom Stuhl hauen kann. Wir werden sehen, was noch alles auf uns zukommt, ganz bestimmt nichts Gutes.

Da ist noch eine Renate Schmidt (SPD), nicht zu verwechseln mit Ulla Schmidt, aber genau so durchgeknallt, so fordert diese Frau (in der Sendung Lanz vom 26.9.2013) wie schon andere in der Vergangenheit, Wahlrecht für alle, Kinder und Babys, jedes Elternteil soll eine halbe Stimme für Ihre Kinder bekommen. Nicht nur, dass gerade unter den Ausländern mit deutschem Pass Kinder in großer Zahl vorhanden sind, so kann man sich lebhaft vorstellen, welche Gedanken dahinter stecken. Nehmen wir mal eine Familie mit 10 Kindern, was bei diesen Personenkreisen keine Seltenheit ist, so hat jedes Elternteil auf einmal 6 Stimmen womit man Wählen kann.
Eine Horrorvorstellung, aber für die SPD und die Grünen wäre das ein Segen, denn den größten Teil ihrer Stimmen kommt eben aus dieser Ecke.

Ja, jetzt kommt die Wahrheit so langsam ans Tageslicht, die Wahlen sind noch keine 3 Wochen alt und schon geht es los, höhere Strompreise sowie Sozialabgaben und nicht zu Übersehen, Lebensmittelpreise ziehen drastisch an. Absprachen mit der Wirtschaft und den Sozialverbänden kann man wohl nicht mehr Ausschließen, oder??
Was wird wohl noch alles kommen, wenn eine neue Regierung steht, wir werden Sehen.

Frau Merkel hat ihren Wunschpartner die SPD gefunden, denn bei der letzten Wahl 2005 war das zusammengehen mit der FDP gegen alle ihrer Pläne, denn wenn man sich Ihre Biographie anschaut sollte man nicht erstaunt sein.
Das große Stühlerücken geht wie in der Vergangenheit wieder los und auch hier sind die Kosten wieder astronomisch.
Steinmeier ist wieder Außenminister, ja der hat in der Vergangenheit der Kanzlerin die wenigsten Probleme gemacht und dürfte wohl ihr Wunschpartner sein.
Sigmar Gabriel ist auch wieder da, Wirtschaftsminister und Vizekanzler, schlimmer geht's wohl nicht mehr (siehe oben).

Die Abhöraffäre Anfang 2014 wurde heruntergespielt, ganz besonders von unseren Politikern, aber als herauskam, dass sogar unsere Kanzlerin abgehört wurde da wurde man auf einmal Böse, was mit der Bevölkerung geschah war Nebensache, denn man wusste genau, dass man das, was hier Verboten war, sich über Umwege über andere Partner beschaffen konnte und das beruhte auf Gegenseitigkeit. Wo waren unsere sehr teuer bezahlten Geheimdienste, da musste mal wieder ein Herr Snowden kommen um diese Machenschaften aufzudecken.

Fortsetzung

Neue Verteidigungsministerin (Kriegsminister) ist Ursula von der Leyen, ist das ein Schachzug von Frau Merkel, denn der Schleudersitz kommt ihr wohl sehr gelegen.
Und Afghanistan steht wieder im Mittelpunkt, einer nach dem anderen fliegt nach Kabul um seine Aufwartung zu machen und um eine Verlängerung unserer Präsenz der Truppen zu erreichen, was natürlich hier in der deutschen Presse und von unseren Politikern als humanitäre Leistung hingestellt wird, was aber absolut nicht stimmt, denn die Truppenstärke soll lediglich von 4500 Soldaten auf 3300 gesenkt werden.
Nach Ursula von der Leyen flog unser neuer Außenminister Steinmeier nach Kabul um den Präsidenten Hamed Karzai zu überreden den Plänen zuzustimmen, dieser lehnte aber bis Dato ab, auch die versprochenen 5 Milliarden zur Finanzierung der heimischen Armee konnte ihn noch nicht Überzeugen, recht so, denn sein Argument ist mehr als überzeugend, zu viele Zivilisten haben ihr Leben gelassen und man ist es Leid unter der Besatzung seines Landes zu Leben. Trotzdem hat unser Kabinett einer Verlängerung auf 2015 schon zugestimmt. Ausbildungsmission nennt man das in der Politik, ich hatte schon mal erwähnt, dass die Afghanen mehr Kriegserfahrung haben als unsere Armee es wohl je haben wird. Welche Ziele verfolgt man, will man noch mehr Erfahrungen in Kriegsspielen sammeln, oder was steckt dahinter???

Es hat mich fast vom Stuhl gehauen, ich habe mir gerade (13.2.2014) bei Phönix eine Debatte angeschaut und wer saß auf dem Sessel des Bundestagspräsidenten, Ulla Schmidt, erinnern sie sich, (Dienstwagen nach Spanien nachkommen lassen der dann geklaut wurde) und jetzt Vize Präsidentin des Bundestages. Sie sehen die Seilschaften Funktionieren immer noch vorzüglich und es ist mehr als unerträglich was sich in der Politik so abspielt. Was wir dieser Frau zu verdanken haben und wie sie einzuschätzen ist, habe ich oben und in nachfolgenden Kapitel ausführlich erläutert. Und auch Claudia Roth ist dabei, Unfassbar.

Nebenbei bemerkt, die FDP ist aus dem Bundestag ausgeschieden, also sollten nach Adam Riese weniger Vize Präsidenten vorhanden sein, nein jetzt sind es statt 5 sogar 6 auch mal wieder ein Skandal erster Güte und keinen kümmert es, oder haut denen auf die Finger. Auch eine Debatte über höhere Bezüge der Bundestagsabgeordneten ist jetzt kurz nach der Wahl voll im Gange, eine Kleinigkeit von 830 Euro mehr pro Monat ist die Rede, sie sehen Skandale über Skandale, als wären diese Personenkreise nicht schon längst mehr als Überbezahlt.
Aber die größte Frechheit besteht darin, dass man öffentlich und das im Bundestag verkündet, dass man 6 Nullrunden hinter sich habe und eine Anpassung erforderlich sei, eine so dreiste und unverschämte Lüge kann wirklich nur von unseren Politikern kommen. Erinnern wir uns, zum 1.1.2009 gab es eine kräftige Aufstockung und 2012 und 2013 die Nächste, wo da die 6 Nullrunden zu finden sind ist wohl deren Rätsel.

Auch hier mal wieder, keine Einwände von der Presse und Medienlandschaft, die sollten die Zahlen doch wohl besser kenne als ich, Hofberichterstattung wie immer.

Der erste Minister musste auch schon gehen (Agrarminister) und vor kurzem noch Innenminister Friedrichs. Was für ein Haufen.

Zu der Affäre Sebastian Edathy möchte ich mich nicht weiter äußern, aber auch hier kann man sehen, was sich so alles abspielt im Berliner Politiktheater.

Und schon wieder eine Diätenerhöhung für unsere Politiker, der Bundespräsident zögert zwar noch dieses zu Unterschreiben, aber auch hier reine Taktik.
Wir werden sehen. Er hat unterschrieben und nicht nur das, sondern den Vorsitzenden von Ausschüssen, Untersuchungsausschüssen und Enquet-Kommissionen eine zusätzliche 15% tige Diätenerhöhung beschert. Ja, unser Bundespräsident Gauk.

Ende März 2014 ist der Mammutbau des Bundesnachrichtendiensts 260 000 qm teileinzugsfertig, aus 500 Millionen sind mal eben über 1,3 Milliarden geworden und die ersten Beamten sollen in kürze Umsiedeln, aber da hat man nicht mit den Reaktionen der Beamten gerechnet, denn ein Großteil derer will überhaupt nicht und so wird wahrscheinlich Pullach und seine Nebenstellen überhaupt nicht geschlossen, sondern als Zweigstelle weiterhin genutzt werden, oder es werden mal wieder unnachvollziehbare Abfindungen gezahlt und Frühruhestand angeboten. Ja, unsere Beamten.

Ausgeglichener Haushalt wurde für 2014 mal wieder angekündigt, jetzt soll es 2015 sein.
Im September 2014 wurde der Haushalt für 2015 vorgestellt und im Parlament beraten, was für ein Schmierentheater, denn wie kommt der ausgeglichene Haushalt überhaupt zu stande:
1. Der Bürger wurde mit Steuererhöhungen und Abgaben nur so überhäuft.
2. Plünderung der staatlichen Renten, Arbeitslosen und Krankenkassen.
3. Alleine die Zinssenkungen der EZB haben dem Staat an weniger Ausgaben Milliarden gelassen. Bei einer normalen Verzinsung von nur 4% würde alleine das 60 Milliarden für 2014 Ausmachen. Sie sehen, nicht Sparen oder Ausgabenkürzungen haben zu diesem geführt, sondern einzig und alleine oben genannte Tatsachen.
Und dieses als Erfolg zu Feiern, ist mehr als eine Frechheit, denn die Geldverschwendung geht in ungebremster Form weiter wie gehabt.

Jetzt haben wir Ende 2014 und hat sich die Lage der Südauropäischen Länder zum Vorteil verändert, nein und nochmals nein. Von den neuen Osteuropäischen Ländern ganz zu Schweigen.

Nach all den Jahren immer noch Kaos.

Die sehr wichtigen Themen zu der Ukraine, IS und Flüchtlingswelle werden in nachfolgenden Kapitel bearbeitet: Außenpolitik und Ausländer und Immigranten.

Und weiter geht's zur Außenpolitik, ich darf nochmals daran erinnern, dass alle Kapitel ab dem Jahre 2007 beginnen.

-

Kapitel Außenpolitik
2007

Hier ist es auch nichts besser geworden als unter Fischer. Wollte man Noten verteilen, dann kommt Fischer auf 6 und Steinmeier gerade mal auf 5, denn Außenpolitik stelle ich mir ganz anders vor. Für ihn ist es eine Ehre mit dem ehemaligem Bodybuilder und Schauspieler Schwarzenegger an einem Tisch zu sitzen.
Überhaupt scheint es schick zu sein, Stoiber, Wowereit waren auch schon dort, nur Ulla Schmidt hatte kein Glück, ach wie traurig. Schwarzenegger sieht sich selbst in der ersten Liga der Weltstaatsmänner, erinnert mich sehr an Trittin, oder?
Seine neueste Forderung, Auch Rauchverbot in dem eigenen Haus, oder Wohnung.
Ja, so gespult sind die ehemaligen Schauspieler und Bodybuilder und unsere Politiker stehen Schlange. Bin mal gespannt, wie lange sich dieser Mann noch an der Macht hält.
In der Außenpolitik spielt Steinmeier sowieso nur die zweite Geige. Frau Merkel hat diese Aufgabe mehr als übernommen und was dabei herauskommt ist nicht gerade das Beste. Beispiel Russland, nun ja, dass die Ostdeutschen nicht die besten Erfahrungen mit Russland gemacht haben, ist bekannt, aber Ihre Abneigung ist mehr als deutlich zu Erkennen und Diplomatie wird gänzlich außer Acht gelassen, oder ist es mehr oder weniger ein Verdrängen oder Vortäuschen, denn sie hat in Moskau Studiert und war dem System damals doch sehr verbunden, oder??

Russland ist unser Nachtbar und zudem noch unser Wichtigster Energielieferant, wer spielt mit dem Feuer und zwingt Russland zu außergewöhnlichen Reaktionen. So will die USA eine Raketenabwehr direkt an der russischen Grenze Errichten.
Erinnern wir uns an Kuba, hier hat es damals, fast die selbe Angelegenheit, beinahe zum 3. Weltkrieg geführt und unsere Regierung bleibt in diesen Fragen mehr als stumm.
Die ersten Reaktionen sind schon da, der Lufthansa wurden Cargoflüge über Russland untersagt, Verdanken unserer durchgeknallten Diplomatie.
Auch wird Frau Merkel nicht müde, sich in innere Angelegenheiten anderer Lände einzumischen, Beispiel China. Unsere Industrie klagt schon heute hinter den Kulissen und die Resultate sind überhaupt noch nicht richtig abzuschätzen. Der Iran, auch hier macht sich Frau Merkel stark für weitere Sanktionen und Blockaden, der Iran kaufte für weit über 50 Milliarden Produkte aus Deutschland und nicht zu vergessen die Hermes-Bürgschaften, auch hier drohen Milliardenverluste für den Staat und der Industrie. Arbeitsplätze und Geld haben wir ja mehr als

genug. Und es wird noch schlimmer, Großunternehmen werden ins Kanzleramt beordert und unter Druck gesetzt, was seinen Ursprung natürlich aus dem Druck von der Amerikanischen Seite hat und fast alle gehorchen, ja selbst rechtlich einwandfreie Lieferungen sollen unterlassen werden. Nun, was wird passieren, aus dem einst großem und sehr gutem Handelspartner wird eine Null und die anderen Staaten werden sich freuen. Auch die USA treiben trotz ihres 30 jährigen Boykott mehr als einen regen Handel mit dem Iran, Coca Cola, gibt es an jeder Ecke, Hewlett-Packard, Phillip Moris, Colgate-Palolive, Johnson & Johnson, NCR und Caterpillar sind Markführer im Iran. Man behilft sich hierbei mit Tricks und lässt die Handelsströme über die Emirate und der Türkei laufen.

Die deutsche Bank und die Commerzbank haben sich schon verabschiedet und unter anderem hat China die Lücken sehr schnell geschlossen, auch Mercedes hat sich auf Druck der Amerikaner verabschiedet. Andere Länder wie Italien, Frankreich, Norwegen, die Niederlande, Spanien und die Schweiz kümmert das mit Recht einen Dreck. Manche Europäischen Staaten sehen das ganz anders und verbieten sich solcher diskriminierenden Besuche von der amerikanischen Seite, recht so. Nur Deutschland lässt sich immer wieder Erpressen und die Folgen werden natürlich mal wieder bei den Unternehmen und beim Volk abgeladen. (Arbeitsplatzverluste).

Man reist um die ganze Welt um Länder auf die Armut der Bevölkerung hinzuweisen, aber im eigenen Haus wäre mehr als Armut zu beseitigen, aber es ist immer einfacher auf den anderen zu schauen, als das eigene Haus in Ordnung zu bringen.

Und jetzt im März 2008 reist Merkel mit der halben Regierung nach Israel, was dabei herauskommt kann ich jetzt schon Sagen, nichts, außer sehr großen Spesen nicht gewesen. Ja, außer einer militärischen Zusammenarbeit und weiteren finanziellen Zusagen sowie Bücklinge vor allen möglichen Einrichtungen und Personen.
Und unser Außenminister Steinmeier bleibt nach wie vor im Hintergrund, ist es beabsichtigt, oder holt ihn seine Vergangenheit ein. Als Kanzleramtsminister unter Schröder in der Syrien Affäre mehr als verwickelt, die bis März 2008 noch nicht richtig aufgeklärt ist.
Aber Aktivitäten in dieser Richtung sind nach wie vor vorhanden, so werden an den syrischen Staat nach wie vor Gelder gezahlt und Schulden erlassen, es wird sogar die Entwicklungshilfeministerin Wiezorek-Zeul SPD mit ins Boot geholt, ihre Begründung; Förderung der Marktwirtschaft und Verbesserung der Wasserversorgung.

In China wird nach wie vor Klau deutscher Patente auf die unverschämte Weise betrieben, (siehe auch Wirtschaft) hier hätte unser Außenminister Steinmeier mal ein Betätigungsfeld und eine Möglichkeit seiner Aufgabe gerecht zu werden, aber Pustekuchen, Stille, Stille und nochmals Stille.

Wie gut oder schlecht unsere Außenpolitik ist, kann man jetzt im August/September 2008 mehr als deutlich erkennen. Georgien, von den Amerikanern mit einer Armee von Militärberatern beraten und von der Nato hochgerüstet, kam es ganz natürlich zum Eklat von Seiten Georgiens, die Russen griffen ein und wurden auf einmal als die Buhmänner von allen Seiten angegriffen. Ja, sogar mit Sanktionen wurde gedroht.
Sind unsere Politiker noch nicht einmal in der Lage, die Gegebenheiten richtig einzuordnen oder spielt auch hier mal wieder die Amerikahörigkeit eine nicht zu unterschätzende Rolle??? Wann hört dieses unerträgliche Spiel wohl auf, Amerika ist weit von Europa entfernt, Russland vor unserer Haustüre und wer muss im Endeffekt alles Ausbaden, natürlich wir. Aber das hat Amerika noch nie interessiert, sondern im Gegenteil. Russland in die Enge Treiben und dann wundert man sich, wenn diese sich irgend wann diese Machenschaften nicht mehr gefallen lassen.

Jetzt haben wirs, Russland plant Mittelstreckenraketen unter anderem an der Polnischen Grenze und jetzt kommt die größte Frechheit, unser Außenminister Steinmeier verurteilt dieses natürlich aufs Schärfste, was die Amis machen, Mund halten und was die Russen machen, einfach drauf Hauen. Ja, das ist Herr Steinmeier und dieser Mann soll nach Willen der SPD auch noch Kanzler werden. Überhaupt ist die Amerikahörigkeit nicht mehr zu Ertragen und was George W. Bush angerichtet hat, geht wohl auf keine Kuhhaut, Kriege angezettelt, die Wirtschaft ruiniert und den Amerikaner in die Armut getrieben, fast wie in Deutschland. Aber es wird noch viel schlimmer kommen, Warten wir mal ab.

Ja, man kann ohne Übertreibung sagen, die Außenpolitik ist nach wie vor mehr als eine Katastrophe, man reist mit großem Gefolge nach Indien, obwohl man mehr oder weniger <u>nicht mehr</u> gerne dort gesehen wird, denn wie man hinter vorgehaltener Hand erfährt, ist man die Großkotzigkeit unsere Politiker mehr als leid und man ist hier noch zu Dumm um dieses überhaupt zu Erkennen.
<u>Überhaupt, nimmt man die weiteren Länder Amerika, Polen, die Türkei, Afghanistan, China, Syrien, Israel und der gesamte Nahosten, so wird das Ausmaß der schlechten Außenpolitik erst richtig deutlich.</u>

Und jetzt im Juli 2009 hat der gute Freund Schwarzenegger sein Land Kalifornien in die Pleite geführt, Zahlungsunfähig, Rechnungen, Löhne und Sozialhilfen können nicht mehr bezahlt werden Auch hier, in der Medienlandschaft nur eine kurze Meldung und das war es.

Dann. Somalia, es werden deutsche Kriegsschiffe entsandt um den Piraten Parole zu bieten, nur Eingreifen dürfen sie nicht, <u>keine</u> Schiffe stoppen und Überprüfen. Da würde auch eine Einmannbeobachtung Ausreichen und wir könnten uns die Wahnsinnskosten Sparen. Überhaupt ist die ganze Angelegenheit nicht nachvollziehbar, denn die Schiffsrouten sind ca. 6 bis 800 km weit von an der Somalischen Küste entfernt. Also braucht man Mutterschiffe um die Schnellboote der Piraten an die Enterstellen zu bringen, die Mutterschiffe sind bekannt und sind auch einfach zu Orten. Noch nicht mal den Amerikanern und den anderen Ländern die Eingreifen dürfen, ist es gelungen, diese Mutterschiffe auszuschalten, <u>gewollt?</u> Unschuldige Abschlachten (Irak und Afghanistan) und Verbrecher in Somalia lässt man gewähren, für mich nicht nachvollziehbar.

Afghanistan, immer mehr Soldaten und nicht genug damit, auch weit über Tausende Polizeiausbilder (offiziell) inoffiziell wird es wohl ein Vielfaches sein.
Wie ich erfahren habe, hat Afghanistan eine eigenen Armee von über 200 000 Soldaten und kann sich angeblich nicht selber Schützen. Diese haben mehr Kriegserfahrung als unsere Soldaten es je haben werden. Erinnerungen an den Irak werden wach, denn von den Amerikanern wurden die selben Argumente im Irakkrieg benutzt wie heute von der Bundesregierung. Nebenbei bemerkt, die Amerikaner haben den Irakkrieg einwandfrei verloren und werden auch in Afghanistan mehr als scheitern, was natürlich auch Deutschland betrifft, Tote, Schwerstverletzte und Traumatisierte Soldat sind der völlig überflüssige Preis, den wir mal wieder mit der Amerikahörigkeit zu bezahlen haben, von den Kosten ganz zu Schweigen. Man unterstützt in Afghanistan einen Machthungrigen von Amerika eingesetzten Präsidenten, der vor Wahlfälschungen, Korruption und Doppelzüngigkeit nicht zurückschreckt. Auch hier werden die Amerikaner scheitern und Deutschland wird einen großen Teil der Zeche bezahlen müssen. Was den Russen nicht gelungen ist, wird auch der sogenannten internationalen Gemeinschaft nie und nimmer Gelingen. Als Grund wird immer wieder die Sicherheit unseres und der anderen Länder genannt, absoluter Quatsch, denn die Ausbildungslager hat man längst verlegt und die eigentlichen Übeltäter sitzen ganz wo anders, so

zum Beispiel in Pakistan und Saudi Arabien, aber das wird hier immer wieder übersehen, oder besser gesagt absichtlich überhört. Der Clan um Hamid Karzai wird immer reicher, er hält sich zwar zurück, dafür hater aber seinen Bruder und seine Vertrauten, die sich mehr als die Taschen füllen. Die Regierung gibt offen zu, dass diese über ein Barvermögen von 4,8 Milliarden verfügt.

Wir haben einen Neuen Außenminister Westerwelle, mal sehen wie er sich macht. Jetzt ist Westerwelle über 4 Monate im Amt und ihm scheint wirklich nichts zu gelingen, seine Arabien und Südamerikareise ein Fiasko. Nun ja, nach so kurzer Zeit sollte man erst mal kleinere Besuche machen und Üben, Üben und nochmals Üben. Jetzt wird ihm Vetternwirtschaft vorgeworfen, er soll doch wirklich einem Bekannten zu einem Posten im Außenministerium verholfen haben, Fischer hat alle untergebracht, sogar als Botschafter wurden seine Freunde eingesetzt. Ob er wirklich der falsche Mann auf diesem Posten ist vermag ich jetzt noch nicht zu Beurteilen, aber ungeachtet davon, wann hatten wir schon mal den richtigen, lange, lange ist es her. Einen Etappensieg hat man erreicht, man ist jetzt im UN Sicherheitsrat, aber nur Mitglied der nichtständigen Mitglieder. Was wird das wohl gekostet haben und wie viele Mitgliedsstaaten wurden wohl mit Versprechungen für ihre Stimmabgabe geködert. Westerwelle reist natürlich sofort nach Indien, denn auch die haben den Einzug geschafft. Jetzt hat man wieder Posten die unter den Parteien aufgeteilt werden können. Ich lese gerade einen Artikel im Spiegel (17/2011) wo ein gewisser Christian Hacke (Politologe) sein Urteil über den Außenminister Westerwelle abgibt. Hier werden Brentano, Fischer und Steinmeier als die Außenminister erster Güte bezeichnet, (das waren solide, kenntnisreiche Männer). Nun Westerwelle hat keine Freunde mehr und ist zum Abschuss freigegeben. Aber gerade Fischer als ehemaligen Vorzeige Außenminister hinzustellen, ist für mich schon eine schockierende Äußerung. Ich darf nur an sein arrogantes Auftreten in Thailand erinnern, wo man ihn mehr oder weniger des Landes verwiesen hat. Auch in anderen Ländern die ich bereist habe, hatte man von Fischer mehr als die Nase voll. Wie er heute aus seiner ehemaligen Position Geld schlägt habe ich oben schon ausführlich beschrieben. Hans Dietrich Genscher wird nur als Vertrauter von Westerwelle erwähnt, obwohl gerade dieser ein außergewöhnlicher Außenminister war. Hierbei kann man wohl deutlich erkennen, das Herr Hacke wohl ein Feind der FDP ist nicht nichts anderes.

Ich will Westerwelle wirklich nicht in Schutz nehmen, aber wie auf ihn eingeschlagen wird, finde ich mehr als peinlich. Er sollte seinen Hut nehmen und anderen diese Arbeit überlassen, denn so geht es wirklich nicht weiter.

Jetzt Ende Oktober 2011 fallen sogar die eigenen Leute über ihn her, ganz vorne Rösler, der neue Parteisboss der FDP und natürlich von der anderen Seite mal wieder Gabriel, Özdemir und wie immer Trittin. Also, Herr Westerwelle, sie sind am Ende, schmeißen sie den Posten hin, denn gegen diese Scheinheiligen und deren geballte Macht haben sie keine Chance. Mal sehen wie diese Geschichte endet.

Wie verlogen auch die amerikanischen Politiker sind, hat oben genannter Schwarzenegger mehr als deutlich bewiesen. Der größte Gegner die Raucher, er wollte sogar das Rauchen im eigenen Haus verbieten. Er hat die Staatspleite in Kalifornien zu Verantworten und siehe da, jetzt will er durch einen Volksentscheid Marihuana erlauben um die Kassen aufzufüllen. (Kiffen für die Staatskasse).

Der Volksentscheid wurde von der Bevölkerung am 3.11.2010 abgelehnt und Schwarzenegger ist auch weg vom Fenster. Jetzt kann er wieder als Schauspieler Agieren und das ist gut so. Und weitere Skandale kommen ans Tageslicht, ein Kind mit der ehemaligen Haushälterin usw. usw. seine Frau will sich Scheiden lassen. Leider haben unsere Politiker und Außenminister einen Wallfahrtsort verloren, oh wie Schade.

Die Botschaften, wie auch hier Geld verschwendet wird, habe ich vor kurzem im Fernsehen gesehen.

Die deutsche Botschaft in London gibt ein Fest für 1000 Personen, das Essen wird in Deutschland von deutschen Köchen produziert und mit diesen nach England geschickt, obwohl auch die Botschaft eigene Köche hat. Kosten unbekannt aber enorm.

Überhaupt ist das Außenministerium einer der größten Geldverschwender, denn in fast allen Ländern der Welt mit Palästen vertreten und wenn man sieht was dabei herauskommt, so kann man nur Sagen, fast nichts.

Genau so sieht es aus bei ausländischen Vertretungen in Deutschland, hier leisten sich die ärmsten Länder Niederlassungen mit einem Personalbestand und Fuhrpark der alle Vorstellungen sprengt, Zuhause verhungern die Menschen und hier wird geklotzt.

Da gibt es ja noch die Entwicklungshilfe, nach wie vor Kassieren auch die schlimmsten Staaten Gelder von uns, was man als einen weiteren Skandal ansehen muss.

Wie gut unser Außenministerium ist, zeigt sich auch in der Autoindustrie, in Frankreich wird eine Sondersteuer auf Luxusfahrzeuge erhoben, wovon natürlich hauptsächlich die deutschen Autobauer betroffen sind. In Südkorea wird sogar umgehend bei einem Kauf eines Luxusfahrzeuges aus Deutschland die Steuerfahndung auf den Weg geschickt. Gegenreaktionen oder Interventionen des Außenministeriums Fehlanzeige.

Auch in der Angelegenheit zur Beschlagnahme eines Flugzeuges des thailändischen Königshauses kann man nur den Kopf schütteln, denn stellen sie sich mal vor, eine englische Firma geht Pleite und kann ihren Verpflichtungen gegenüber einer deutschen Firma nicht mehr nachkommen, die englische Königin kommt zu einem nicht offiziellen Besuch nach Deutschland und ein Gerichtsvollzieher klebt mal eben einen Pfandsiegel auf die Maschine, dieses wäre wohl ein Skandal der nicht mehr zu Übertreffen sein dürfte, anders in oben genannter Angelegenheit.

Das das Thailändische Königshaus immer sehr deutschfreundlich war ist bekannt, aber was hier geschehen ist, kann man beim besten Willen nicht begreifen.

Hier hat sich die deutsche Justiz und das Außenministerium mehr als Blamiert. Es würde mich wirklich mal interessieren wer hinter den Kulissen die Fäden gezogen hat, waren es evtl. die

Personen, die noch Rache verspürten, weil seinerzeit unser damaliger <u>Außenminister Fischer</u> mehr oder weniger als ungebetener des Landes verlassen hat.

Auch zum Angeblichen arabisch-islamischen Frühling wäre noch einiges zu Sagen, hier wird die Lage gänzlich unterschätzt, in Tunesien und Ägypten werden wohl die Muslimbruderschaft die Macht übernehmen und was dann kommt kann man nur Erahnen. <u>Syrien wurde noch mit Entwicklungshilfe unterstützt und jetzt schaut man weg und was aus Libyen wird steht in den Sternen. In Afghanistan ist unsere Außenpolitik mehr als eine Katastrophe.</u>

<u>Obama hatte den Friedensnobelpreis</u> bekommen, noch keine gravierenden Aktivitäten in Punkto Friedenspolitik gezeigt, Guantanamo sollte geschlossen werden, ist es aber immer noch nicht und was noch schlimmer ist, in Afghanistan soll jetzt sogar ein ähnliches Gefängnis installiert werden.
Nach El Gore jetzt Obama und nicht zu vergessen den Friedensnobelpreis seinerzeit an Muhammed Yunus, der Mikrokredite an arme Leute vergibt, wie man Heute weis, wurden diese Kredite zu Wucherzinsen vergeben, Dieser Preis macht sich mittlerweile mehr als lächerlich.

Unsere Außenpolitik versagt auch gänzlich bei den internationalen Organisationen, denn was dort entschieden wird, ist zu 90% wertlos und die restlichen 10% sogar äußerst schädlich. Die internationalen Organisationen kosten uns Milliarden und raus kommt nicht. <u>Auch hier ist der Rotstift schon sehr lange überfällig.</u>

Jetzt unser Alter Neuer Außenminister Steinmeier, was ich auch von ihm halte, habe ich oben schon ausführlich beschrieben. Aber jetzt zeigt er sein wahres Gesicht, Befehlsempfänger und eigene verantworttungsvolle Politik, Fehlanzeige.

Mal wieder die Schweiz, Volksbefragung ob man die Einwanderungen begrenzen soll, die Schweizer haben mit <u>Ja</u> entschieden und die Kommentare gerade aus Deutschland sind mehr als verletzend. Wer hat denn für eine solche Stimmungslage gesorgt, ja, die Deutsche Außenpolitik, die Schweiz wird seit Jahren erpresst und dann verwundert sein, ist schon eigenartig. Hier handelt es sich um einen Demokratischen Vorgang, aber wie wir Wissen, ist das Wort Demokratie in Deutschland und bei der EU ein Fremdwort.
Auch in der Ukraine und Georgien hat die Diplomatie, wie oben schon erwähnt, vollkommen versagt. Jetzt steht die Ukraine vor einem Bürgerkrieg und wer trägt die Schuld, für mich ganz klar, der Westen, denn hier geht es um Einflussnahme, West oder Ost, sprich Russland. Wer finanziert die ganze Geschichte und hat man damals bei den Verträgen zu der Wiedervereinigung nicht versprochen, sich dem Russischem Einzugsgebiet nicht zu nähern, oder besser gesagt, sich fern zu halten. Tote und Verletzte sind der Preis und ein Ende ist noch nicht abzusehen. Von Sanktionen ist die Rede, der Westen hat mit seinen unverantwortlichen Aktionen (Militärberatern und Aufrüsten) erst die Voraussetzungen für die heutige Situation geschaffen. Das Land steht am Abgrund und jetzt geben sich die Diplomaten die Klinke in die Hand. Steinmeier usw. Was für ein verlogener Verein. Mal sehen wie die EU sich verhält, ich ahne nichts Gutes.
Schauen wir uns die verantwortlichen Politiker in der Ukraine mal etwas näher an, Pöbelnde und Schlagende Politiker im Parlament, die verantwortlichen Mandatsträger ebenso. In deren Auftreten und Äußerungen kann man Kriminalität und Korruption mehr als deutlich erkennen und so etwas wird vom Westen nicht nur geduldet sondern noch Gesellschaftsfähig gemacht.
<u>Hunderttausende</u> sind aus der Ostukraine schon nach Russland geflohen, hier mal wieder von der Presse und Medienlandschaft so gut wie kein Wort. Oder will man es evtl. genau so, denn sollte mal eine Volksbefragung stattfinden, <u>dann sind diese Stimmen nicht mehr vorhanden.</u>

Stellen wir uns mal folgendes vor, Bayern will nicht mehr Teil Deutschlands sein und versucht auf eigenen Beinen zu stehen, eine Volksbefragung wird durchgeführt und über 90% sind für eine Abspaltung, wird dann die Bundeswehr dort einmarschieren und die Nato so Verfahren wie jetzt in der Ukraine???
Und hier noch eine sehr wichtige Aussage von Frau von der Leyen zum Thema Ukraine, Sinngemäß, dieses Problem muss <u>Diplomatisch oder Militärisch</u> gelöst werden, was meint diese Frau damit, nun ja, wie man hört waren deutsche Soldaten schon auf dem Weg dorthin, sollen aber keinen Zugang bekommen haben.

Nach der Volksbefragung auf der Krim (über 90% dafür) hat die Duma am 18.3.2014 den Anschluss der Krim zu Russland zugestimmt und die Krim und die Russische Regierung dementsprechende Verträge unterzeichnet, <u>Gut so</u>, denn nicht Russland sondern der Westen hat sich auf unverschämteste Weise immer näher ans Russische Einflussgebiet herangemogelt und so den Russen ein Gefühl gegeben, eingekreist zu werden, was ja auch stimmt. Raketenabwehr direkt an den russischen Grenzen. Militärberater, ganz besonders von den Amerikanern im großen Stiel in die Nachbarländer von Russland entsandt, schlimmer geht es wohl nicht mehr.

<u>Hier noch eine weitere Aussage von Frau von der Leyen, so fordert diese Dame ein noch stärkeres militärisches Engagement Deutschlands in der Welt, ist diese Frau jetzt auch noch durchgeknallt, oder was ist nur los in unserer Regierung???</u>
<u>Genau in das selbe Horn bläst unser Bundespräsident, ich bin mehr als sprachlos. Was hätten diese Worte vor 30 Jahren bedeutet, Frau von der Leyen und auch der Bundespräsident wären ganz bestimmt sofort auf Druck der Bevölkerung aus ihrem Ämtern entlassen worden und Heute, nun ja.</u>
Ja, Deutschland hat sich der <u>Achse des Bösen</u> angeschlossen und die Politik die jetzt gemacht wird, ist mehr als ein Spiel mit dem Feuer. Gott sei Dank sind die Verflechtungen der Deutschen und Russischen Wirtschaft enorm, so das das Schlimmste wohl verhindert wird, hoffentlich. Die Kommentare die in Sendungen von <u>angeblichen Russlandkennern</u> gemacht wurden, Spotten jeder Beschreibung, Wortverdrehungen und es wurden Aussagen kommentiert die nie gemacht wurden. Ja das sind unsere Medien. So werden mal wieder Lunten für einen Krieg von den Amerikanern gelegt und dem Präsidenten der USA sollte man ganz schnell den _ <u>Friedensnobelpreis</u> wieder Abnehmen, hatte nie verstanden (siehe oben) wie es zu dieser Verleihung überhaupt kommen konnte. Auch halte ich es jetzt für erforderlich, mal ernsthaft zu überlegen ob eine Mitgliedschaft in der Nato überhaupt noch sinnvoll ist und ein Austritt nicht bedeutend besser wäre. Frau Merkel, hier sollten sie mal Handeln um Schäden vom deutschen Volk abzuwenden und den Kriegstreibern Einhalt zu bieten. Sanktionen oder Embargos waren immer ein Spiel mit dem Feuer und die Amerikahörigkeit kann ich wirklich nicht mehr ertragen. Die Reden von Herrn Obama beim G7 Treffen im März 2014 sind mehr als ein Beweis für seine machtbesessenen Einstellungen, er kommt Bush immer näher. Auch wenn man sieht was Heute in der Welt alles aus den Fugen gerät, so zum Beispiel, der Irak, Syrien, Lybien usw. kann man auch hier nur Sagen, der Westen trägt einwandfrei die Hauptschuld an diesem Desaster, denn der Westen hat die ehemaligen Staatslenker vertrieben und erst den Weg frei gemacht für Kaoten und Kriegsähnliche Zustände in diesen Ländern.
Ende August 2014 wurde ein Treffen Putin und Poroschenko (Präsident der Ukraine) in Weißrussland durchgezogen und was musste man entdecken, Teilnehmer waren unter anderem die höchstbezahlte Politikerin der Welt, Cathrine Ashton EU Außenbeauftragte und was mir die Sprache verschlug, unser <u>Günther Oettinger</u>. Nun ja, wenn man solche Politiker auf solche Veranstaltungen schickt, dann sollte man nicht verwundert sein, wenn nichts Gutes dabei herauskommt. Die Ostukraine wird mehrheitlich von russischsprechenden Menschen bewohnt und deren Belange wurden und werden von der Regierung in Kiew nicht berücksichtigt, ja russisch

sollte als Sprache sogar verboten werden, wenn dann alles aus den Fugen gerät sollte man sich wirklich nicht Wundern. Aber wie schon erwähnt, geht es um ganz andere Dinge, Erweiterung der Nato. Es ist für mich nach wie vor unbegreiflich, wie man Länder wie Bulgarien, Rumänien und Slowenien in die EU aufnehmen konnte, keinerlei Voraussetzungen für einen Beitritt, aber Wegbereiter für einen Natobeitritt, oder umgekehrt. Ja, so läuft das ab und was wir davon haben, können wir täglich auch in Deutschland erleben. Nach Saddam, Gaddafi und Assad hat der Westen jetzt Putin als den Bösen Mann auserkoren, die Europäer sollten Freunde sein und sich nicht von den Amerikanern in den Abgrund reißen lassen. Der kalte Krieg ist mal wieder voll entbrannt und ein Ende ist nicht abzusehen.

Und die Trauergeschichten gehen unvermindert weiter, so will man in Syrien die Kurden mit Waffen versorgen um der IS (Islamischer Staat) etwas entgegen zu setzen, die Regierenden gehören der Schwesterpartei der PKK an, International als Terrorgruppe abgestempelt und dann das! Jetzt spricht man bei den Waffenlieferungen an die Peschmarga, um die PKK aus den Berichterstattungen herauszuholen, was für ein Täuschungsmanöver.

Alles was der Westen in diesen Regionen angerichtet hat, kann man ohne Übertreibung als Desaster beschreiben, denn Führungen absetzen und durch Bombardierungen der einzelnen Länder angebliche Demokratie zu schaffen, hat noch nie geklappt. Andere Länder andere Sitten und Gepflogenheiten, aber das ist bei den Schwachköpfen wahrscheinlich immer noch nicht angekommen, oder ?? Alles nur Vorwand, denn es geht in Wirklichkeit einzig und alleine um Ressourcenzugang und Machterweiterung.

Am 4.9.2014 habe ich mir das Eröffnungstheater der Nato in Wals bei BBC angeschaut, Schweigeminute, Gruppenbild vor einem Kampfflugzeug usw. also ein schlechteres Operettentheater kann man kaum liefern und der Ukrainische Präsident Poroschenko war auch anwesend, obwohl kein Natomitglied, also eine weitere Provokation, nicht zu Glauben.

Natomanöver an der Russischen Grenze sind auch schon geplant und deutsche Kampfflugzeuge sind auch schon im Baltikum. Nochmals erinnern wir uns an die Cubakrise, der dritte Weltkrieg stand seinerzeit vor der Türe und Heute, also mir macht das ganze mehr als Angst.

Nach wie vor wird gelogen bis zum geht nicht mehr um die Bevölkerung gegen Russland Aufzuhetzen, ganz schlimm die Äußerungen von oben erwähnten Personen (von der Leyen, der Bundespräsident, Gabriel und natürlich die Grünen (Fiedenspartei) um nur einige zu Nennen.

Auch sollte man den Generalsekretär der Nato Asmussen nicht vergessen, hört sich gut an, Generalsekretär, aber das Sagen hat der Oberkommandierende und das ist nach wie vor ein Amerikaner, der hält sich noch im Hintergrund, aber wie lange noch???

Die Personen mit denen man Sprechen sollte, werden aus allen Gremien ausgeladen, oder kommen erst überhaupt nicht zu Wort, die Separatisten hätten wahrscheinlich auch einiges zu Sagen. Und Putin ist, wie wir Wissen aus dem G8 Treffen schon lange herausgeflogen und Sprechen will keiner mehr mit ihm, außer Merkel (nur per Telefon) und was dabei herauskommt, können wir täglich erleben, nichts und das ist wohl mehr als gewollt. Ja, so sieht Diplomatie des Westens aus, nicht zu Glauben. Alle gehören an einen Tisch, Pütin, die Separatisten und Kiew, alle anderen sollten Verschwinden, denn die bringen nur Unheil.

Seit Tagen entspannt sich die Lage in der Ukraine, Waffenstillstand, Gefangenenaustausch usw. und was macht der Westen, weitere Sanktionen wurden am 12.9.2014 in Kraft gesetzt.

Wer jetzt immer noch nicht erkennt, wo die Kriegstreiber sitzen, dem ist wirklich nicht mehr zu Helfen. Trotz allem ist ein Natomanöver mit deutscher Beteiligung unter Dach und Fach, in der Ukraine, obwohl kein Natomitglied, mehr als eine weitere Provokation. Russland hat jetzt mit Gegenmaßnahmen gedroht, wer kann es den Russen Verdenken, keiner. Ein mehr als gefährlicher Kindergarten und so etwas nennt sich Diplomatie.

Und es hört nicht auf, ein Asszierungsabkommen Ukraine und EU wurde unterschrieben.

Die Gaslieferungen Russland-Ukraine wurden schon vor Monaten eingestellt, wegen nicht bezahlter Rechnungen von über 4 Milliarden Euro, jetzt kommt mal wieder Öttinger ins Gespräch, nach seinen Vorstellungen soll der Internationale Währungsfonds Einspringen und Zahlungen in zwei Raten erfolgen um einen Gasklau von Seiten der Ukraine zu Verhindern.
Hier werden Verbrecher noch mit internationalen Geldern unterstützt, obwohl man genau weis, dass die Ukraine es nie zurück Zahlen kann, Ja unser untragbarer Herr Öttinger.

Einer deutschen grünen Europaabgeordnete wurde die Einreise in Russland verweigert, der Aufschrei in der Presse und Medienlandschaft ist nicht zu Übersehen, wer hat denn mit Einreiseverboten angefangen, die EU und Amerika und dann das, ich kann es nicht Glauben.

Kommen wir zu den unglaublichen Geschichten, Kurden und IS an der Syrischen und Türkischen Grenze. Zuerst mal woher kommt die IS, ursprünglich aus dem Irak, die Amerikaner haben nach dem verlorenen Krieg im Irak einen schiitischen Präsidenten eingesetzt ohne die Sunniten an der Macht zu beteiligen, obwohl über 30% der Bevölkerung Sunniten sind. Das war der größte Fehler der Amerikaner und was daraus geworden ist können wir jetzt täglich erleben. Mörder und Banden haben sich mehr oder weniger dieser Organisation angeschlossen und daraus ist die IS entstanden. Ob und wieweit die Sunniten überhaupt noch mit der IS verbunden sind, kann wohl kaum noch einer Beantworten.
Aber eines ist sicher, unter den Sunniten im Irak wurden keine anderen Religionen, wie Christen oder Juden verfolgt. Jetzt zur Türkei, Nachschub für die IS kommt zum größten Teil aus der Türkei und das sogar mit Hilfe der Regierung, Grenzen sind für diese Mörder nach wie vor offen und für kurdische Kämpfer geschlossen. Deutschland liefert Waffen an die Kurden, wie diese die kurdischen Kämpfer überhaupt erreichen sollen ist mir ein Rätzel.
Der Natopartner Türkei spielt hier ein sehr gefährliches Spiel, habe schon seid Jahren vor dem jetzigen Präsidenten gewarnt, (Wolf im Schafspelz) und ich kann den Westen beim besten Willen nicht Verstehen. Die Türkei gehört aus der Nato ausgeschlossen und alle deutschen Waffen und Soldaten müssen sofort abgezogen werden.
Auch sehr Eigenartig, die sehr umkämpfte Stadt Kobane an der türkischen Grenze ist einer Oase in der Wüste gleichzusetzen, mehr als offenes Umland und die IS präsentiert sich mit all ihren Waffen und Kämpfern der Weltöffentlichkeit, also ein Ziel was mehr als sehr gut auszumachen ist. Was machen die Amerikaner, Ölquellen und jetzt wird die Stadt Kobane bombardiert, obwohl die Ziele einwandfrei außerhalb der Stadt gelegen haben.
Jetzt hat das Desaster Deutschland erreicht, so zum Beispiel auch in Hamburg, Kurden und Salafisten gehen schwer bewaffnet aufeinander los, Verletzte, auch Polizisten ist das Ergebnis und immer noch keine Reaktion unserer Regierung.
Die Diplomatie ist nach wie vor mehr als eine Katastrophe und ich plädiere für folgende Lösung: Raus aus allen Krisengebieten, denn wir haben dort absolut nichts zu Suchen.
Es sind andere Kulturen und mit unserem Verständnis überhaupt nicht vereinbar.
Jetzt fliegt die Türkei Angriffe auf die Kurden im eigenen Land und der Flugplatz in der Nähe des Krisengebietes bleibt für die Nato nach wie vor Tabu, also darf nicht benutzt werden. Ja, dass ist die Türkei und immer noch werden Gespräche zur Mitgliedschaft zur EU geführt.

Das die im Ausland lebenden Deutschen und Vertretungen der Industrie immer die besseren Diplomaten waren und sind, ist kein Geheimniss.
Also macht auch diesen Laden dicht.

Kapitel Länder & Städte

Berlin

Auch hier geht das alte Spiel munter weiter, so verkaufen 2007 die Berliner Verkehrsbetriebe ein Teil Ihrer Verwaltungsgebäude und Mieten mal wieder ein so gut wie unvermietbares Gebäude zu einer Wahnsinnsmiete an und das mit einem Mietvertrag bis zum Jahre 2040 (ca. 33 Jahr) Nach wie vor, eigene Senats-Immobilien mehr als genug vorhanden, sogar enormer Leerstand, aber nein, alle Kochen ihre eigene Suppe.
Der Streik von Verdi, in Berlin fahren keine Busse oder U-Bahnen mehr, ich hatte ganz speziell die Verhältnisse dieser Sparte schon in Buch Teil 1 beleuchtet, Busfahrer oder U-Bahnfahrer bei der BVB Verdienen weit mehr als vergleichbare Jobs in der Wirtschaft und was die tatsächliche Arbeitszeit anbelangt, so würden die Kollegen in der freien Wirtschaft sich wohl mehr als Freuen, Arbeitsplatz Garantie über Jahrzehnte und dann noch Streiken.

Auch in der Verkehrspolitik hat sich immer noch nichts getan. Alles ist geblieben wie gehabt. Nein, es ist noch viel schlimmer geworden. Verkehrsstaus werden noch intensiver künstlich hervorgerufen, so werden z.B. in Berlin neuerdings Hauptstraßen als 30 km Zonen deklariert. Und neuerdings gibt es in Berlin sogar 10 km Zonen.
In unmittelbarer Nähe meiner Wohnung kann man das Geschehen sehr gut beobachten, es wird eine Stelle von ca. 100qm aufgebrochen schweres Gerät wird angekarrt, großer Bagger mit Panzerketten (Liebherr 924), kleiner Bagger und jede Menge anderer Maschinen, auch einen Baucontainer für die Arbeiter und mehrere Container für andere Sachen, Arbeiter sieht man aber nur selten und wenn doch, dann wie seinerzeit im Osten, einer arbeitet und drei schauen zu. Der große Bagger steht seit Monaten unbenutzt herum. Anfang der Bautätigkeit März 2010, geplante Fertigstellung Oktober 2010, jetzt hat man den Fertigstellungstermin auf Dezember 2010 verlängert. 10 Monate für eine kleine Baustelle, wofür man in anderen Ländern allerhöchstens 1 Woche braucht. Was spielt sich hier ab, unter normalen Voraussetzungen müsste die Baufirma mehr als Pleite sein, oder man hat Wahnsinnspreise vereinbart um diesen Wahnsinn überhaupt finanzieren zu können und das ist ganz bestimmt die Lösung des Rätsels. Verschleudern und Verbrennen der Steuergelder. Wer verdient hier mit, denn alleine die Baufirma ganz bestimmt nicht. Oder eine alte Autobahn Auf und Abfahrt soll erneuert werden, 3 Jahre sind jetzt schon vergangen und ein Ende nicht absehbar.
Die unnötigen Busspuren sind teilweise immer noch 24 Stunden pro Tag für den normalen Autofahrer gesperrt, obwohl nachts so gut wie keine Busse fahren.
Die Straßen sind vollkommen Verkommen, Schlaglöcher über Schlaglöcher und es wird nur noch geflickt statt erneuert, Kfz-Steuer fließt schon seit langem in den maroden Haushalt und nicht in den Erhalt der Verkehrswege. Aber da gibt es ja noch das Straßenausbaubeitragsgesetz, hier werden die Hauseigentümer bei dem Straßenbau mit zur Kasse gebeten und die Beträge die dort anfallen sind nicht ohne. Ja, es ist in manchen Fällen so schlimm, dass die Hauseigentümer sich von ihrer Immobilie trennen müssen.

Damit die Angelegenheit auch richtig verstanden wird, alle Straßen sind betroffen, nicht nur die, wo noch keine Infrastruktur vorhanden ist, sondern alle. Absichtlich Jahrzehnte lang nichts investiert und die Infrastruktur vergammeln lassen um dann den Hauseigentümer zur Kasse zu bitten, ist mehr als unverständlich.

Als Altersvorsorge ein Haus gebaut, mehr als 20 Jahre abgezahlt, auf Urlaub und andere Annehmlichkeiten verzichtet und dann in den Ruin getrieben. Hier ist die Frage mal wieder mehr als angebracht, wo und wer sind die Verbrecher.

Nicht zu vergessen, die Gebäudesanierung, oben beschrieben, also die Enteignung der Haus und Wohnungseigentümer ist nur eine Frage der Zeit.

Verkehrsschilder haben wir ca. 20 Millionen in Deutschland, dass ein Verkehrsschild in normaler Größe mit Aufstellung ca. 500 Euro kostet und die Größeren einige Tausend, die ca. alle 7 Jahre ausgetauscht werden müssen. kann sich auch der Laie ausrechnen, dass hier ein Geschäft in Milliardenhöhe entstanden ist, Ich behaupte, dass 60% dieser Ausgaben völlig überflüssig sind. Genauso sieht es bei den Verkehrsampeln aus, nur das hier die Kosten noch viel höher sind. Es gibt sogar eine eigene Behörde, die Bundesanstalt für Straßenwesen, die dem Verkehrsministerium unterstellt ist. Diese braucht Jahre um ein neue Verkehrsschild zu entwerfen, nun ja, Beamte. Die Lobby hat hier ganze Arbeit geleistet und ich Frage mich auch hier schon seit Jahrzehnten wer verdient hier mit????

Kommen wir zu den Ausweisen, Auch hier sind die Kosten ins astronomische gestiegen, und wird sogar in Altersklassen aufgeteilt, (bis 24, 22.80 Euro ab 24, 28,80 (57,60 DM) Reisepässe bis 24, 37,50 Euro, ab 24, 59,00 Euro (118,00 DM) gefördert und abgesegnet von dem damaligen Innenminister Schily und nach seinem Ausscheiden ist er natürlich für diese Firma tätig. Hat er diese Aktionen umsonst gemacht, ich glaube nein, denn erstens ist ein guter Posten herausgesprungen und zweitens könnte eine Beteiligung durchaus möglich sein. Nehmen wir nur mal eine Prämie von einem EURO pro Ausweis, so könnte Herr Schily heute schon Multimillionär sein. Ja, so könnten solche Aktionen ablaufen und Herr Schily ist bestimmt nicht der Einzige auf diesem Parkett, nur liegt die Angelegenheit bei ihm wohl doch mehr als offen, denn Schily lehnt jegliche Auskunft über seine Nebeneinkünfte ab, siehe Kapitel Bund. Ich habe diese Schweinereien in die Rubrik Länder platziert, weil die Verkehrsschilder, Ampeln und Ausweise zum größten Teil Ländersache sind.

Seit Jahrzehnten wird der Bürger von den Politikern zum Sparen von Wasser aufgefordert, Resultat, die Mähmaschinen versinken im Wasserboden und Wasserwerke erhöhen ihre Preise, weil zu wenig Wasser verbraucht wird, Toll, Toll, Tollhaus.

Jetzt 2010 nach dem strengen und langem Winter kommen die Versäumnisse erst richtig ans Tageslicht. Deutschland hat jetzt schlechtere Straßen als in den meisten Ländern der dritten Welt. Fachleute haben auch hier seit Jahrzehnten gewarnt, aber wie immer, umsonst.

Ich hatte mich im vorherigen Buch schon ausführlich mit dem Kulturangebot von Berlin beschäftigt, 4 Opernhäuser, Theater, nicht mehr zu zählen, Zuschüsse des Steuerzahlers astronomisch und jetzt 2010 soll die Deutsche Staatsoper renoviert werden. Ich wiederhole, renoviert und nicht neu gebaut, Kosten dieser Aktion 250 Millionen Euro. Nach Fertigstellung werden es wohl 300 Millionen oder mehr sein. Wir werden sehen! Gegenwert dieser gigantischen Summe, ca. 1000 Einfamilienhäuser. Noch Worte, ich nicht.

Und das ist noch lange nicht alles, wir noch haben die Deutsche Oper, diese Haus könnte ohne Problem als Ausweichquartier benutzt werden, aber nein, das Schillertheater in Augennähe der

Deutschen Oper wird für über 20 Millionen auch noch umgebaut. 4 Opernhäuser, so viel wie in keiner anderen Stadt der Welt, hier sind Schließungen angesagt, aber nein, Geld wird nach wie vor aus dem Fenster geschmissen.

Schildbürgerstreiche ohne Ende, so habe ich gestern eine Dampferfahrt in Berlin gemacht, an einer Brücke wurde ein Fahrstuhl eingebaut, dieser endet in einem Kiesbett, na wer wird diesen wohl mal benutzen, keiner, außer Randalierer und Zerstörer.

Auch die Stadteigenen Betrieben schmeißen nur Geld aus dem Fenster, diese bekommen riesige Zuschüsse und die müssen natürlich verbraucht werden, sonst gibt es Kürzungen. So habe ich kürzlich beobachten müssen, wie Mitarbeiter der BSR (Straßenreinigung) auf dem Kurfürstendamm einen Mittelstreifen von Unkraut befreite. Es war so wenig Unkraut vorhanden, dass man dieses mit der Hand Entfernen konnte, aber nein, es wurde ein Spezialgerät benutzt und dahinter war ein Fahrzeug mit Kehrmaschine und dahinter ein zweites Fahrzeug mit Gelblicht. Fassen wir zusammen 4 Personen, 2 Fahrzeuge und Verkehrbeeinträchtigungen im großen Stiel. Damit die Arbeit nicht ausgeht, wird beim Unkraut natürlich nur das herausragenden Grün entfernt und die Wurzeln bleiben natürlich erhalten.

Bei der BVG (Berliner Verkehrsbetriebe (oben schon erwähnt) sieht es nicht besser aus, auch hier werden Gelder vernichtet bis zum geht nicht mehr. Mehrere Verwaltungen und Anschaffungen die völlig überflüssig sind. Und wie sich jetzt herausstellte, haben die Berliner Verkehrsbetriebe Gelder von weit über 150 Millionen Euro bei Lehman verzockt, Zuschüsse von Steuerzahler und dann das. Und es kommt noch schlimmer, für gute Arbeit werden an den Vorstandsvorsitzenden noch über 80 000 Euro an Bonus gezalt. Hier wäre die Staatsanwaltschaft gefragt, aber nein, man belohnt noch.
Dann noch die S-Bahn, Bundesweit für seine Skandale bekannt geworden und auch hier hören die Skandale nicht auf.

Die Bildungspolitik ist nach wie vor Ländersache und was sich dort abspielt ist mehr als unbegreiflich, so wird unter anderem in Berlin die Sekundarschule eingeführt.
Die Hauptschule, die Gesamtschule und die Realschule wird in der Sekundarschule vereint. Also, alles wird in einen Topf geschmissen, ob Saudumm, Dumm, Mittelmäßig, Intelligent oder sehr Begabt. Wenn man einen solchen Mix herstellt, kann auch der Laie Einschätzen was dabei heraus kommt, bestenfalls Mittelmäßigkeit, wenn überhaupt.
Nicht zu vergessen der Intelligenzdurchschnitt der Zuwanderer und Migranten, wenn man diesen Personenkreis hinzufügt, dann kann man davon ausgehen, dass im Endeffekt noch nicht einmal Mittelmäßigkeit erreicht werden kann.
Und es kommt noch schlimmer, in der Sekundarschule soll es eine Gymnasiale Oberstufe geben, also kann auch hier das Abi hier gemacht werden, was für mich nichts anderes bedeutet, dass als nächstes die Gymnasien wohl auch abgeschafft werden sollen.
Ja, so sieht Bildungspolitik in Deutschland aus, mich würde mal interessieren wer und welche Personenkreise am Untergang unseres Landes so interessiert sind.
Die Krankmeldungen unter den Berliner Lehrern ist mehr als eine Katastrophe.
Weit über 1000 sind Dauerkranke mit mehr als 3 Monaten Fehlzeit, dazu kommen noch über 700, die in den Statistiken überhaupt nicht mehr auftauchen, wahrscheinlich sind diese Personen schon über Jahre Krank und nicht zu vergessen, die ganz normalen Krankschreibungen. der Schaden dürfte sich auf weit über 100 Millionen Euro belaufen und das nur in Berlin, ganz zu Schweigen davon, dass auch hier die Schüler das Nachsehen haben. Es fallen nicht nur

Unterrichtsstunden aus, sondern ganze Tage, schlimmer geht's nicht mehr und wenn dann immer wieder von mehr Bildung gesprochen wird, dreht sich bei mir der Magen.

Außerdem wurden die Anforderungen für die Gymnasien derart heruntergeschraubt, dass man Heute sagen kann, bessere Noten und mehr Abschlüsse, was natürlich nur bei den verminderten Anforderungen zu suchen ist. Also mehr als eine Mogelpackung.

Berlin will doch allen ernstes eine Touristensteuer einführen. Man wäre doch bedeutend besser beraten, wenn man Sarrazin als Finanzsenator zurück holen würde.

Also, die Länder stehen im Bezug auf Verschwendung dem Bund in keiner Form nach.

Voll in der Rezession, die Wirte in Berlin stehen zu Hunderten vor der Pleite und der Senat will auch noch die Außenheizungen für die Gastronomie verbieten, ja die Senatsmitglieder sind versorgt und alles andere kümmert diese Damen und Herren wie immer einen Dreck, man sollte diese Brut wirklich zum Teufel jagen. Denn wer bezahlt die wohl, unter anderem auch der Wirt oder besser gesagt, auch die gesamte Gastronomie.

Immer mehr wird die Bevölkerung bevormundet und gegängelt, nach dem Rauchverbot und Alkoholdebakel sind jetzt die Heizpilze in Berlin an der Reihe.

Wie viele Arbeitsplätze das Rauchverbot vernichtet hat, wird in Deutschland wohl unter der Decke bleiben, aber wir haben Zahlen aus Frankreich, 150 000 Bistros mussten ihre Türen schließen, nehmen wir mal an, dass pro Bistro nur 2 Arbeitsplätze verloren gegangen sind, so macht das mal eben 300 000 Arbeitsplätze.

Zu den Grünen, Frau Renate Künast bewirbt sich für 2011 um das Amt des regierenden Bürgermeisters von Berlin, will aber keinerlei Posten im Bundesparlament aufgeben, sondern erst dann, wenn feststeht das sie die Wahl auch gewonnen hat. Hier kann man auch bei diesen Leuten Erkennen, keinerlei Risiko eingehen und gut dotierte Posten nie Aufgeben bevor der Besserer nicht Niet und Nagelfest ist. Berechnend bis zum geht nicht mehr, ja so weit sind auch die Grünen gekommen.

Auch wollen die Grünen in Berlin die rechtliche Gleichstellung des Islam. Auch bemängelt man, dass im Rundfunkrat keine Islamvertretung vorhanden ist und das Genehmigungsverfahren für Neubauten der Moscheen bedeutend länger dauern als für christliche Kirchen. Es würde mich mal interessieren wann das letzte Genehmigungsverfahren für einen neuen Kirchenbau überhaupt gestellt wurde, ist bestimmt Jahrzehnte her und was hat der Islam überhaupt im Rundfunkrat zu suchen, soll evtl. das Programm nach islamischen Gesichtspunkten gestaltet werden.

Also, von den Grünen hat man ja mittlerweile einiges zu Ertragen, aber hier werden Grenzen überschritten, die man schon als Wahnsinn bezeichnen kann. Oder geht es nur um die Wählerstimmen der Migranten mit deutschem Pass, oder sind die wirklich so durchgeknallt.

Auch lehnen die Grünen den Neubau von Strassen ab und wollen klare Prioritäten für Fußgänger und Radfahrer der Autobahnausbau der Stadtautobahn 100 soll sofort gestoppt werden und 30er Zonen für die ganze Stadt, aber die Parkraumbewirtschaftung soll noch intensiver vorangetrieben werden, auch hier, alles zurückdrehen, aber abkassieren ist erlaubt.

Rückbau der Straßen und wo noch freie Parkplätze an Plätzen sind, werden diese unnötig umgebaut um die wenigen Parkplätze auch noch Verschwinden zu lassen.

Berlin eine Weltstadt, schon lange nicht mehr und wenn die Grünen wirklich ran kommen, dann Prost Mahlzeit.

Jetzt Frau hat Künast ihren Wahlkampfleiter entlassen, dieser war ein entschlossener Verfechter der 0,0 Promille Grenze und was passierte, Sturzbesoffen hat ihn die Berliner Polizei in seinem Auto aufgegriffen. Ja, so sind die, alles Verbieten aber selber allen Lastern Fröhnen.

Auch über die Justiz habe ich mich in Buch eins ausführlich geäußert, hier eine Posse aus Berlin , die Jugendgewalt explodiert und laufend werden in den U-Bahnhöfen Passanten auf schwerste verprügelt mit Verletzungen die sehr nahe an Mord grenzen.
Ende April 2011 ein weiterer Fall, ein Passant wurde aufs brutalste Misshandelt nachdem dieser zu Boden ging wurde er noch mehrfach mit aller Gewalt gegen den Kopf getreten und nur das Eingreifen eines Passanten verhinderte das aller Schlimmste.
Die ganze Angelegenheit wurde Videoaufgezeichnet und die Täter stellten sich natürlich am nächsten Tag, eine andere Möglichkeit gab es überhaupt nicht, denn diese Personen waren einwandfrei zu Erkennen und wären so wie so in kürzester Zeit festgenommen worden. Und jetzt kommen wir zur Justiz, der Haftrichter setzte die Täter sofort wieder auf freien Fuß (es bestehe keine Flucht oder Wiederholungsgefahr) ich frage mich allen ernstes, woher wollen die das Wissen? Aber es kommt noch schlimmer, man fordert jetzt ein Warnschussarrest, danach sollen jugendliche Straftäter einige Wochen ins Gefängnis mit pädagogischer Betreuung um dann später mit einer Bewährungsstrafe davon zu kommen. 2010 kam es zu weit über 4000 Fällen von Körperverletzungen in den Berliner Bussen, Bahnen und Bahnhöfen und bei den schwersten Fällen dann diese Reaktionen von unsere Justiz, ich verstehe die Welt nicht mehr, oder besser gesagt, einer von vielen Justizskandalen in unserem Lande. Und schon wieder, am 3 Mai, also nur einige Tage später wieder ein ähnlicher Fall, Abschreckung gleich Null.

Dann noch die unsäglichen Geschichten der Hütchenspieler, seit über 20 Jahren sind diese kriminellen Banden aktiv, die Polizei hat seinerzeit ihre Arbeit vorzüglich erledigt, aber von der Justiz kam und kommt absolut nichts, ja, man musste auf Anordnung dieser Behörde sogar beschlagnahmte Gelder zurückzahlen.
Auch hier stellt sich für mich immer wieder die Frage, wer wird und wurde gekauft, denn die kriminell abkassierten Beträge sind nicht ohne.

Wie verrückt und unüberlegt es in Berlin zugeht, kann man an dem neugeschaffenen Meldegesetz erkennen, es muss seit 2006 bei der Meldestelle kein Mietvertrag mehr vorgelegt werden um sich anzumelden. Also wurden hier hunderttausendfach Scheinadressen geschaffen und der Kriminalität wurden mal wieder Tür und Tor geöffnet. Wirtschaftlicher Schaden auch hier Milliarden. Vom Sozialbetrug bis hin zum Wirtschaftsbetrug ist alles drin.
Verwaltungsvereinfachung war das Schlagwort, und das ist das Resultat. Hat sich was geändert, nein und nochmals nein. Als ob das Einsehen in einen Mietvertrag eine Vereinfachung der Verwaltung darstellt, kann wohl mehr als bezweifelt werden.
Bei Stichproben stößt man immer häufiger auf Roma Familien, so werden diesen Wohnungen mehr oder weniger schwarz vermietet und das zu horrenden Mieten. Auch Sozialbetrug steht ganz oben auf deren Liste. Dunkle und kriminelle Geschäfte sind an der Tagesordnung.
Sozialunterstützung und vor der Türe die teuersten Autos. Auch das kennen wir schon von anderen Gruppen.
Normalerweise ist ein Aufenthalt auf 3 Monate begrenzt, aber auch hier gibt es eine Verordnung, die besagt, wer ein Gewerbe anmeldet und mindestens 150 Euro pro Monat verdient, hat ein Bleiberecht mit allem was dazu gehört, Wohngeld, Kindergeld, (Kinder haben die mehr als genug) Krankenversichert, Schulpflicht usw. usw. Wie man mit 150 Euro eine Familie ernähren kann, ist mir ein Rätsel, aber Gewerbescheine werden massenhaft beantragt und sogar ausgestellt. Wie wir sehen, die Skandale nehmen kein Ende und auch hier, die Schuldigen sind alleine unsere

Verwaltungen oder besser gesagt in der Politik zu suchen. Die Zigeunerwelle rollt und wenn man über den Kurfürstendamm geht, dann ist der voll mit Frauen und Kindern die Betteln. Die Männer haben sich andere sehr fragwürdige Beschäftigungen ausgesucht, Goldverkauf, was kein Gold ist, Einbrüche, Raub und andere mehr oder weniger kriminelle Machenschaften. Ach ja, Zigeuner darf man ja nicht mehr sagen, die dieses angeleiert haben, sollten ich in Köln mal die Gräber der Fürsten anschauen, unter dem Namen ist nicht selten der Begriff Zigeuner zu lesen. Wie soll man die Operette der Zigeuner Baron wohl in Zukunft nennen?? Ich hatte früher mal Bekannte aus diesen Kreisen und wenn ich fragte wer seit Ihr, kam immer wieder neben Sinti und Roma auch das Wort Zigeuner.

In Berlin brennen täglich Fahrzeuge ab, wie auch hier mit den Zahlen manipuliert wird, kann man an den täglichen Veröffentlichungen genau Erkennen, zuerst waren es 2500 dann Tage später nur noch 1000 und jetzt Ende Oktober spricht man von weit über 5000. All diese Zahlen wurden im Fernsehen und in der Medienlandschaft veröffentlicht und keiner und wirklich keiner fragte mal nach, wie man in kürzester Zeit auf solche unterschiedlichen Zahlen kommt. Auch hier Hofberichterstattungen die mehr als unerträglich ist.

Berlin hat gewählt (18.9.2011) und meine größten Befürchtungen sind Gott sei Dank nicht eingetroffen. Vor einigen Monaten sah es noch so aus, als ob die Grünen den nächsten Regierenden Bürgermeister (Renate Künast) stellen könnten. Aber der Berliner hat doch Angst bekommen und die Wahlbeteiligung war höher als gewohnt um einen Einzug von Frau Künast zu verhindern.
So, schauen wir uns mal kurz die Ergebnisse an:
In Kreuzberg-Friedrichshain haben die Grünen 30,2 % der Stimmen eingefahren, und einzelne Bewerber sogar fast 50%, Ergebnisse wovon die anderen Parteien nur Träumen können. Kreuzberg-Friedrichshain und Neukölln ist und bleibt das größte Problem-Viertel von Berlin (Türken, Araber und Afrikaner) haben hier das Sagen. Jetzt endlich haben sich meine Vermutungen bestätigt, ja, die Grünen sind eine Immigrations-,Sozialhilfeschmarotzer und eine Partei für Arbeitsunwillige und kämen nie und nimmer auf solche Wahlergebnisse, wenn diese Personen nicht vorhanden wären. Jetzt ist mir ebenso klar, wie Hochkriminelle und Terroristen an deutschen Pässe gekommen sind. Die anderen Parteien haben fast alle Kandidaten mit Immigrationshintergrund ins Rennen geschickt, aber in Kreuzberg-Friedrichshain, mehr oder weniger ohne Erfolg, denn auch die Wissen, dass die Uhren in dieser Ecke ganz anders Ticken. Nun stellen sie sich mal vor, wie die ganze Angelegenheit in 20 Jahren aussieht, ein Alptraum. Auch hier hat Sarrazin recht, Deutschland schafft sich selber ab. Das gesamte Wahlergebnis in ganz Berlin hat für die SPD gereicht um nochmals den Regierenden Bürgermeister zu stellen, aber auch die Grünen kommen als Koalitionspartner in Frage, 30 Kilometer in der ganzen Stadt, kein Autobahnneubau usw. usw. Mal sehen wie sich die Angelegenheit weiter entwickelt. Ich bleibe dran. Die Koalitionsverhandlungen mit den Grünen sind gescheitert, Gott sei Dank, denn das wäre wohl die Größte Katastrophe für Berlin nach dem 2. Weltkrieg. Jetzt ist der Fraktionsvorsitzende der Grünen zurückgetreten, man heftet ihm den verlorenen Wahlkampf an, ebenso die gescheiterten Koalitionsverhandlungen, Frau Künast wird überhaupt nicht mehr erwähnt, die sitzt wieder sicher, wie angekündigt im Parlament. Fast vergessen, die Grünen haben Kreuzberg erobert und stellen den Bezirksbürgermeister, Baustadtrat usw. wir werden sehen, was diese Partei dort anrichten wird, ganz bestimmt mehr als Kaos.

Auch sollte erwähnt werden, dass Berlin mittlerweile zu einer Hochburg der kriminellen Vereinigungen zählt, schaut man in die hochgerüstete sehr teueren Fahrzeuge die am

Kurfürstendamm täglich ihre Runden drehen an, so sieht man am Steuer dieser Fahrzeuge zu weit über 80% nur Türken, Araber und Libanesen.

Hier hätte man mal eine Möglichkeit diese zu Überprüfen auf Sozialhilfeempfänger,aber nein, da ist ja noch der Datenschutz. Auch hier eine Verarschung erster Güte, denn die Meldeämter sollen Daten Verkaufen dürfen und dieses ohne Aufstand der Datenschützer. Auch diese Behörden gehören aufgelöst, denn Nutzen gleich Null.

Auch kann man Beobachten, dass viele Geschäfte und Restaurants in Hand der oben genannten Personenkreise sind und so gut wie keinen Publikumsverkehr haben, aber über Jahrzehnte noch nicht Pleite sind, hier drängt sich der Verdacht auf Geldwäsche mehr als auf. Auch hier wären sehr erfolgversprechende Überprüfungen nötig, die schon sehr lange überfällig sind. Hat man Angst, oder was steckt dahinter????

Über den neuen Flughafen Berlin-Brandenburg habe ich mich in Buch 1 schon ausführlich geäußert, Planungen, Verwerfungen, Kosten die alle Vorstellungen Sprengen. Diesen Monat (Mai 2012) sollte die große Einweihungsfeier stattfinden, natürlich mit der Kleinigkeit von 10 Tausend geladenen Gästen und jetzt kurz vor der Eröffnung einer der größten Blamagen die man so nur aus der Politik kennt, alles wurde abgesagt und die Eröffnung auf unbestimmte Zeit verschoben. Was wurde nicht alles versprochen, 40 bis 70 Tausend neue Arbeitsplätze, nach den neuesten Erhebungen dürften daraus ca. 10 Tausend werden. Also nicht bedeutend mehr als der alte Flughafen Tegel, wenn überhaupt.

Modernster Flughafen von Europa, neuester dürfte hinhauen, aber Modernster dürfte mehr als angezweifelt werden. Schönefeld gehört zu Brandenburg, wer wird wohl der größte Nutznießer dieses Flughafens sein, Berlin ganz bestimmt nicht. In anderen Ländern ist man bemüht die Flughäfen näher an die Städte zu holen und hier geschieht genau das Gegenteil. Bei den früheren Planungen war sogar Sperenberg im Gespräch, ca. 100km von Berlin entfernt.

Überhaupt kann ich dem neuen Flughafen nur ein Prädikat verleihen, hässlich und was das Wunschdenken unserer Berliner und Brandenburger Politiker anbelangt, dürft er am deutschen Markt überhaupt nicht Konkurrenzfähig sein.

Was hat man in der Vergangenheit nicht alles versucht um International zu werden, Flüge nach Amerika wurden Hoch-Subventioniert und nach kurzer Zeit wieder eingestellt, und später hat man nochmals versucht, was auch wieder in die Hose ging. Alle diese Aktionen haben den Steuerzahler Millionen gekostet und die Träumerei geht unvermindert weiter.

Das war schon die dritte Verschiebung von Terminen und Schuldige werden gesucht, nun ja, ein oder mehrere Bauernopfer wird man schon finden um den Aufsichtsrat und die Bauherren zu entlasten. (Klaus Wowereit Regierender Bürgermeister von Berlin und Matthias Platzeck Ministerpräsident von Brandenburg) und nicht zu vergessen, dass Verkehrsministerium ist auch Gesellschafter (mal wieder Ramsauer) und dieser trägt auch einen Teil der Verantwortung, was gerne in den Medien verschwiegen wird.

Alles was in Berlin von der öffentlichen Hand geplant und gebaut wird, kann man als Katastrophe bezeichnen. 1,7 Milliarden sollte der Flughafen mal kosten, jetzt sind wir schon weit über 4 Milliarden und die 5 Milliarden sind nicht mehr weit.

Kommen wir mal zu den wahnsinnigen Kosten, wie sich jetzt herausstellt werden auch 5 Milliarden nicht ausreichen, denn die Arbeiten ruhen und die Kostenlawine rollt ungebremst weiter. Nun schauen wir uns mal andere Flughäfen an, so zum Beispiel den Großflughafen Bangkok, dieser hat mit 56300qm das größte Terminal der Welt und das viertgrößte Abfertigungsgebäude, es wurde 2006 eröffnet und zählt wohl zu den schönsten Flughäfen der Welt, vergleicht man diese Beiden, dann kann man von Bangkok wohl Sagen, einzigartig und Berlin ist für mich ein Unaktraktiver Provinz Flughafen. Der Flughafen Bangkok hat 5 Milliarden gekostet und der mickrige Flughafen Berlin wird diesen Preis noch überflügeln, ein Skandal der wohl nur von Politikern gemacht werden kann.

Klaus Wowereit hat den Posten des Aufsichtsratvorsitzenden aufgegeben und an Mathias Platzeck übertragen, ist aber weiterhin im Aufsichtsrat, unbegreiflich.

Jetzt haben wir März 2013 und immer noch keine Aktivitäten, Berater werden gesucht und man wurde fündig in dem ehemaligem Chef des Frankfurter Flughafens Wilhelm Bender. Nachdem heraus kam, dass dieser einen Beratervertrag mit einer Entlohnung von nicht weniger als 4000 Euro pro Tag erhalten sollte (bei 20 Arbeitstagen mal eben 80 000 Euro) bekam man in Berlin doch kalte Füße nachdem es an die Öffentlichkeit kam. Das Entsetzen war natürlich groß und der Vertragsabschluss kam nicht zustande.

Zitat von Herrn Bender, wenn der Flughafen jeden Monat Millionen kostet sollte man nicht über ein paar Hunderttausend Streiten. Mathias Platzeck macht sich für ein Nachtflugverbot stark, wie kann ein Flughafen wirtschaftlich Arbeiten und vor allem International werden, bei diesen Forderungen, Also mal wieder ein Irrenhaus erster Güte. Und jetzt kommt die Krönung überhaupt, Mehdorn soll neuer Chef werden, als Bahnchef versagt und bei Air Berlin sah es auch nicht besser aus, nun ja, sehr gut verdrahtet ist er mit der Politik ja schon seit Jahrzehnten und verwundert sollte man

wirklich nicht sein. Würde mich mal interessieren wie sein Vertrag aussieht und wer sich für Ihn entschieden hat. (die Rede ist vom Verkehrsminister Raumsauer).

In der Öffentlichkeit wird immer wieder die Entrauchungsanlage als Grund genannt, dass aber über 100 000 Mängel gefunden wurden ist so gut wie unbekannt geblieben.

Der Flughafen Tegel ist gerade mal ca. 40 Jahre alt und es sind enorme Summen in den Erhalt und in die Modernisierung geflossen und der soll nun als zweiter Flughafen dicht gemacht werden, neben dem Flughafen Tempelhof, unbegreiflich, aber das ist Berlin.

Nehmen wir den Protzbau des neuen Hauptbahnhofs, wenn sie Besucher abholen, oder zum Bahnhof mit dem Auto bringen wollen, kommen sie nicht mit dem Auto an den Haupteingang um diese abzuladen, ist nur für Taxis erlaubt. So etwas verrücktes gibt es nach meiner Überzeugung nur in Berlin, eine Schande. Auch hier ein Mehdorn Objekt, zum Abschluss der Bauarbeiten 4 mal so teuer als vorgesehen.

Auch die schon erwähnte Staatsoper von Berlin, auch hier wurde der Eröffnungstermin auf 2015 verschoben, die Kosten explodieren und die Zeitrahmen werden so gut wie nie eingehalten. Und die Subventionen erreichen eine skandalträchtige Höhe, jetzt von ca.260,- Euro pro Platz und Vorstellung, (nach Angaben des Senats, aber in Wirklichkeit wird dieser Betrag wohl viel höher sein) und wenn die alte Oper mal fertig sein sollte, dann wird der oben genannte Betrag, wie angekündigt, nicht mehr zu halten sein. Wer die Oper besucht, sollte auch den dementsprechenden Preis bezahlen und sich nicht auf Kosten der Steuerzahler Vergnügen, aber davon sind wir meilenweit entfernt.

Oder die Tauentzienstr. Verlängerung vom Kurfürstendamm, seit Jahren wird hier der Verkehr behindert, Arbeiter sieht man seit Wochen kaum noch, Anfang September 2012 fährt nur noch ein Mann mit einem Kipper hin und her um Arbeit vorzutäuschen.

Ja, so schlimm sieht es in unserer Stadt aus, schlimmer geht es wirklich nicht mehr.

Ich habe auch hier den Senat angeschrieben und um Auskunft gebeten, hier Sinngemäß die Antwort, bei der Lieferung der Hoch-Beete kam es zur Verzögerung und deshalb kam es zur vorübergehenden Einstellung der Arbeiten, die aber am 19.9.2012 wieder aufgenommen werden. Jetzt haben wir Ende September und sieht man Arbeiten, nein, Jetzt ist auch der Mann mit dem Kipper verschwunden. Und jetzt im März 2013 immer noch nicht fertig

Jetzt haben wir November 2013 und am Flughafen Berlin-Brandenburg ist immer noch Stillstand, Mehdorn streitet sich mit seinem Co-Chef, der aber nach einer Aufsichtsratssitzung die Bühne verlassen muss. Ja, Mehdorn scheint doch einen unüberbrückbaren Einfluss auf die Politik zu haben, was weis dieser Mann und welche Leute kann er ans Messer liefern?? Klaus Wowereit strebt wieder nach dem Chef-Aufsichtsratsposten nachdem Platzeck zurückgetreten ist, dieser Posten muss wohl sehr viel Geld einbringen, ich kann es nicht Glauben. Hier gehören Fachleute hin, aber nein, die werden wie schon erwähnt wieder nach Hause geschickt. Auch werden die 5 Milliarden nicht ausreichen und ich möchte nicht Wissen, wie viele Gelder schon jetzt aus _ anderen Töpfen des Senats, aus Brandenburg und des Bundes in dieses Projekt geflossen sind. Ja, jetzt ist die Zahl von 6 Milliarden im Umlauf und wenn man die Vorgeschichte (Grundstücksmanipulationen, Fehlplanungen usw.) noch hinzuzählt dann kommen noch ganz andere Summen zu Stande.

Ja, Klaus Wowereit ist wieder Aufsichtsratvorsitzender, Mehdorn entlässt einen nach dem anderen und auf der Baustelle ist nach wie vor Stillstand, trotz enormer monatlicher Unterhaltungskosten von weit über 15 Millionen Euro.

Und da sind noch die Wasserwerke, vor einigen Jahren Teilverkauf, die Verträge wurden als Geheim eingestuft und jetzt will man die Anteile für sehr viel Geld wieder zurück Kaufen. Sie sehen, alles grenzt an Wahnsinn und die Geschichten nehmen kein Ende. Warum schreibe ich mehr über Berlin als über andere Länder, einfach, hier kenne ich mich besser aus, aber alle diese unbegreiflichen Geschichten spiegeln sich auch in anderen Städte wieder. So zum Beispiel in Hamburg, Köln und nicht zu vergessen Stuttgart, hier bahnt sich die nächste unbezahlbare Katastrophe an.

Ich kann es nicht Glauben, aber Berlin will sich doch wieder für die Olympischen Spiele Bewerben. Nach der katastrophalen Bewerbung für das Jahr 2000, Schmiergeldzahlungen, Aktenvernischtungen und Skandale über Skandale, jetzt das, ungeheuerlich. Alleine die Bewerbung soll 50 Millionen Euro kosten. Die Drahtzieher von damals wurden nie belangt und sind teilweise wieder in der Politik aktiv.

Ganz nebenbei gibt es in Berlin noch eine Parlamentsreform, so sollen die Parlamentarier mal wieder beglückt werden. Neben ihrer Diäten von 3477,-Euro soll die Mitarbeiter Vergütung von 580 Euro auf 3000,-Euro angehoben werden.
Für die Anmietung eines Büros außerhalb der Senatskanzlei 2500,-Euro und eine Kostenpauschale von 1500,-Euro macht 4000,-Euro, bis Dato etwas über 1000,-Euro und das alles für Teilzeitpolitiker. Dann soll noch die Senatoren Zahl von 8 auf 10 erhöht werden. Sie sehen, trotz allem Missmanagement und Unfähigkeiten geht auch in unseren Ländern das Abkochen unvermindert weiter.

Bayern

Nur zur Erinnerung, auch hier ab 2007.
Stoibers Tage sind gezählt, was macht er, natürlich Reisen, Reisen und nochmals Reisen.

Er nennt es Abschiedstour, fast rund um die Welt, natürlich teilweise mit einem Regierungsflugzeug und dem dementsprechendem Tross. Kosten enorm, aber der Steuerzahler, oder besser gesagt, die Bundesregierung gibt es ihm, mal wieder ein Skandal.

Und dann sein Nachfolger, Beckstein als Ministerpräsident, habe Ihn schon im Buch 1 erwähnt und muss feststellen, dass auch er mit der uns gewohnten CSU nicht mehr viel am Hut hat, so ist einer seine erste Forderung, Maut für alle, wohl mehr als ein politischer Treppenwitz. Ist die CSU nun Grün oder was soll man davon halten!
Was sich in den Ländern so abspielt kann heutzutage jeder, aber auch wirklich jeder Nachvollziehen. Schauen sie sich nur mal Bayern an, 2008 wurde Stoiber gestürzt, Huber und Beckstein übernahmen das Steuer, Seehofer wollte, aber man lies ihn nicht.
Dann wurden diese Herren mit Hilfe von Stoiber in die Wüste geschickt und siehe da, Seehofer ist der neue Ministerpräsident von Bayern. Nun ja, in Berlin hat er genug Unheil angerichtet und man sollte froh sein ihn los zu sein.
Was den Bayern nach Strauss alles zugemutet wurde ist schon beachtlich.
Auch bei der Bayrischen Landesbanken läuft seit Jahren alles aus dem Ruder, es wurden und werden Milliarden verzockt, siehe Wirtschaft.
Zur Amigoaffäre in Bayern nur folgendes, von der EU gelernt, Familienangehörige werden zu Mitarbeitern der Minister und Abgeordneten und das zu Gehältern die auch ins Phantasieland gehören. 5500,-Euro für eine Sekretärin usw. Aber was tunlichst verschwiegen wird ist, dass auch im Bundestag solche Praktiken existieren.

Die anderen Länder
Landtagswahlen:
Landtagswahlen in Hessen und Hamburg, in Hessen kann man nur noch den Kopf Schütteln, die SPD Spitzenkandidatin und Machtbesessene Andrea Ypsilanti will unter allen Umständen Ministerpräsidentin werden, ja, auch die Linken sind auf einmal Willkommen, trotz ihrer Aussage vor der Wahl, niemals. Beck steht voll hinter ihr und seine Tage sind wohl jetzt auch gezählt. Eine SPD Landtagsabgeordnete Metzger weigert sich, ihr seine Stimme zu geben, also soll sie verschwinden, ja, sogar ein Rausschmiss aus der Partei wurde erwähnt.
Jetzt hat sie sich bereit erklärt, ihr Mandat freiwillig zu Räumen, welcher Diel steht wohl dahinter, ein sehr gut bezahlter Posten, oder?? So sieht Politik in Deutschland aus.
Erpressung, Einschüchterung, dass ist Demokratie in Deutschland und die Hochnäsigkeit, Arroganz und Abgebrühtheiten sind nach wie vor ungebrochen.

Auch haben die Länder mit Ihren Landesbanken mehr Unheil angerichtet als man es sich je Erträumen konnte. Es wurde über Jahrzehnte gezockt was das Zeug hält, nebenbei wurde auch noch alles verscherbelt was nicht Niet und Nagelfest war. Wohnungen, Immobilen, Verwaltungsgebäude, Fuhrparks, Wasserwerke, Rathäuser, Stromanbieter usw. ja sogar Kanalisationen wurden verscherbelt und zurückgemietet. Mehr als verbrannte Erde wurde hinterlassen und keiner aber auch wirklich keiner wurde bis heute zur Verantwortung gezogen.

In Nordrhein-Westfalen werden die Landesabgeordneten mit 9633,00 Euro pro Monat entlohnt, Teilzeitbeschäftigung, aber es wird ausdrücklich betont, dass keine Kostenpauschale bezahlt wird.

Nach den Landtagswahlen im Saarland, Brandenburg und Thüringen, kann man mehr als deutlich ablesen, zu was unsere Landespolitiker fähig sind, nur um an der Macht zu bleiben. So gibt es jetzt in Brandenburg eine rot, rot Regierung, die SPD bekam mal gerade 17,9 % der Stimmen, die Linken 28,5% und wer wird Ministerpräsident, natürlich Matthias Platzeck SPD. Auch diesen Mann habe ich in Buch eins eindeutig beschrieben und seine Karriere als nicht nachvollziehbar beschrieben. (Stolpe) lässt Grüßen. Auch ist erwiesen das, dass Parlament und die Verwaltungen in Brandenburg voll mit ehemaligen Stasileuten sind. Aufräumen Fehlanzeige, warum auch, denn Stolpe kam ja aus der selben Ecke. Auch in Thüringen ist man einen Kuhhandel eingegangen und im Saarland ist es noch schlimmer gekommen, CDU, FDP und die Grünen, ich habe keine Worte mehr, mir hat es die Sprache geraubt, Schimmer kann es nicht mehr kommen.
Oder Baden-Württemberg, der Ministerpräsident Oettinger, man legt ihm nahe, seinen Posten zu räumen, um Kommissar der EU zu werden, fragt sich nur, wer freut sich mehr, Baden-Württemberg oder die EU. Dieser Mann ist und war überhaupt nicht mehr tragbar und die EU wird wohl seine Freude haben.

Hier noch eine Posse der Grünen, der Oberbürgermeister von Tübingen will die Busfahrten in Tübingen zum Nulltarif einführen. Nur das, dass ganze über eine Verkehrsabgabe finanziert werden soll, steht nur im Kleingedrucktem, also Radfahrer, Fußgänger, Autofahrer usw. sollen den ganzen Quatsch finanzieren. Auch über eine Stadtmaut denkt dieser Mann nach und so einer wird Oberbürgermeister. Ob die Tübinger Bürger überhaupt hinter die Kulissen geschaut haben, dürfte wohl mehr als angezweifelt werden.

Auch bei den anderen Ländern oder Städte nehmen die hochkriminellen Machenschaften kein Ende, so beim U-Bahnbau in Köln, auch hier Skandale über Skandale, dort wurde noch geklaut bis zum geht nicht mehr, so dass die Sicherheit mehr als gefährdet war (Häusereinsturz usw. usw.) und die Kosten sind schon lange aus dem Ruder gelaufen. Verhaftungen und Anklagen, wie zu erwarten, Fehlanzeige.
Jetzt will Köln eine Bettensteuer einführen, nachdem man schon vor einigen Jahren eine Sexsteuer erhoben hat und dieses sogar ohne gesetzliche Grundlage, was man jetzt nachholen will. Oder das Milliarden Monopoly um Sal Oppenheim, Esch (schon mehrmals in Buch eins erwähnt) dem Ex Bürgermeister Schramm und natürlich die Sparkasse Köln-Bonn, ein Krimi erster Güte, wenn nicht einer der Größten unter den Deutschen Städten. Die Staatsanwaltschaft ermittelt, aber wie man aus der Vergangenheit weis, alles umsonst. Denn die Verfilzungen und Verfechtungen lassen ordentliche Juristenarbeit überhaupt nicht zu. Die Kriminalität in Köln kann sich sehen lassen, Das Nachtleben ist schon seit langem in Ausländischer Hand und Geldwäsche ist an der Tagesordnung, hier sollte man mal nachschauen, aber nein, es ist bedeutend einfacher den Deutschen an den Pranger zu stellen, als die Hochkriminellen zu belangen. Bonn, ungeheuerlich aber wahr, hier sollen Prostituierte an umgebauten Parkscheinautomaten Tickets ziehen um ihrer Steuerpflicht nachzukommen.

Oder Hamburg die Elbphilharmonie, geplante Kosten 2003 ca. 40 Millionen 2008 waren schon Kosten von über 500 Millionen angelaufen und zur angeblichen Fertigstellung 2010 wird es wohl weit über 550 Millionen sein. Und das ganze bei einem Vertragsvolumen von über 2000 Seiten, auch das kennen wir schon aus der Vergangenheit (Mautkonsortium), hier waren es mal eben 17 000 Seiten. Alles Papier für den Papierkorb und dann wundern wir uns, warum die sogenannten Berater und der Regierung nahe stehende Rechtsanwälte immer Reicher werden und das die Städte Pleite sind.
Nun haben wir neue Zahlen zur Elbphilharmonie in Hamburg, immer noch im Bau und die Kosten beziffern sich schon jetzt auf fast 800 Millionen Euro, von 40 auf 800, dass 20 Fache der ersten Preisvorstellung. Das dürfte sich wohl in die Rekortliste der Verschwendung einreihen. Sie sehen,

Geld spielt keine Rolle, der Bürger zahlt es ja ohne Murren und Aufstand. Tarnen Täuschen und Tricksen gehört auch hier zum Alltag. Genau so wie in vielen anderen Städten und Ländern in Deutschland. Also, sieht man sich die Länder, Städte und die meisten Gemeinden etwas näher an, so kann man nur zu einem Ergebnis kommen, <u>griechische Verhältnisse</u>, wenn nicht noch schlimmer.

Und in der Steuerpolitik sind die Kommunen nicht zu übertreffen, neben den oben genannten Steuern gibt es noch die Luftsteuer, Blaulichtsteuer und die Solariumsteuer, sogar eine Regenabgabe wird verlangt usw. usw.

In Sachsen hat man für die Planung einer Straßenerneuerung bis heute <u>16 Jahre</u> gebraucht und nach Aussagen der zuständigen Verwaltung ist dieses Verfahren noch immer nicht abgeschlossen. Millionen sind in Planungen und Flickarbeiten schon versenkt worden und weitere Millionen werden wohl folgen. Zweispurig oder Vierspurig ist die Frage. Die Landesregierung will Vierspurig und dann erst die Gelder locker machen. Aber da gibt es noch eine Behörde deren Boss eine Zweispurige will, mit der Begründung, mit einer Vierspurigen gut ausgebauten Straße zieht man mehr Autofahrer an.
Ich habe und hatte mit meinen Behauptungen also mehr als Recht, man will überhaupt keine gute Infrastruktur, sondern Rückbau und vergammeln der Verkehrswege ist angesagt und dieses Verhalten kostet Milliarden, mehr als ein Skandal oder Schildbürgerstreich. Solche Leute gehören in den Knast und nicht in die Verwaltung.

Und wieder die Grünen, der angehende Baden Württembergische Ministerpräsident Winfried Kretschmann (Grüner) wettert gegen die Autoindustrie, weniger Fahrzeuge sollen Produziert werden und auch der Export soll eingeschränkt werden. Er empfiehlt unter anderem Laufen und Fahrradfahrern. Ich war und bin immer der Meinung gewesen, dass die Grünen unser Land Ruinieren wollen, braucht man noch mehr Beweise, ich Glaube nein, zumal Baden Württemberg ein Autoland ist und sehr viele Arbeitsplätze gerade daran hängen.
Keine neuen Straßen sollen mehr gebaut werden, wo ist Mercedes, Porsche und Bosch, haben die vor diesen Politikern schon kapituliert, oder was ist nur los in unserem Lande. So hält Kretschmann eine Rede zur 125 Jahr Feier bei Bosch. Ich hätte ihn überhaupt nicht eingeladen, seine Thesen vertritt er nach wie vor und die anwesenden Personen klatschen sogar noch Beifall, also ich habe keine Worte mehr und kann über deren Reaktionen nur noch den Kopf schütteln.
Auch in der Bildungspolitik werden Veränderungen angekündigt, wahrscheinlich wie in Berlin von Renate Künast keine Gymnasien mehr. Wie schon beschrieben alles in einen Topf. Und das nennt man Fortschritt, nein es ist ein Weg in die Steinzeit und nichts anderes. Auch Steuererhöhungen sind schon geplant.
<u>Ökologie und Ökonomie geht vor dem Wohlstand der Bevölkerung</u>, Wachstum der Wirtschaft ist bei diesem Herrn ein Schimpfwort und die herkömmlichen erfolgreichen Industrien sollen in Grüne Industrien umgewandelt werden. Hier kann man eindeutig Erkennen wie dieser Mann tickt und es ist mir unbegreiflich wie man so etwas überhaupt Wählen kann. Aber bei der deutschen Bevölkerung wundert mich überhaupt nichts mehr. Auch er, wie viele andere Grünen kommt er aus der kommunistischen Ecke (KBW) und das werden die Bürger von Baden-Württemberg noch zu Spüren bekommen. Wie sein Freund Seehofer fordert auch er eine PKW Maut, ja auch bei den Grünen geht es nur ums Abkassieren. Ich habe schon seit langem behauptet, dass Seehofer ein Grüner ist und wie er in die CSU gekommen ist und sogar Ministerpräsident von Bayern werden konnte ist mir nach wie vor ein Rätsel.
Als erstes würde ich dem angehenden Ministerpräsidenten Kretschmann einen Dienstwagen Verweigern und ihn zu Fuß laufen lassen, aber weit gefehlt, der <u>Grüne Ministerpräsident lässt sich</u>

mit dem Hubschrauber nach Lübeck fliegen und seine Staatskarosse leer nachkommen. Na, was sagt man dazu, da soll einem nicht die Spucke im Hals hängen bleiben.
Nun ja, nach Oettinger und Mappus konnte es überhaupt kein anderes Wahlergebnis geben, denn Leute wie Lothar Spät hat wohl nicht mehr.
Und dann noch die unbegreiflichen Ankäufe der letzten Regierung. Ende 2010, also mitten in der Krise hat das Land mal eben für 4,7 Milliarden Euro 45% der Aktien von dem Energieversorger EnBW übernommen und auf das große Geschäft gehofft, nach dem Ausstieg aus der Atomindustrie macht diese Unternehmen jetzt riesige Verluste und keiner übernimmt die Verantwortung, sogar die Gerichte lehnen bis jetzt jegliche Ermittlungsverfahren ab. Auch hier war die Investmentbank Morgen Stanley als Berater tätig und der der ehemalige Ministerpräsident Mappus ist jetzt bei dem Pharmakonzern Merk beschäftigt. Kaum aus dem Amt und schon einen sehr lukratives Posten in der Wirtschaft, was wirklich nicht mehr zu Ertragen ist. Er und sein früherer Finanzminister Stächele heute Landtagspräsident, haben Milliarden verzockt und alles bleibt, wie so oft ohne Folgen.
Jetzt hat Herr Stächele seinen Rücktritt als Landtagspräsident angekündigt, mal sehen wo wir ihn wieder finden.
Jetzt 2012 hat sich endlich die Justiz eingeschaltet, der öffentliche Druck war wohl doch zu hoch, wir werden sehen, heraus kommt auch hier wohl nur Luft.

Ein weiterer Skandal, dass immer mehr Länder dazu übergehen, 16 jährige wählen zu lassen, hier wird Unwissenheit und Beeinflussbarkeit in einer nicht erträglicher Weise ausgenutzt. Erinnern wir uns an Berlin, dort wollte eine Senatorin sogar alle zur Wahlurne rufen, ja alle, Baby usw. Also was hier geschieht ist Wahltaktik und nichts anderes, egal woher die Stimmen kommen. Als nächstes werden wohl auch die illegal hier lebenden zu Wahlurne gerufen.

Überhaupt, was die Länder und Städte sich alles Einfallen lassen und an Gelder zu kommen ist schon mehr als fraglich, so gibt es mittlerweile unter anderem schon eine Pinkelpolizei, Mülltonnenpolizei usw. usw. Abkassieren, Abkassieren ist die Losung.

Und jetzt hat man sich geeinigt die Skandalbank West LB doch zu zerschlagen, was dabei auf den Steuerzahler in NRW und dem Bund noch zukommt ist mal wieder Astronomisch. Alleine die Bad Bank hält noch faule Papiere von weit über 100 Milliarden Euro. Auch die Abwicklung wird Unsummen verschlingen, Tausende von Mitarbeitern sollen in den Genuss von Abfindungen und Altersversorgung kommen, diese Zahlungen werden und können wohl nicht von der Bank erbracht werden, also muss auch hier der Steuerzahler mal wieder ran. Auch der Bund hat in der Vergangenheit schon Milliarden in diese Bank gepumpt, obwohl diese Bank schon seit Jahrzehnten von einem Skandal in den anderen schlitterte. Wie sie sehen alles wurde und wird an die Wand gefahren. Die Landesbanken sind einer der Hauptschuldigen an der ganzen Miesere in Deutschland und diese gehören, mit Verlaub gesagt alle in die Mülltonne.
Einen neuen Namen für die WestLB hat man schon, ab 2.7.2012 heißt diese Portigon AG. Die Abwicklung soll weit über 15 Milliarden kosten und für bestimmte Personen soll eine
Halteprämie von einem Jahresgehalt gezahlt werden, aber ganz bestimmt nur an sorgfältig ausgewählte Mitarbeiter. (das Parteibuch dürfte hier wohl eine wichtige Rolle spielen). Halteprämie ein ganz neuer Begriff, Massenentlassungen und dann noch Halteprämien wie passt das zusammen????

Die Beamtenwillkür kostet den Steuerzahler Milliarden und obwohl wir an Beamten mehr als überversorgt sind, locken einige Bundesländer neuerdings mit einer sogenannten Buschzulage um Beamte aus anderen Bundesländern abzuwerben. 1,9 Millionen Beamte, mehr als Köln und

Düsseldorf Einwohner hat und dann das, auch hier haben wir mehr als griechische Verhältnisse, man kann es wirklich nicht oft genug erwähnen, denn es ist so und nicht anders.

Und jetzt hat auch Stuttgart einen Grünen Oberbürgermeister, ich verstehe die Welt nicht mehr.

Jahrhunderte hat Deutschland unter der Kleinstaatlichkeit gelitten und was haben wir heute: die Städte werden von den Grafen regiert, die Regierungsbezirke (nicht gewählt), von den Fürsten und die Länder von den Königen und der Bund, diesen Titel überlasse ich Ihnen. Für alle hätte ich andere Begriffe, aber lassen wir das mal. Bei dieser Kleinstaaterei überhaupt von Europa zu reden ist für mich überhaupt nicht nachvollziehbar sondern unbegreiflich.
Sie sehen, nicht nur beim Bund läuft alles aus dem Ruder, sondern in den Städten, Ländern und Gemeinden immer wieder das selbe unerträgliche Spiel. Grauenhaft und in keiner Weise zu akzeptieren.
Korruption, Seilschaften und Vetternwirtschaft gehört zur Tagesordnung, Vorstände die in Betrieben der Länder, Städte und Gemeinden beschäftigt sind, erhalten Gehälter die ihrem Können und den Leistungen mehr als widersprechen, es werden sogar Prämien bezahlt, obwohl in manchen Fällen Misswirtschaft mehr als vorhanden ist.

Eine drastische Reduzierung der Bundesländer ist mehr als Überfällig, denn wir haben Länder die absolut keine Existenzberechtigung haben, denn die hängen seit Jahrzehnten am Tropf des Bundes und des Länderfinanzausgleiches und kosten dem Steuerzahler Milliarden. Und wenn man sieht, welchen Verwaltungsaufwand gerade diese Länder pflegen, so kann man sehen, was für ein Wahnsinn das ist. Beispiel Bremen und Bremerhaven: gerade mal so groß wie Köln, aber fast alle Behörden doppelt, Polizei, Staatsschutz usw. usw.

Unter anderem hat auch Thüringen 2014 gewählt und hier bahnt sich das an, was ich immer schon vermutet habe, ein Linker soll Ministerpräsident werden und das mit Hilfe der Koalitionspartner SPD und den Grünen, also haben sich die Kommunisten doch gefunden.

Kapitel EU

Auch in der EU hat sich nichts zum Guten geändert, es wird gelogen und betrogen, so haben sich einig Abgeordnete mal wieder Parlamentsgelder unter den Nagel gerissen ohne die Auszahlungen an angebliche Mitarbeiter überhaupt ordnungsgemäß Belegen zu können. Ja, in einigen Fällen wird sogar schon von Betrug gesprochen. Auch bei den Reiseabrechnungen ist alles so geblieben wie gehabt. Aus der Medienlandschaft verschwunden und so kann man die alten Gepflogenheiten wieder Hegen und Pflegen. Trotz des scharfen Protestes des EU-Rechnungshofes lockert der Präsident des Parlamentes, (Hans Gert Pöttering CDU) die Vorschriften in Punkto Abrechnungen, statt Quittungen reichen jetzt einfache Beleglisten aus. Also wird weiter betrogen und abkassiert ohne rechtliche Schritte zu Befürchten, denn man sitzt, wie schon so oft erwähnt, in einem Boot und da wäscht eine Hand die andere.
Es werden nach wie vor Familienangehörige als Mitarbeiter deklariert und die Aufgeflogenen erscheinen nur in geheimen Dossier und kann nur von den Parlamentariern in geschützten Datenräumen eingesehen werden. Abschottung ist nach den damaligen Affären aus 1998 oberstes Gebot.

Ein Teil der EU Abgeordneten Tagen zum Thema Armutsbekämpfung auf der Karibikinsel Barbados, Kosten fast eine halbe Millionen EURO. Kommissare befördern ihre Liebschaften, auch sollen bei den Stellenvergaben schöne Osteuropäische Frauen bevorzugt werden, also, der Einfallsreichtum kennt keine Grenzen.

Den Prüfern wurden Gehaltsaufbesserungen und Sonderleistungen beschert, sodass man jetzt davon ausgehen kann, dass keiner aber auch keiner mehr den Mund aufmacht.

Und das Tricksen geht unvermindert weiter, so hat man eine weiter Abzocke und Abkassiermethode entwickelt, (den Luxemburger Pensionsfonds), ein Privater Luxemburger Verein wurde gegründet, dem viele Abgeordneten beigetreten sind. Fast alle Parteiangehörigen sind vertreten, ganz besonders die SPD, die Linken und natürlich die Grünen. Was an der ganzen Angelegenheit aber mehr als stinkt, ist, dass die Beiträge zu zweidrittel vom Steuerzahler finanziert werden. Jahrelang wurde die Existenz dieses Fonds mehr als verschwiegen.

Auch in Punkto Postenverteilung sind die Eurokraten einfach Spitze, so verfügt das Europaparlament neben dem Präsidenten über die sagenhafte Anzahl von nicht weniger als _____ 14 Vizepräsidenten, also mir hat es die Sprache verschlagen.
Und die Kommissare der EU haben immer noch Schikanen auf Ihre Fahnen geschrieben. So will der Verkehrskommissar den LKW Verkehr mit weiteren Kosten Belegen, dass ganze soll sich dann Öko-Maut nennen. Also neben der Maut noch eine Öko-Maut.

Stoiber geht zur EU um die Bürokratie abzubauen, ohne Gehalt, wie er sagt, aber Spesen. Wie hoch diese sein werden, kann man nur erahnen, ganz bestimmt aber in der Höhe seines Ministerpräsidenten Gehalts. Also man erfindet immer wieder Posten um Expolitiker nicht in die Leere fallen zu lassen.

Auch bei den Anwesenheitslisten wird wieder betrogen bis zum geht nicht mehr, RTL wollte das im Mai 2008 mal überprüfen, man hatte eine Drehgenehmigung und begab sich in den Raum wo die Anwesenheit eingetragen wird. An einem Freitag um 7 Uhr morgens stand man schon Schlange, abreisefertig mit Koffern usw. um sich für die, an diesem Tag geplante Sitzungen Einzutragen und Abzukassieren. Obwohl niemand überhaupt daran teilnehmen wollte. Es war ein Bild zum Weinen. Teilweise die Kamera entdeckt und Fluchtversuche, die aber Gott sei Dank in einzelnen Fällen verhindert werden konnten. So auch bei einer deutschen Europa-Abgeordneten von den Grünen. Die Gefahr wurde schnell erkannt und dem Fernsehteam wurde umgehend die Dreherlaubnis entzogen und die Fernsehleute des Hauses verwiesen.

Erinnern wir uns an die Europäische Verfassung, seinerzeit an Holland und Frankreich mit Recht gescheitert, Frankreich hat mal eben den Volksentscheid aufgehoben und aus der europäischen Verfassung hat man einen Reformvertrag gemacht, für wie Dumm hält man die Bevölkerungen? Am 23.5.2008 wurde hier in Deutschland dieser Vertrag an einem Tag durchgeboxt, Parlament und Bundesrat stimmten ohne wenn und aber zu. Wenn man dann überhaupt noch das Wort Demokratie in den Mund nimmt, so kann man wirklich von Verarschung in schlimmster Form sprechen.

Freitag den 13.6.2008, in allen Ländern wurde die Abstimmung zum Reformvertrag (früher europäische Verfassung) dem Volke entzogen, nur ein Land blieb übrig und zwar Irland und die stimmten mit einem klaren nein, gut so. Was jetzt, Ihr Antidemokraten??? Frankreich und Holland hat man in die Knie gezwungen, wird es jetzt mit Irland wiederholt!

Und schon wieder kommt unsagbares aus der EU, so hat das EU-Parlament ein Papier Verabschiedet, was die Werbung der Autoindustrie anbelangt, so soll ein fünftel der Anzeigen nur über die Emission der Fahrzeuge Auskunft geben, genau wie bei der Zigarettenwerbung. Über Jahrzehnte hat man unter anderem auf die Autoindustrie eingeschlagen, ich kann nur hoffen, dass es diesen Bürokraten mal richtig Leid tun wird.

Jetzt haben wir den Zusammenbruch der Wirtschaft und unter anderem auch der, der Autoindustrie, ob die überhaupt gemerkt haben, dass hier eine gewisse Mitschuld auch bei diesen regulierungswütigen Beamten zu suchen ist! Man sollte diese mit in die Verantwortung einbeziehen, genauso wie unsere Politiker.

Wie verrückt es in den Verwaltungen der EU zugeht kann man am besten mit dem neuen Streit über die detaillierten Qualitätsnormen für Obst und Gemüse beschreiben.
Über Jahrzehnte wurde vorgeschrieben wie ein Apfel oder Banane auszusehen hat, jetzt endlich hat man erkannt wie paradox diese Verordnungen waren und will diese nun doch rückgängig machen. 2007 unter dem Vorsitz des Agrarrates von unserem Landwirtschaftsminister Horst Seehofer aber abgelehnt und auf alte Verordnungen bestanden. Ist Seehofer ein Populist, ja und zwar in schlimmster Form. Die EU will sich aber durchsetzen und dann darf wohl auch die Gurke wieder so wachsen, wie die Natur es vorgesehen hat.

Und im Juli 2009 verhängt die EU Strafen gegen die Gasanbieter im Milliardenbereich, Preisabsprachen usw. Nun ja, der Verbraucher wurde abgezockt und wer streicht die Gelder ein, natürlich die EU und nicht der geprellte Verbraucher. So sieht Politik aus, eine Schweinerei sondergleichen.

Und es hört nicht auf, ab September 2009 sollen Glühbirnen verboten werden und diese durch angebliche Sparlampen ersetzt werden. Nicht nur, dass bei den Sparlampen die Lebensdauer viel zu hoch angesetzt wird, sondern diese auch sehr gefährlich sein können (Quecksilber), gesundheitsschädlich bis zum geht nicht mehr. Auch nimmt die Lichtquelle jegliche Gemütlichkeit aus den Räumen und Fachleute sprechen schon heute von Gemütskrankheiten im großen Stiel. Teure Kronleuchter und wertvolle Lampen kann man dann wohl in die Mülltonne schmeißen, was haben diese Schwachköpfe sich wohl dabei gedacht!!!
Übrigens, von Sparlampe keine Spur, sondern die Industrie schraubte die Lebensdauer der alten Birnen derart herunter, sodass man überhaupt von Sparlampe sprechen konnte. Beweis: ich habe 2 Wohnzimmer, in dem einem sind noch Birnen aus Mitte der 80er Jahre und Brennen heute noch, im 2. Wohnzimmer wurde ein neuer Kronleuchter Ende der 90er installiert und hier wurde die Lebensdauer der Birnen von Jahr zu Jahr immer kürzer, ab 2010 gingen diese teilweise schon nach Tagen kaputt. Es ist kein Geheimnis mehr, dass viele Unternehmen, nicht nur die Glühbirnenindustrie das Verfalldatum absichtlich in der Fertigung einplanen.
Natürlich wird hier bei der Diskussion immer wieder die EU als Urheber angeführt, aber ohne unserer Politiker und deren Segen wäre diese blöde Verordnung nie zustande gekommen. Auch wehrt sich die EU gegen diese Behauptungen und sagt klar und deutlich, dass dieses eine reine Nationale Aufgabe und Entscheidung sei. Auch hier wurde die Bevölkerung mehr als hinters Licht geführt und der Glühbirnenindustrie ein Milliardengeschäft zu geschanzt.

Wenn man überlegt wer alles Geld aus dem EU Topf bekommt kann man sich nur Fragen, sind die noch ganz klar im Kopf. Korrupte Länder werden nur so mit Geld überhäuft, oder die Türkei, jeder weis, dass die Türkei nach dem Willen der Europäischen Bevölkerung nie Mitglied werden darf, bekommt Vorbeitrittsbeihilfen von 500 Millionen EURO.

Es wird immer noch von ca. 30 000 EU Beamten gesprochen und das schon seit über 20 Jahren, trotz Erweiterung auf 27 Staaten. Verfährt man hier wie bei der Bundesrepublik, Verwaltungen Auslagern, sodass der wirkliche Personalbestand geschönt werden kann, ganz bestimmt. Hier handelt es sich einwandfrei um einen undurchschaubaren Politkoloss, undemokratisch noch dazu und überhaupt nicht mehr Finanzierbar. Über 80 000 Seiten Gesetzestext sagt mehr als genug.

Jetzt im September 2009 hat man sich mal wieder auf Jose Manuel Barroso als Präsident der Europäischen Kommission geeinigt. Seine Vorgeschichte habe ich in Buch eins ausführlich erläutert, für mich absolut untragbar für diesen Posten, denn er wechselt seine Einstellungen und Ideale wie andere sauberen Menschen ihre Unterwäsche. (ehemaliger Maoist). Alleine die europäische Kommission wird jetzt von allen 27 Mitgliedsländern besetzt, dass Übersetzungspersonal nimmt Ausmaße an, was jeden vernünftigen Rahmen sprengen dürfte, das Parlament wird auch um die dementsprechenden Abgeordneten erweitert. Auch plant man ein Amt für Außen und Sicherheitspolitik mit nicht weniger als 8000 Stellen im Diplomatischen Dienst. Kluge und populäre Persönlichkeiten haben in der EU nichts zu suchen und werden sofort aussortiert, Schrott und Willige können auf eine steile Karriere hoffen.
Jetzt schickt man Oettinger (noch Ministerpräsident von Baden-Württemberg) mit größter Wahrscheinlichkeit nach Brüssel, ein Nachfolger ist schon bestimmt und Frau Merkel wird sich freuen. Also wird diese Behörde noch undurchsichtiger und uneffektiver, Bürgerfeindlicher und Korrupter als alle Vorgänger.

Auch die Klimapolitik der EU wird sehr teuer, so warnt der Chef des Umweltprogramms der UNO (Achim Steiner) wenn kurzfristig keine Milliarden Zusagen für die Entwicklungsländer kommen, dann könnte der nächste Klimagipfel in Kopenhagen scheitern. Also mit anderen Worten, wir sollen die Kosten der Klimapolitik der anderen Länder tragen.

Wie gut die Kommissare der EU sind, kann man eindeutig an der Ernennung unseres ehemaligen Ministerpräsidenten von Baden Württemberg (Oettinger) ablesen. Als Ministerpräsident mehr als fraglich und seine Antrittsrede bei der EU konnte man feststellen, dass er obendrein noch ein Sprachgenie ist, er hielt eine Reede auf englisch und keiner verstand auch nur ein Wort. Natürlich wollte man ihn loswerden, aber was für eine Blamage für Deutschland. Also haben wir jetzt 2 neue Spitzenleute in der EU, neben Stoiber jetzt noch Oettinger von den anderen ganz zu Schweigen.
Auch hier geht die Geldverschwendung munter weiter, so werden Kinder der Beamten auf kosten der Steuerzahler in Skiferien geschickt, 2009 fielen Kosten von fast 100 000 EURO an. Ja, sogar Spitzenverdiener können sich bedienen, eine Schweinerei sondergleichen.

Jetzt hat die EU beschlossen, 3 weitere Behörden zu installieren um die Banken besser Kontrollieren zu können, ich wiederhole 3 neue Behörden. Anstatt den Behördenwahn einzuschränken kommen weitere hinzu. Wie ich schon öfters erwähnt habe, ist dieser Irrsinn überhaupt nicht mehr finanzierbar und das Spiel geht unvermindert weiter.
Ja, sogar eine EU-Steuer im Gespräch und Herr Barroso will EU Anleihen herausgeben. Wie sie sehen, dass Wasser steht auch denen bis zum Hals und dann diese verrückte Aufstockung der Verwaltungen.

Und auch die Ex-Kommissare machen ihr Wissen nach wie vor zu Geld. Bangemann machte seinerzeit den Anfang, viele fanden es Skandalös und Heute, der von mir sehr oft genannte _ Günter Verheugen bis Februar 2010 noch in Verantwortung für Unternehmen und Industrie gründete nach seinem Ausscheiden sofort die Firma (The European Experience Company) und berät jetzt die Firmen in dem Bereich wofür er früher tätig war. Also, wird hier das angesammelt Wissen mal eben vergoldet. Auch einige anderen EU Kommissare aus den anderen EU Staaten verfahren ähnlich, ein Skandal nach dem anderen. Straßburg existiert als zweite EU Hochburg immer noch, obwohl völlig überflüssig.

Und schon wieder meldet sich die EU zum Rauchverbot, der Gesundheitskommissar John Dalli (Malteser) will die Zigaretten unter die Ladentische verbannen und weitere Sanktionen der Zigarettenindustrie aufbürden. Seinerzeit wegen Korruptionsvorwürfe in Malta zurückgetreten und jetzt EU-Kommissar.

Überhaupt wer kennt die unzähligen Präsidenten, Vizepräsidenten, Kommissare, Generaldirektoren, Direktoren, Ausschussvorsitzende usw. usw., keiner und ich bin mir sicher, dass noch nicht einmal die Europaabgeordneten hier einen Durchblick haben.
Über die Verwaltungsgebäuden habe ich mich in Buch eins ausführlich geäußert, an Wahnsinn überhaupt nicht mehr zu Übertreffen.
Beschlüsse werden ohne Rücksicht auf die Bevölkerung gefasst, alles geschieht hinter verschlossenen Türen, sodass man von einer Diktatur und Entmündigung der Bürger Sprechen kann.

Auch Größenwahn wird in der EU mehr als groß geschrieben, immer neue Länder kommen hinzu, obwohl deren Beitritt mehr als fraglich ist, ja sogar den Beitrittskriterien mehr als widersprechen, Beispiel: Bulgarien, Rumänien, Slowenien usw. usw.
Hier entstehen Kosten die man kaum beziffern kann, hinzu kommt, dass der innere Friede und die Kriminalität Ausmaße annehmen wird, wie wir noch bitter Erfahren werden. Überhaupt mischt sich die EU schon seit langem in die Persönlichkeitsrechte der Bürger in unverfrorener Weise ein, auch hier einige Beispiele: Essen, Rauchen, Trinken, Glühbirnen, Tempolimit usw. usw.

Wie die Verwaltungswut ausgeufert ist, kann man am besten ersehen aus der Normenwut der Eurokraten, weit über 150 000 Seiten sollen es sein und obwohl kaum jemand den ganzen Blödsinn genau kennt, sind es rechtsverbindliche Verordnungen, oder besser gesagt Gesetze, die alles regelt und keinen Freiraum mehr zu lässt.
Das ganze System der Eurokraten ist ein ganz großer Schritt rückwärts, genau genommen kann man sagen, Diktatorisch kommen wir dem 19. Jahrhundert immer näher, obwohl wir im 21. Jahrhundert sind.

Auch in der Griechenland Affäre mischt die EU fleißig mit, nach deren Willen sollen die Maastricht -Verträge ausgehebelt werden. Die Satzung besagt, dass kein europäisches Land für die Schulden anderer Aufkommen oder Haften muss. Diese Satzung wurde sogar als unantastbar Deklariert. Jetzt kommt Jean Claude Junker Präsident der EURO-GRUPPE ins Spiel, er sieht kein Problem darin, die Verträge mal eben zu ändern um der EFSF (European Financial Stability Facility), erst 2010 gegründet für den Rettungsschirm von 750 Milliarden EURO) die Möglichkeit zu geben Euro-Anleihen auf den Markt zu schmeißen. Billionen an Garantien sind schon geflossen und dann das. Haften müssen dann alle EU-Staaten und ganz besonders Deutschland (ca. 30%), haben auch die noch alle Tassen im Schrank. Ich Glaube nein. Wir werden noch sehen, was aus dieser Unbegreiflichen Sache wird.

Und jetzt, halten sie sich fest, sollen doch allen ernstes, EU-Beamte nach Griechenland geschickt werden um den Verkauf von Staatseigentum zu verhökern und das nach dem Vorbild der deutschen Treuhand. (unsere Treuhand) hat mit dem Verkauf Ostdeutscher Werte mal eben 340 Milliarden Schulden gemacht, ich bin sprachlos.

Nicht zu Fassen aber Wahr, die EU hat heute am 24.6.2011 beschlossen, dass ab 2013 Kroatien EU Mitglied wird, Also Ausdehnen und nochmals Ausdehnen.

Auch die EU hat die Plagiatsaffäre erreicht, alleine 2 von der FDP, Silvana Koch-Mehrin und Jorgo Chatzimarkakis. Abtreten nein, wo denkt man denn hin, Frau Koch-Mehrin gibt ihren Sitz im Europaparlament keineswegs auf, sondern lässt sich noch zum Vollmitglied des Forschungsausschusses des Europaparlament wählen. Wie man sieht, auch hier nur noch Seilschaften.

Ein weiterer Versuch um abzukassieren, so plant der Kommissionspräsident Jose Manuel Barroso eine EU-Finanztransaktionssteuer und eine EU-Mehrwertsteuer, Hilfe kommt von unserem EU-Kommissar Günther Oettinger, nun ja, von diesem Schwätzer hatte ich auch nichts anderes erwartet, er spricht sogar von Sparsamkeit und Wirtschaftlichkeit, dieser Mann gilt für mich schon seit langem als unberechenbar und sehr gefährlich. Wie konnte man diesen Mann nur nach Brüssel schicken, aber wenn man genauer hinschaut, so haben wir mehr Oettinger dort, als jedem lieb sein kann. Überhaupt liefert die EU einen Horrorfilm nach dem anderen. Also, neben den Nationalen Steuern jetzt die EU-Steuern. Bis Dato wurden wir verschont, aber wie lange noch?

Jetzt kommt man endlich mal an etwas genauere Zahlen der Mitarbeiter in der EU, vor Jahren war von 30 000 die Rede und jetzt 2011 sind es schon 60 000. Also verdoppelt und wenn man noch die Versteckten hinzuzählt, so kommen wohl noch einige Zehn- Tausende hinzu. Nicht zu vergessen, die Heere von Beratern usw. usw. Alles wie in Deutschland, nur noch einen Zacken schärfer. Wie schon öfters erwähnt, nicht zu Bezahlen.

Und den Namen Oettinger kann ich nicht mehr Ertragen, täglich kommen neue Kommentare und Forderungen aus seinem Munde, will dieser Mann sich Rächen für seinen Abgang aus Baden-Württemberg, oder was ist hier los????

Jetzt hat endlich mal einer den Mund aufgemacht, ein polnischer EU Abgeordneter findet mit Recht seine Entlohnung als viel zu hoch. Er verdient das doppelte als sein Staatspräsident und das für zwei Sitzungen im Monat und drei Tage in den Kommissionen. Nehmen wir alle Zahlungen zusammen, die ein Abgeordneter einstecken kann, (Grundeinkommen 7009 EURO, Tagesgeld 274 EURO, Reisespesen, Mitarbeitergeld 12000 EURO, Sitzungsgeld und Anwesenheitsprämie, dann käme diese Mann wohl auf das 5 bis 6 Fache seines Staatspräsidenten. Hier werden die Abgeordneten mit Geld nur so überhäuft um diese zum Schweigen oder Stillhalten zu Bewegen. Beweise dafür gibt es leider mehr als genug. Bei dieser Tätigkeit kann man ohne weiteres Nebentätigkeiten ausüben, denn ca. 5 Arbeitstage im Monat lässt mehr als Freiraum übrig. So arbeiten sehr viele noch als Lobbyist und Verdienen dabei noch ein Schweinegeld. Also, haben viele dieser Damen und Herren eine Gelddruckmaschine die ihres Gleichen sucht. Auch an diesen Machenschaften wird Europa Scheitern und auch hier ist der Vergleich, griechische Verhältnisse mehr als angebracht.

Wie auch Lobbyarbeit in der EU funktioniert, kann man jetzt eindeutig an der neuen Forderung erkennen, Wasserwerke sollen privatisiert werden. Alle Wissen es und ich nehme an, auch ein Großteil der EU Politiker. Das nach der Privatisierung nur und nur Nachteile für die Bevölkerungen entstanden sind, teilweise Preiserhöhungen bis zu 400% keine Investitionen aber

Gewinngarantien, Mafiamethoden die kaum noch zu Übertreffen sein dürften und dann das. Ganz vorne steht das französische Unternehmen Violia, mittlerweile Weltweit aktiv und nach meinen Informationen nur negative Schlagzeilen. Welche Versprechungen stecken dahinter und welche Personen oder Gruppen machen sich die Taschen voll.

Auch die Autoindustrie wird in Punkto Feinstaubbelastung wieder angegriffen, kommt wohl auch aus Frankreich, denn die Luxusmarken, welche Deutschland vor dem ganz großen Absturz bewahrt hatte, dürfte den Franzosen wohl ein Dorn im Auge sein und auch hier mal wieder mehr als ein Schweigen aus Deutschland, nicht zu Fassen.

Denn welche Leute finden wir in der EU, Abgewrackte Politiker die man loswerden will, oder Abgewählte die man nicht fallen lassen kann oder will usw. usw. Also alles Drittrangig wenn überhaupt.

Die EU wird Zerbrechen, nicht nur weil man unfähig ist, sondern unfinanzierbar. Hinzu kommt noch die Unfähigkeit der Europäischen Zentralbank, Währungshüter war mal der Begriff und daraus ist das Wort Währungszerstörer geworden.

Die Unabhängigkeit ist schon lange verloren gegangen, obwohl die Bundesbänker sich gegen viele Entscheidungen wehrten und teilweise sogar ihren Job hinschmissen ist Ihr Präsident (Trichet) zum Handlanger der Politik verkommen. Genau so sieht es bei seinem aus Italien kommenden Nachfolger aus. Alles was aus dieser Ecke kommt, ist zum Scheitern verurteilt und keiner will es Wahrhaben.

Jetzt im Februar 2013 wurde der Haushalt der EU für die nächsten 7 Jahre beschlossen, fast 1 Billionen Euro und von dem was noch versteckt wird, ganz zu Schweigen.

Die Europawahl 2014 ist gelaufen und auch hier kann man ganz deutlich erkennen, wie weit wir von einer Demokratie entfernt sind, eine Partei darf man Wählen, aber die Postenverteilung obliegt ganz alleine den Parteien und den Regierungen ob einer Präsidenten, Kommissar, Direktor usw. wird. sogar die Parlamentarier, also Volksvertreter werden ganz alleine von den Parteien nach Brüssel geschickt. So und nur so kann man machen was man will, ohne das der Bürger überhaupt einen Einfluss nehmen kann. Wie wir auch aus oben genannten Ausführungen erkennen können, sind wir einer Diktatur näher als viele überhaupt Wahrnehmen.

Noch ein paar Sätze zur Geberkonferenz in Kairo am 12. Oktober 2014, Milliarden sollen für Palästina eingesammelt werden. Zuerst mal, wer hat die Verwüstungen angerichtet, Israel und wer soll unter anderem Bezahlen, natürlich Wir und die EU. Kontrollen wohin die Gelder fließen gibt es so gut wie keine, Korruption und Zweckentfremdung der Gelder gehört zum Tagesgeschäft, ja man ist noch nicht einmal sicher, dass die Gelder nicht für Terroranschläge benutzt werden. Nehmen wir mal ein paar Zahlen, so hat die EU von 2008 bis 2012 über 2 Milliarden an Finanzhilfen an Palästina überwiesen, zusätzlich noch ca. 400 Millionen aus Deutschland, also alles Steuergelder und jetzt sollen weitere Milliarden an diese Korrupte Regierung fließen ohne auch nur die geringsten Kontrollen.

Nach dem angekündigten Versuch, Staubsauger mit guter Leistung zu Verbieten, hat man jetzt auch noch den Toster im Visier. Hier jetzt mehr als deutlich zu Erkennen, was für Beamte in Brüssel sitzen. (Schreibtischfortzer).

Wenn Europa Überleben will, muss die EU Zerbrechen und völlig Neu, Kostengünstiger und Demokratischer aufgestellt werden. Punkt.

Kapitel Wirtschaft & Politik
Auch hier ab 2007

Auch in der Wirtschaftspolitik hat sich nichts zum Vorteil verändert, es ist noch viel schlimmer geworden, die Ausbeutungspolitik geht unvermindert weiter, doppelte und dreifache Besteuerung sind nach wie vor an der Tagesordnung, Erbschaftssteuer hat Tausende von Unternehmungen in den Ruin getrieben, ja, sogar große Unternehmen mussten sich in Aktiengesellschaften umwandeln um diesen wahnwitzigen Forderungen entgegen zu Wirken. Damit hat man diese zu Übernahme-Kandidaten degradiert.
Auch wurden die Wohnsitze ins Ausland verlegt um diesen für die Wirtschaft tödlichen Forderungen zu entgehen. Hier kann man sehen, wie Dumm unsere Politik ist.

Wie von mir schon lange vorhergesagt, die Immobilienblase in der USA scheint zu platzen, die Kernschmelze hat begonnen und die Katastrophe nimmt Ihren Anfang und das Ende ist noch nicht abzusehen.
Vor den Hedgefonds, Kreditderivaten usw. habe ich immer wieder gewarnt und diese in meinem Buch 1 als die schwarzen Löcher des Finanzsystems bezeichnet. Unter Rot-Grün wurden diese erst zugelassen und was man damit angerichtet hat, werden wir in den nächsten Jahren sehr schmerzhaft Erleben.

Im Jahre 2001 wurden unter dem damaligen Finanzminister Peer Steinbrück aus NRW die Staatsgarantien für Landesbanken verlängert, obwohl dieses nach EU Recht abgeschafft werden sollten. Unter dem Finanzminister Eichel wurden dann die gefährlichsten Zockerpapiere zugelassen und 2005 Deregulierungen geschaffen, was dann die Zockerei erst richtig legalisierte. Auch hier werden wir erleben, dass uns diese von der Politik eingebrockten Legalisierungen noch Kosten wird.

Juli 2007, die IKB-Bank (Deutsche Industriebank) steht kurz vor der Pleite. faule Kredite, Missmanagement usw. Nur durch schnelle Hilfe anderer Banken konnte das Schlimmste verhindert werden, auch hier mal wieder Milliarden über Milliarden und das schlimmste ist noch lange nicht überstanden. Auch die Sachsen LB wird jetzt im August 2007 mit der Summe von fast 17 Milliarden gestützt, was passiert hier. Aus dem Bankenskandal in Berlin, vor Jahren, nichts und absolut nichts gelernt, auch hier Milliarden und die Zerschlagung der Bankgesellschaft. Oder die anderen Landesbanken schlittern von einem Skandal in den anderen, auf diese werde ich mit 100% Sicherheit in Kürze zurück kommen.

Vor über 20 Jahren die Asienkrise, genau die selben Fehler, Immobilienblase, Zockermentalität der Banken, die fast den gesamten Asiatischen Raum ins Verderben stürzte, dann die Pleite der altehrwürdigen Londoner Barings Bank und jetzt kommt die Amerikanische Immobilienblase wahrscheinlich mit höchster Wucht auf uns zu. Ich habe auch hier in Buch eins mehr als Warnungen ausgesprochen, aber wie immer, alles ist ungehört geblieben. Ich hatte im 1 Buch eins schon angekündigt, falls ich nochmals ans Schreiben gehe, dann wird es mehr oder weniger wohl um die Banken gehen, denn hier sind die Abzocker (direkt hinter dem Staat) zu suchen.

Die Schäden belaufen sich mittlerweile nicht mehr im Milliardenbereich, sondern es geht schon in die Billionen, jetzt im September 2008 hat es die Lehman Brothers, eine Investmentbank in den USA erwischt, man spricht alleine hier von fast 800 Milliarden Verlust, diese Zahlen muss und sollte man sich mehr als auf der Zunge zergehen lassen, auch weitere Großbanken und Versicherungen stehen auf der Pleiteliste. Damit ist dieses Thema bei weitem noch nicht abgeschlossen, ich warte auf weitere Zahlen um wirklich Fach und Sachgerecht darauf eingehen zu können.

Seit Anfang 2009 haben wir die Abwrackprämie, auch hier mal wieder ein Eingriff des Staates in das Wirtschaftgeschehen, was bringt diese Prämie und welche Nachteile können wir erwarten. Zuerst wird die Autoindustrie wohl Jubeln, denn normale Preisnachlässe die in Krisenzeiten üblich sind, entfallen. Deutsche Marken werden wohl nur begrenzt profitieren, Dacia (Renault) Peugeot, Fiat die Japaner und Koreaner machen das ganz große Geschäft. Freuen können sich ganz besonders die Franzosen, denn die haben noch vor kurzem eine Strafsteuer von 2600 Euro auf Luxusfahrzeuge beschlossen, was ganz bestimmt unsere Luxusmarken wie Mercedes, BMW und Porsche zu spüren bekommen werden. Auch ist abzusehen, dass die Abwrackprämie wohl nur bis kurz vor oder nach den Bundestagswahl halten wird. Also, auch hier liegt der Verdacht nahe, dass es sich um eine politische Aktion handelt und nicht mehr.
Was kommt nach der Abwrackprämie, zu Hoffen ist, dass dann das Spiel des Marktes wieder greifen kann, aber die mit der unsinnigen Abwrackprämie verkauften Autos sind nun mal schon verkauft worden und hier entsteht ein Loch welches von der Politik unnötig geschaffen worden ist.
Nicht nur, dass auch hier mal wieder Betrug im Großen Stiel vorprogrammiert ist, denn der Kraftfahrzeugbrief bleibt nach der Abmeldung in den Zulassungsbehörden im Besitz des letzten Eigentümers und wird nicht ungültig gemacht, also kann keiner mehr Nachvollziehen wohin das alte Auto verschwindet. Also, ein Export ist nicht ausgeschlossen und einige Leute sprechen von einem Konjunkturprogramm für die Mafia.

Zurück zu den Banken, die ganze Welt wusste, dass die Investmentbank Lehman-Brothers pleite ist, was macht die KFW(dem Staat gehörende Bank), man überweist mal eben 350 Millionen an die Pleitebank. Also, mir hat es mehr als die Sprache verschlagen. Auch hier Steuergelder, mal sehen was passiert, wahrscheinlich mal wieder nichts, denn auch hier, Vorstand und Aufsichtsrat fast nur Spitzenpolitiker. Insgesamt soll auch die KFW daneben noch über 1,5 Milliarden verzockt haben.
Die KFW Bank unter der Leitung, wie kann es auch anders sein, von der ehemaligen SPD Ministerin Ingrid Matthäus-Maier. Und nicht zu vergessen, Oskar Lafontaine war bis zum 18.3.1999 Vorsitzender des Verwaltungsrates der KfW, diesen Posten verlor er natürlich nach seinem Abtauchen als Finanzminister, dann folgte aber eine zweite Amtszeit und zwar bis zum 31.12.2008. Nach Bekanntgabe der enormen Verluste eben dieser Bank war von Lafontaine nichts mehr zu hören oder sehen. Wird es heiß, ja dann ist dieser Herr wie gewohnt verschwunden. Sprücheklopfer und nichts dahinter.
Auch sollte man die anderen Kontrolleure nicht vergessen, unter anderem Peer Steinbrück, Walter Steinmeier, Sigmar Gabriel, Horst Seehofer, Wolfgang Tiefensee, Frank Bsirski (Verdi) und nicht zu vergessen Heidemarie Wieczorek-Zeul.
Hier ist auch der Name Jörg Asmussen zu nennen, zuerst Abteilungsleiter im Finanzministerium unter Rot-Grün, stellte er unter anderem gerade die Weichen, die ABS in Umlauf zu bringen. Ab

2008 ist er, wie kann es auch anders sein, Staatssekretär bei Peer Steinbrück. Zur besseren Erläuterung, ABS sind auch nichts anderes als Kreditverbriefungen die zu Paketen verschnürt wurden, aus denen dann Wertpapiere werden, also Faule und an ein Schneeballsystem erinnernde Masche. Und der Name Jörg Asmussen taucht überall da auf wo Scheiße gebaut wurde. Bei der TSI eine Verbriefungsfirma, die unter anderem von der KFW gegründet wurde, war er Gesellschafterbeirat und im KFW Verwaltungsrat, neben ihm mal wieder Peer Steinbrück und Vertreter fast aller Parteien, wie oben schon Teilweise erwähnt. Auch im Verwaltungsrat der BaFin sitzt dieser Mann. Hier sind die wirklich Schuldigen an der Finanzkrise zu suchen. Verschleiern und Schuldzuweisungen an andere zu Verschieben, ja, auch darin sind die Weltmeister. Jetzt sitzt Jörg Asmussen im Direktorium bei der EZB. (Europäische Zentralbank).

Und jetzt zurück zur IKB, 2001 von der oben genannten KFW auf Wunsch der Rot-Grünen Regierung mehrheitlich übernommen und dann ging das Zocken auch hier richtig los, man hat Schrottpapiere im ganz großen Stiel gekauft und 2004 wurden schon die ersten Warnungen ausgesprochen, aber alles blieb ungehört und so ging das Spiel ungebremst weiter. Dann wurde die IKB mit fast 10 Milliarden EURO vor dem Zusammenbruch gerettet. Und was dann kommt ist als Meisterstück von unserem Finanzminister Steinbrück anzusehen. Er verkauft, oder besser gesagt, verschenkt diese Bank an den texanischen Vollstrecker und sehr bekannter Heuschrecke Lone Star für lächerliche Millionen EURO, natürlich ohne jegliche Verbindlichkeiten zu Übernehmen, dafür haftet nach wie vor der Steuerzahler. Und schon geht das Ausschlachten los, Stellen werden gestrichen, Unternehmensbereiche verkauft und Kredite werden weitergereicht, oder besser gesagt, verkauft. Lone Star ist und war kein ungeschriebenes Blatt in Deutschland, sondern ein Name, der viele nur so Erzittern lies. Ca. 20 000 mittelständische Betriebe sind oder waren Kunden bei dieser Bank und so bekommt Lone Star Einsichten in deren Datenbank , Bilanzen der Kunden, Strategiepapiere und Patente. Welcher Schaden hierbei angerichtet wird, kann oder wird, ist nicht abzusehen.

Sächsische Landesbank, Vetternwirtschaft, Unwissenheit, Gier, Seilschaften, Lügen und Skandale brachten diese sehr junge Bank an den Abgrund. Schätzungsweise 39 Milliarden EURO an Schrottpapieren hatten sich angehäuft, dass ist ca. das zweieinhalbfache des Landeshauthaltes. Auch diese Bank wurde verkauft und zwar für den Spottpreis von etwas über 300 Millionen, aber das Land musste noch eine Bürgschaft von über 2,5 Milliarden Übernehmen. Nutznießer die Landesbank Baden-Württemberg, selbst fast Pleite, aber als Auffangbecken gut zu gebrauchen. Aber fangen wir an wo alles begann, man wollte als Provinzbank am ganz großen Rad drehen, der Alleinherrscher Weis gab Kredite an jeden noch so undurchsichtigen Klienten, Skandale und Affären waren an der Tagesordnung und dann wurde die Sachsen LB Europe in Dublin gegründet und man konnte am großen Spiel der internationalen Finanzwelt teilnehmen. Das Private Finanzgeschäft, wofür diese Banken eigentlich geschaffen wurden, wurde zum Erliegen gebracht und man kaufte ab dann über Dublin die hochkomplexen und hochriskanten Kreditpapiere. Aufsichtsräte, Bundes Bank und die BaFin haben total versagt und diese total überforderten Möchtegernbänker taten ihr übriges. Milliarden über Milliarden in den Sand gesetzt. Es wird nach Staatsanwälten gerufen, aber auch hier Wette ich, es wird nichts, aber auch absolut nicht passieren.

West LB, auch hier wurde im großen Stiel gezockt eine Kapitalspritze folgt der anderen, ehemaliger Verwaltungsrat, natürlich Peer Steinbrück. Risikopapiere wurden in eine Zweckgesellschaft ausgelagert 23 Milliarden sollen es sein und das Land NRW und die Sparkassen mussten sich bereit erklären für Verluste bis zu 5 Milliarden gerade zu stehen. Das auch hier noch sehr viel mehr versteckt wird ist nicht mehr zu übersehen, denn dieser Mann ist jetzt

Bundesfinanzminister. Diese wie die anderen Landesbanken sind mehr als nur ein Abwicklungsfall. Sollte Steinbrück mal fallen, dann wird das Ausmaß der Versäumnisse und Verluste wohl nach und nach ans Tageslicht kommen.

Ich habe die WestLB mehrmals angeschrieben um die Tätigkeiten von Peer Steinbrück in deren Häusern zu erfahren, keinerlei Antworten, aber in Internet-Recherchen habe ich sehr interessante Details herausgefunden. Er war von 1998 bis 2002 Mitglied im Verwaltungsrat und im Kreditausschuss der Bank, wo die Risikogeschäfte gemacht wurden. Zuerst abgestritten bis zum geht nicht mehr und als es nicht mehr ging, musste sein Finanzstaatssekretär hinhalten. Er selber habe nie an Sitzungen teilgenommen, sondern oben genannter Finanzstaatssekretär. Und jetzt kommt das Unfassbare, 25000 DM, zu Markzeiten, an Aufwandentschädigung erhalten, Leider keine Zahlen für später in EURO, und sein Finanzstaatssekretär kassierte 400 DM Sitzungsgeld. Hier mal wieder deutlich zu Erkennen, wie Seilschaften funktionieren und welche Schäden angerichtet werden. Zum Teufel jagen sollte man diese Leute.

Bayern LB, auch hier Affären über Affären und wie mit der Vermengung von Politik und Profitinteressen in den Abgrund gesteuert wird, ist dieser Fall mehr als ein Lehrstück. Die Münchener zog es hauptsächlich in die USA und auf die Cayman Islands um hier das Geschäft des Lebens zu machen. Hierbei ging es um die sogenannten ABS- Papiere, die bis zum Oktober 2005 die unvorstellbare Summe von fast 60 Milliarden EURO ausmachte. Dann kaufte die Bayern LB noch auf Druck prominenter CSU Politiker das kurz vor der Pleite stehende österreichische Geldhaus HGAA für weit über 1,5 Milliarden EURO. Ich wiederhole, kurz vor der Pleite und dann diesen Kaufpreis.

Später wurde eben diese Bank für einen EURO und einer Mitgift von über 800 Millionen an den österreichischen Staat abgegeben. Das sind die Resultate, wenn Politiker und sogenannte Banker Geschäfte machen. Also ein Gesamtschaden von über 2 Milliarden und die Garantien die übernommen wurden, werden weitere Belastungen wohl Bringen.

Stoiber und alle anderen bayrischen Größen hatten mehr oder weniger ihre Hände bei diesem kriminellen Akt mit im Spiel.

Aber im Absahnen waren die auch Klasse, so ließ sich ein Vorstandsmitglied (Gribkowsky) mal eben mit weit über 40 Millionen Dollar beim Verkauf der Formel 1 Schmieren. Sie sehen, es gibt nichts was es nicht gibt.

HSH Nordbank, genauso wie bei den anderen, Zocken, Zocken und noch mal Zocken.

In den schwierigen Zeiten hat man sich auch hier den US Investor (Raubtier) J.C. Flowers ins Haus geholt, was man davon hat, wird dieser Bank noch ganz böse Aufstoßen.

Man handelte mit allem, alleine mit Schiffsfinanzierungen, Immobilienkredite, ja sogar auf Kreditrisiken und Versicherungen auf diese Risiken. Fast 20 Milliarden sollen alleine in diese Geschäfte geflossen sein. Diese Bank versicherte sogar Schrottpapiere im Auszahlungswertwert von 50 Millionen an Goldman Sachs. (einer der ganz großen Drahtzieher dieser Schrottpapiere). Und es kommt noch schlimmer, mittlerweile sind Hilfen und Garantien von über 50 Milliarden aufgelaufen und das Management ist immer noch vorhanden, Arrogant und Hochnäsig bis zum geht nicht mehr. Nun ja, man hat ja einen guten Lehrmeister im Hause, als Aufsichtsratvorsitzender fungiert kein geringerer als der ehemaliger Chef der Deutschen Bank Hilmar Kopper. Bekannt geworden durch die Schneider Pleite (Peanuts) und als Daimler Chrysler Initiator.

Und jetzt zum heutigen Boss der Bank, Dirk Jens Nonnenmacher, er übernahm diese Amt von Hans Berger der im November 2008 seinen Hut nehmen musste. Hier hat man einen neuen alten Boss installiert der auch am Skandal dieser Bank nicht unbeteiligt war, denn er war seit 2007 Chief Financial Officer und Vorstandsmitglied der Bank.

Auch hier deutlich zu erkennen, Seilschaften, Seilschaften und nochmals Seilschaften. Diesem Herren werden die bösesten Verschwörungen nachgesagt und er ist immer noch in Amt und Würde, kaum zu Glauben.
Jetzt hat man sich doch von Nonnenmacher trennen können, aber mit einem goldenen Handschlag, 4 Millionen, ein Gehalt bis Ende Oktober 2012 von jährlich ca. 500 000 Euro, ausgehandelt und genehmigt natürlich von Hilmar Kopper.

Postbank, dass auch diese Bank mit gezockt hat, ist nicht mehr auszuschließen, nur wird hier die Geheimhaltung ganz groß geschrieben. Man spricht von Gewinneinbruch und nicht mehr. Warum hat man sonst 2008 fast 30% der Postbank an die Deutsche Bank verkauft und das weit unter Wert. Auch die Post wollte am ganz großen Rad drehen, DHL ist so ein Kind der Post, alleine in den USA Milliarden Verluste.
Auch das kennen wir zu genüge, Kaufen, Kaufen und nochmals Kaufen und im Endeffekt mit riesigen Verlusten Verkaufen, Verkaufen und Verkaufen.

Bis Mitte 2009 wurden fast 400 Milliarden EURO an Faulen Papieren bei den Landesbanken gefunden und das wird ganz bestimmt noch nicht das Ende sein. Damit keine weiteren Zahlen an die Öffentlichkeit kommen, hat man den Finanzstabilisierungsfond entwickelt und diesen als Geheim eingestuft.

Jemand hat von den Zockerbanditen in den Landes und dem Bund mitgehörenden Banken gesprochen, nach meiner Meinung noch viel zu gelinde ausgedrückt, ich hätte noch einen anderen Begriff, aber den werde ich tunlichst Vermeiden. Bei der oben genannten IKB sind mittlerweile schon weit über 10 Milliarden an Hilfen geleistet worden und das wird ganz bestimmt noch nicht das Ende sein, hinter vorgehaltener Hand spricht man schon von einem Gesamtschaden von weit über 30 Milliarden.
Lone Star kann sich die Hände reiben, denn ein Verkauf mit großen Gewinnen ist so sicher wie das Amen in der Kirche, denn wie schon erwähnt, die Risiken hat man dem Staat aufgebrummt.

Jetzt haben wir Mitte 2009 und immer hat sich noch nichts getan um diesem kriminellen Treiben ein Ende zu bereiten, ganz im Gegenteil, die Banken werden mit Geldern nur so zugeschüttet und das alte Spiel geht unvermindert weiter. Fehler die jeder kennen sollte, denn alle Krisen wurden gerade aus diesen Gründen vorprogrammiert.
Es ist mehr als von Nöten, dass den Banken Einhalt geboten wird und diesen keine weiteren Gelder mehr zur Verfügung gestellt werden, denn auch diese Gelder werden wieder zum Zocken verwandt und nicht um die Industrie und den Mittelstand mit Krediten zu Versorgen.
Auch sollten die Zockerpapiere endlich wieder verboten werden, so zu Beispiel:
Hedge Fonds, Derivate, Zertifikate, ABS Papiere und all das, was in die Kategorie Zocker und Ausschlachtungsaktivitäten gehört.

Und was fordert Peer Steinbrück, eine globale Steuer auf Finanztransaktionen aller Art, dass heißt nichts anderes als Mitverdienen an der Zockerei. Normalerweise wäre das Ende solcher Personen vorprogrammiert, aber wie wir Wissen in der Politik gelten andere Regeln. Kurz etwas untertauchen und dann mit belehrenden Sprüchen wie auf die Bühne treten, wir werden sehen.

Wichtig auch, dass der Optionshandel eingeschränkt wird, denn auch hier werden Schäden verursacht die kaum noch zu beziffern sind. Ja, auch der Verbraucher hat diese Schäden zu bezahlen, siehe Rohstoffe, Öl, und die Nahrungsmittel, alles das sind Werte die, die Zocker nur so Anlocken. Optionshandel, ja aber nur zur Absicherung für die Industrie und dieses muss eindeutig belegt und begründet werden. Nicht aber wie bei der Lufthansa, man hat sich über den

Optionshandel gegen höhere Ölpreise abgesichert, gut und schön, nur hat man es mehr als übertrieben, denn noch heute verlangt die Lufthansa einen Kerosinzuschlag der nicht von schlechten Eltern ist, obwohl die damalige Ölkrise schon Jahre zurück liegt. Auch gestandene Unternehmen haben sich mit Optionen ins Verderben gestützt.

Beispiel gibt es genug, Hier nur 3 ganz gravierende Fälle:

1. Porsche, man hat die Kassen mehr als gefüllt und könnte auch ohne Optionen VW Stück für Stück Übernehmen, aber nein, es muss von Heute auf Morgen passieren, das am Ende fast 9 Milliarden Schulden vorhanden waren. Ich frage mich nur, war Wiedeking wirklich so Dumm, oder haben die Banken hier mal wieder ganze Arbeit geleistet. So treibt man selbst die Kurse ins Unendliche und kommt so selber unter die Räder wie geschehen. Mit komplexen Derivaten auf VW hat man sich derart Verspekuliert, so dass hier nicht nur Verlierer vorhanden sind. Die ganze Wahrheit werden wir wohl nie erfahren, denn die Verfilzungen sind viel zu groß.

2. Ratiopharm- Heidelberger Cement AG. Der gestandene Unternehmer Adolf Merkle wollte wahrscheinlich auf raten seiner Banken auch ein Stück von VW, innerhalb von Stunden verlor er fast sein ganzes Imperium. Verlust zwischen 700 Millionen und einer Milliarde. Der VW-Kurs Sprang innerhalb von Stunden von ca. 250 Euro 1000 Euro was ihm natürlich den Hals brechen sollte. Das diese Spekulation zum Teil, wenn nicht ganz über Optionen lief, bin ich mir sicher, er wurde aufs Kreuz gelegt. In anderen Ländern wäre sofort die Börsenaufsicht aktiv geworden, aber hier nur Stillschweigen und hämisches Lachen. Auch dieser Fall sollte nicht nur von der Börsenaufsicht durchleuchtet werden, sondern auch die Staatsanwaltschaft könnte sich hier mal beweisen.

3. Schaeffler - Continental auch hier fast das selbe Spiel, ein kleiner will den großen Schlucken, ein Milliarden teueres Zocken und nur Verlierer sind übrig geblieben, außer den Banken. Continental ein ehemals gesundes Unternehmen sitzt jetzt auf über 10 Milliarden Schulden und von Schaeffler ganz zu schweigen. Wo sitzen die Schuldigen, meine Meinung, die Berater von der Familie Schäffler und wer waren die, dreimal dürfen sie Raten.

Der private-equity Markt ist ein typisches Beispiel wie Haifische und Banken gemeinsame Geschäfte machen. Eigenkapital wird von den Haifischen so gut wie nie gebracht, die Finanzierung übernehmen die Banken, was den Unternehmen natürlich sofort aufgebrummt wird und das Ausschlachten und Zerlegen kann beginnen, bis man ehemalige gesunde Unternehmen in die Pleite getrieben hat. Beispiele gibt es auch mehr als genug. Auch diese Praktiken sollten schon lange verboten werden, denn mehr als Kriminell, aber unsere Politik schaut zu und unternimmt nichts.

Ich nenne alle diese Aktionen Betrug in Vollendung und es geschieht absolut nichts, die sogenannten Aufseher diskutieren immer noch über absolut wirkungslose Regeln um von den Hauptproblemen abzulenken. Hier ist eine strafrechtliche Verfolgung angesagt, vor allem der, der Betrüger, aber auch hier mehr als nur Schweigen.

Ackermann, gehasst, gelobt und wieder gehasst, jetzt unter Merkel mal wieder gesellschaftsfähig, man richtet sogar seine Geburtstagsparty im Kanzleramt aus. Ich wollte es zuerst überhaupt nicht glauben, aber genauso ist es geschehen.

Dieser Mann hat Skandale produziert wie kaum ein anderer, unter anderem bei MAN und nicht zu vergessen, auch am Rad der Zockerpapiere hat die Deutsche Bank mehr als gedreht. Ja, man war sogar einer der Größten, nur das man Glück hatte und die meisten Papiere früh genug anderen Banken andrehen konnte. Hätte es die Billionen an öffentlichen Finanzmitteln nicht gegeben, so wäre auch die Deutsche Bank verschwunden. Da die Hochspekulativen Geschäfte wieder laufen und Kapital wieder in Massen vorhanden ist, kann alles wieder, wie gehabt, von vorne beginnen. Auch Bonuszahlungen in astronomischer Höhe werden wieder gezahlt. Kaum zu Glauben, aber Wahr. Also, die Todesspirale dreht sich wieder auf vollen Touren und ein weiterer Zusammenbruch ist schon jetzt abzusehen. Alles nur eine Frage der Zeit.

Die Futures-Kontrakte Öl, haben sich in den letzten Jahren verdreifacht und der Spekulationspreis verfünffacht. Also, wird auch hier mal wieder eine Blase aufgebaut, die mit dem tatsächlichen Handel nichts mehr zu tun hat, denn der Ölhandel beträgt täglich etwas über 80 Millionen Barrel und der Spekulationshandel über 1 Milliarden Barrel und das täglich. Der Verbraucher muss mal wieder die Zeche zahlen und unsere Regierung freut sich genau so wie die Ölstaaten, denn die Einnahmen sind enorm.

Gold, auch hier eine Blase die noch Spuren hinterlassen wird. Wenn man hört, sieht und liest, kommen immer noch Empfehlungen, kauft Gold, eine schlechtere Empfehlung kann man überhaupt nicht geben, denn weit überbewertet, keine Verzinsung und der Fall wird kommen, wo auch dieser Markt zusammenbricht. Realistischer Preis dürfte wohl bei 400 US Dollar liegen und nicht über 1700 Dollar. Zum Anfassen und Anschauen schön, aber als Wertanlage vollkommen ungeeignet.
Auch hier kann man wieder erleben, dass die Medienlandschaft noch hilft, diese Anlageform gesellschaftsfähig zu machen und das bei diesen Kursen.
Das auch hier Spekulanten am Werk sind, belegt alleine die Tatsache, dass alleine der Spekulant John Paulson Gold oder Goldpapiere im Wert von 96 Tonnen Gold besitzt und das ist beileibe nicht der einzige der am Rad dreht.
Zudem muss man Bedenken, dass beim Verkauf des Goldes schon mal eben 20 bis 30% sofort verloren gehen. Schauen sie sich mal die Preise der Goldankäufer an.
Auch bei der Spekulation um Öl soll dieser Mann mit gigantischen Summen dabei sei.
Und wie man hört, soll er auch engste Geschäftsverbindungen mit der Deutschen Bank haben. Verwundert, ich nicht.
Die Deutsche Bank kauft eine Bank nach der anderen und so entsteht eine Megabank die bei der nächsten Krise überhaupt nicht mehr zu Retten sein wird.
Wo ist das Kartellamt, diese Bank gehört zerschlagen und nichts anderes. Alles kann man eindeutig dem Versagen unseren Politiker Zuschreiben und nichts anderes.

Es ist eine Geldmenge im Umlauf die alle Vorstellungen sprängen, Die Banken werden größer und größer, als es der gesunde Menschenverstand überhaupt Begreifen kann.

Und dann noch die Eurex in Frankfurt, dass größte Casino der Welt, ein Kind der Deutschen Börse AG und der Swiss Exchange. Hier werden fast alle oben genannten Zockerpapiere gehandelt und fast täglich kommen neue Zockerpapiere hinzu. Hier geht es nicht mehr um Milliarden sondern Billionen, Fachleute schätzen den Gesamtumsatz der Branche auf weit über 300 Billionen Euro. Eine Zahl die den Gesamtumsatz der weltweiten Industrie übersteigt. Von der Bundesregierungen (zur Stärkung des Finanzmarktes) vor Jahren genehmigt und gewollt. In den USA seit den 30er Jahren verboten und hier ist es noch immer auf dem Markt, mit steigender Tendenz. Nun ja, die

Deutsche Börse befindet sich zu fast 60% in amerikanische Hand, also macht man hier die Geschäfte die zu Hause verboten sind. So läuft das.

Ehrbare Kaufleute, am besten zu beschreiben an dem gescheiterten ehemaligen Chef von Mercedes, Jürgen Schrempp. Er plante einen Weltautokonzern, Mitsubishi, Chrysler usw. alles aus dem Ruder gelaufen, Milliarden Verluste.
Alleine bei Chrysler Unsummen, der Kauf wurde mit 30 Milliarden angegeben und der Verkauf brachte lächerliche 5,5 Milliarden und die jährlichen Verluste während seiner Aktivitäten, ebenfalls Milliarden. Der Aktienkurs von Daimler verlor in der Endphase ca. 70% und Herr Schrempp machte sich trotz allem die Taschen voll. Abfindung, Aktienoptionen usw. usw. Alleine die Aktienoptionen dürften mehr als 50 Millionen bringen und die letzten laufen noch bis 2009. Nach dem Ausscheiden bekam Herr Schrempp noch ein Büro nebst Sekretärin in München zur Verfügung gestellt und seine Frau wurde als Büroleiterin für die Wahnsinnssumme von ca. 16 Tausend Euro pro Monat eingestellt.
Man möchte sich von ihr trennen, nein, so einfach geht das nicht, auch im März 2008 noch da. Bin mal gespannt welche Abfindung diese Frau verlangt, Millionen ganz bestimmt, Ihr Lehrmeister und Mann hat ja gezeigt wie es geht.
Das ist nur eines von sehr vielen Beispielen, trotz Versagen geht man als Multimillionär nach Hause, dass hat nichts mit der Marktwirtschaft zu tun, sondern einzig und alleine mit den Seilschaften, Geheimbündnissen und Verzahnungen, die sich in den letzten Jahrzehnten so gebildet haben. Ganz besonders in den Dax-Unternehmen und nicht zu vergessen, in den Landes und in den noch Staatsunternehmen. Beste Beispiele sind hier die Post, Telekom, die Bahn, VW und die oben genannten Banken. Man betrachtet die Unternehmen als sein Eigentum und bereichert sich auf das Unverschämteste. Man sollte diesen Leuten mal ganz deutlich klar machen, dass diese nur Angestellte sind und zum Wohle des Unternehmens eingestellt wurden, aber davon sind wir nach wie vor meilenweit entfernt.
Und schon wieder wurde ein namhaftes Unternehmen zur Zerschlagung reif gemacht, TUI ist so ein Kandidat. Ausgliederung, teilweise die Verwaltungen ins Ausland verlegt und wie es weiter geht, steht für mich schon jetzt fest.
Es ist von Nöten, dass die Aktionäre, vor allem die Kleinaktionäre gestärkt werden und bedeutend mehr Einfluss auf das Geschehen in diesen, Ihnen gehörenden Unternehmen bekommen und den Banken die Stimmrechte der Aktionäre entzogen werden. Kein Vorstand sollte mehr in den Aufsichtsrat wechseln dürfen, denn hier liegt einer der Fehler im System. Denn die Fehler die der ehemalige Vorstand gemacht hat, wird natürlich vom Aufsichtsrat mehr als unter den Tisch gekehrt.

Und das Abkassieren geht weiter, die LKW Maut soll angehoben werden und seit Jahresbeginn 2009 versteigert der Staat schon die Verschmutzungsrechte des Zertifikatehandels, klamm und heimlich, was aber bis 2013 drastisch ausgebaut werden soll. Momentan sind es in etwa 10% was bis 2013 auf 100% gesteigert werden soll, macht dann zusätzlich weit über 10 Milliarden und ab 2020 über 20 Milliarden Zusatzkosten für den Verbraucher und der Industrie. Im Jahre 2007 wurden vom Verbraucher schon weit über 7 Milliarden für Alternativ-Energien aufgewendet auch das soll sich bis 2013 auf weitere 12 Milliarden Erhöhen. Also vergessen Sie alles was Ihnen über die Nachrichten vermittelt wird, der Staat ist der Preistreiber, Jobvernichter und derjenige der unser Volk immer weiter in die Armut treibt.
Hier wird über Umwege mal wieder richtig abkassiert, denn den größten Teil steckt sich natürlich mal wieder der Staat in die eigene Tasche. Ähnlichkeiten, wie damals bei der Pharma, Öl und Stromwirtschaft liegen wohl sehr nahe.

Überhaupt kann man Sagen, dass bei diesem abkassierenden Staat bei den Leistungsträgern nichts mehr in der Tasche bleibt. Die Steuerprogression für die Arbeitnehmer und Selbständigen haben ein Hoch erreicht, dass alles im Keim erstickt wird.

Lohnerhöhungen hat es in den letzten Monaten gegeben, im Schnitt etwas über 3%, auch hier noch nicht einmal die tatsächliche Inflationsrate. Aber was noch schlimmer ist, dass bei der Steuerprogression bei sehr vielen noch weniger in der Tasche bleibt als zuvor, denn mehr Geld und man rutscht ganz schnell in eine höhere Besteuerung, also, ist auch hier mal wieder der Nutznießer der Staat. Ja, bei ihm geht's bergauf und bei allen anderen, nach wie vor ganz steil bergab.

Hier mal einige Zahlen damit auch der Laie weis, was ihm angetan wird:
Schon bei einem monatlichem Einkommen von nur ca. 670 Euro werden 14% Steuern fällig und dann geht's los, bei nur 1000 Euro sind es ca. 20% bei ca. 1100 sind wir schon bei ca. 25%. Wie sie sehen, eine Lohnerhöhung geht immer mehr in die Staatskasse und beim Bürger bleibt nichts hängen. Alleine die Steuerprogression bringt dem Staat 2011 Milliarden über Milliarden an Mehreinnahmen. Der wahre Feind der Arbeitnehmer ist eindeutig der Staat und kein anderer.
Bin mal gespannt wann der Deutsche dieses endlich erkennt, wohl erst dann wenn er wirklich nichts mehr zum Beißen hat, oder????
Und ab 2012 kommt es noch schlimmer, wer 2500 EURO Brutto verdient und eine Lohnerhöhung von 2,5 Prozent bekommt, zahlt bis zu 11 % mehr Steuern, natürlich auch dementsprechend mehr Sozialabgaben, Soli usw. usw. Also wird auch hier jede Lohnerhöhung vom Staat mehr als Vernichtet.

Und nicht zu vergessen, auch steigende Preise spielen dem Staat in die Hände, denn wenn mehr für Waren und Dienstleistungen ausgegeben wird, um so mehr nimmt der Staat über die Mehrwertsteuer ein, hier findet eine schleichende Vernichtung des Einkommens statt und die meisten haben und werden es nicht Merken, denn zum Rechnen und Nachdenken wurden die Deutschen nicht mehr erzogen.

Wo sind die Gewerkschaften, Steuersenkungen oder Steuervereinfachungen lehnen diese ab, ich frage mich allen ernstes, wie kann es angehen, dass diese überhaupt noch Mitglieder haben. Auch hier sind die Verzahnungen Politik, Wirtschaft und Gewerkschaft seit Jahrzehnten nicht mehr zu übersehen. Auch von den Unternehmen werden Betriebsräte und Gewerkschaftler geschmiert und gekauft, siehe VW usw. usw.

Seit Jahrzehnten wundere ich mich immer wieder darüber, dass die Stromlieferanten zum Energiesparen aufrufen und sogar eigene Energiesparabteilungen unterhalten.
Es ist genauso, als ob der Bäcker seine Kunden darin berät, weniger Brötchen oder Brot zu kaufen.
Nun die Gründe liegen für mich jetzt eindeutig auf der Hand, so wenig Energie wie nur möglich liefern und so viel Abkassieren wie nur irgend wie möglich.
Der Staat gibt die Vorgaben, denn auch hier, er gehört eindeutig zu den Gewinnern bei diesem Spiel. Ob der Verbraucher seine Heizung überhaupt noch einschalten kann und die Oma frierend in ihrer Wohnung sitzt, kümmert diese Seilschaften nicht im geringsten.
Ich kenne Länder wo diese Preise, ob Strom oder Gas, nur ein Bruchteil dessen kostet, was hier verlangt wird. Und jetzt sollen ab Mitte des Jahres 2008 die Preise für Strom und Gas mal wieder um bis zu 18% erhöht werden. 2007 haben deren Bilanzen schon Rekordgewinne ausgewiesen, reicht nicht, ist und war ja so schön.
Ein Skandal erster Güte und auch hier ist die Medienlandschaft mehr als abgetaucht.

Mit meinen Behauptungen in Buch eins, lieg und lag ich vollkommen richtig,die Atomenergie feiert eine Wiederbelebung und wer hat den Anschluss verpasst, natürlich Deutschland. Einst

Marktführer und jetzt kaum oder überhaupt nicht mehr gefragt. Jetzt machen die Franzosen das ganz große Geschäft, alleine mit China Milliardengeschäfte und auf der Matte steht der ganze Asiatische und Arabische Raum.
So hat Rot Grün auch dieses Geschäft ruiniert und Tausende von Arbeitsplätzen vernichtet.
Nebenbei bemerkt, auch Deutschland kauft bei den Franzosen zwar keine Atommeiler aber für Milliarden Euro Atomstrom ein, noch was zu sagen!

Das Trauerspiel Transrapid geht munter weiter, Ende September 2007 wurde der Bau von München zum Flughafen von der Bayrischen-Staatsregierung als Abschiedsgeschenk für und von Stoiber, genehmigt. Die Pressekonferenz war noch nicht ganz zu Ende, da kündigt der Oberbürgermeister von München schon eine Klage gegen diese Entscheidung an. 2014 soll sie fahren, aber wie ich Deutschland kenne, wird daraus absolut nichts, mal sehen.
Wie erwartet, jetzt im März 2008 kam mal wieder das aus für den Transrapid, angeblich zu teuer, dass die bayrische Landesbank aber ein vielfaches von diesen Preis verzockt hat, stört wohl nicht. Und es wird gemunkelt, dass Siemens die Nase voll hat und die Pläne von Transrapid an China verkaufen will, wer will es dieser Firma verdenken. Nur, dass Milliarden-Steuergelder in die Entwicklung geflossen sind, ist natürlich Schnee von gestern, ja, auch das ist Deutschland! Einzelfall, nein, bei der Einschienenbahn hatten wir genau das selbe Spiel.

Überhaupt muss man China im Auge haben, die enormen Devisenmengen machen es möglich, Weltweit Unternehmen zu Kaufen um an das (wenn noch nicht geklaut) nötige Know-how zu kommen. Volvo war nur ein Beispiel von vielen. Auch ganze Länder kommen in Abhängigkeit, denn Staatsanleihen werden im ganz großem Stiel aufgekauft. Ich hatte auch hier in Buch eins Ausführlich auf diese Problematik hingewiesen.

Zurück zur Bankenwelt, Finanzkrise und alles was damit zusammenhängt. Jetzt Mitte 2008 zeichnet sich das ab, wovor ich immer wieder gewarnt habe.
Die Märkte brechen zusammen und wir werden mehr als eine Kernschmelze erleben, was alles aber auch wirklich alles in den Schatten stellen wird. Und jetzt der 10.10.2008 wird wohl als der schwarze Freitag in die Geschichte eingehen.
Angefangen hat alles mit dem Hochgelobten Ex-Notenbank Chef der USA Greenspan.
Die Wirtschaft stockt und was wurde gemacht, die Druckerpressen des Geldes liefen auf Hochtouren und die Wirtschaft erlebte eine auf Pump ausrichtete Scheinblüte. Die Zinsen des Geldes gingen in den Keller und der Kapitalfluss erreichte Höhen in nie gekanntem Ausmaß. Das war natürlich das Startzeichen für Hedgefonds, Derivate und die Private-Equity-Branche und Hypothekenspielereien, deren kriminellen Machenschaften ich schon ausführlich beleuchten habe.
Der Amerikaner ist ein Pumpmensch, alles wird auf Kredit gekauft, ob Auto, Haus, Reisen usw. bei diesem Überfluss an Geld auch kein Problem, alle bekamen es. Sogar Eigenheime und Häuser wurden auch dann finanziert wenn kein Eigenkapital vorhanden war, sogar Arbeitslose und Hilfsbedürftige bekamen Kredite und waren auf einmal Wohnungs oder Hausbesitzer. Das dieses Spiel in die Hose gehen muss, sollte auch dem dümmsten bekannt gewesen sein, aber man hat ja noch Partner denen man diesen Schrott Verkaufen kann, z.B. Deutsche Landes und Staatsbanken . Auch die Summen die mittlerweile gehandelt werden, stellen alles in den Schatten was man je erlebt hat. So soll alleine auf dem Amerikanischen Hypothekenmarkt über 10 Billionen Dollar Kredite Ausstehen, im Wert von weit über 50 Millionen Häusern. Wie man an diese Zahlen kommt, auch das werde ich noch beantworten, nur eines vorweg, aus Krediten wurden Wertpapiere und aus Wertpapiere wurden wieder Wertpapiere usw. usw.,

Eine deutsche Bank die solche Papiere hatte, wollte eine Zwangsversteigerung eines Amerikanischen Hauses durchziehen, der Eigentümer wehrte sich bei Gericht, da sollte die Bank Nachweisen, dass sie überhaupt berechtigt ist über das Haus zu verfügen, was ihr natürlich nicht gelang, denn man hatte lediglich nur ein Hypothekenpapier und nicht mehr. Wie viel und wie oft dieses Papiere in anderen Paketen noch versteckt wurden ist unbekannt. Da diese sogenannten Schrottpapiere enorme Größenordnungen haben, ist es auch fast unmöglich diese nach doppelter oder mehrfacher Existenz zu durchforsten. Auch werden die Banken sich hüten dieses offen zu legen, denn dann käme es ja an die Öffentlichkeit und man wäre noch mehr als blamiert.
Die gesamte Welt wurde mit in den Strudel gezogen, über 20 Billionen Dollar wurden bis Ende 2008 alleine an den Börsen der Welt vernichtet, um Ihnen diese Zahl etwas zu verdeutlichen, 20 000 Milliarden unvorstellbar.
Papiere wie, Hypothekenverträge, Kreditrisiken und Bankenschulden wurden über Investmentbanken Weltweit vermarktet und auch der Kleinanleger wurde mehr oder weniger mit ins Boot genommen. Ganz auffällig aber, dass gerade sogenannte Investmentbanken, andere Investmentbanken und Banken mit diesem Teufelszeug bedienten. Diese gründeten Zweckgesellschaften, die dann Wertpapiere draus machten, wie oben schon beschrieben, aus Wertpapiere werden Wertpapiere usw. usw. womit gehandelt wird wie mit ganz normalen Gebrauchsgegenständen. Eine Firma drehte schon seit langem das ganz große Rad in diesem Geschäft JP Morgen, zuerst ein paar Milliarden, dann schon Hunderte von Milliarden und mit den anderen Vermarktern ging es dann schon in die Billionen und weitere Billionen. Hier hat man nach meiner Meinung einen Diebstahl in einer Größenordnung durchgezogen, was der gesamten Welthandel zu spüren bekommen wird, Kernschmelze.

Kein Kredit, keine Kauf und keine Investitionen, ja, so sieht es aus, wenn Staaten wie die USA und auch Europa kein Eigenkapital aus Steuerrechtlichen Gründen mehr zulassen und die Großunternehmen, eben aus diesen Gründen zum Zocken verleiten, wenn nicht sogar Zwingen und dann wundert man sich, dass alles zusammenbricht.
Die einzige Branche die über genügend Eigenkapital verfügt (weit über 45%) sind die Pharmaunternehmen, verwundert, ich nicht, denn das Freikaufen und die Gesundheitsreformen der Bundesregierungen haben fleißig mitgeholfen um deren Töpfe mehr als zu Füllen. Dieses Thema werde ich später nochmals Anschneiden.

Personengesellschaften, was über 80% unserer Unternehmen ausmacht, haben zum größten Teil überhaupt keine Möglichkeit mehr um Eigenkapital zu schaffen, denn der Staat raubt diese mehr als aus und wenn ab und zu kein sogenanntes Schwarzgeschäft kommt, dann ist die Pleite nicht weit entfernt. Mehrfachbesteuerung usw. lässt alles im Keim ersticken.
Seit 2008 wird sogar Gewerbesteuer auf Mieten und Pacht erhoben, mit anderen Worten ausgedrückt, Ausgaben werden besteuert, da soll einer unsere Regierungen noch Verstehen.
An Schwachsinn und Ausbeutung nicht mehr zu Übertreffen.

Kommen wir nochmals zu den Deutschen Banken. Was für Pfeifen in einigen Banken sitzen, kann ich aus eigener Erfahrung berichten. Ich hatte 15 Jahre ein Brokerhaus in Berlin und was sich bei mir als sogenannte Bankfachleute vorstellte, war absolut nicht zu gebrauchen, Hochnäsigkeit, Arroganz wurde groß geschrieben, aber an Fachwissen nichts vorhanden und ein Umschulen kam für diese Damen und Herren einer Schlachtung gleich. Ja, man bekam von der Chefetage Anweisung, was und wie verkauft werden soll, Rückfragen unerwünscht und so spielte man das Spiel mit. Wie es mit dem Wissen in der Chefetagen aussah, kann man an den Resultaten wohl mehr als Erkennen. Nun ja, deshalb war es auch so einfach, diese mehr als aufs Kreuz zu legen.

Und jetzt Anfang Februar 2009 hat unser Wirtschaftsminister Klos das Handtuch geworfen, wer kann es ihm verdenken, denn bei der sozialistischen Politik unserer Kanzlerin hatte ich schon viel früher damit gerechnet.

Auch hat man jetzt die <u>Aufragseingänge für den Maschinenbau für Dezember 2008 veröffentlicht, Minus 40% bis 60 %, in Wirklichkeit aber bis zu 80%.</u>

Und da ist noch die Hypo Real Estate, im Jahre 2003 von der Hypo Vereinsbank abgespalten, dazu gehörten, Hypo Real Estate International in Dublin und nicht zu vergessen die Württembergische Hypothekenbank. Seinerzeit zeichnete sich schon das ab, was wir Heute erleben, jede Menge faule Kredite, so verkaufte man schon 2003 Kreditforderungen von fast einer halben Milliarden Mark an die texanische Investmentgesellschaft <u>Lone Star</u>, der Kaufpreis wurde als Geheim eingestuft und man geht davon aus, dass dieses nur einen Bruchteil der oben genannten Summe ausmachte.
Dann im Juni 2005 wurde die Mutter, Hypo Vereinsbank von dem damaligen Vorstandsvorsitzenden Dieter Rampl an eine Italienische Großbank verschleudert.
Bei der Hypo Real Estate steigt im <u>Sommer 2008 der US Investor Christopher Flowers</u> ein und hält ca. 24% der Anteile und über Fonds soll er sogar bedeutend mehr halten.
Wenn solche Zocker noch in den Krisenzeiten einsteigen, dann hat das für mich einen ganz üblen Beigeschmack. Die Bank hat eine Bilanzsumme von fast 400 Milliarden. An Hilfen bezw. Garantien sind bis 2009 etwa 100 Milliarden geleistet worden.
Was mich stutzig macht, warum hat man die Bank nicht schon 2008 in die Pleite geschickt, denn bei einer Bilanzsumme von 400 Milliarden wäre dieses wohl mehr als zu Verkraften gewesen, denn diese 400 Milliarden wären ganz bestimmt kein Totalverlust gewesen. Natürlich hätten die Spekulanten und die Aktienhalter Bluten müssen, aber so ist es ein Fass ohne Boden und die Angelegenheit wird uns noch sehr lange beschäftigen. Meine Vermutung, dass der Staat sich hier besonders fleißig um den Erhalt bemüht, könnten folgende Überlegung sein:

1. Die Hypo Real Estate fungierte als Kapitalbeschaffungsbank und Kreditgeber der Bundesrepublik Deutschland. Sollte diese Bank zusammenbrechen, dann wären für den Staat wohl sehr hohe Summen sofort fällig, die auf dem Kapitalmarkt wohl nicht so schnell aufzutreiben wären und eine Zahlungsunfähigkeit stände bevor.
Das man dringend Kapital benötigt, besagt alleine schon die Tatsache, dass momentan eine ganz große Reklametrommel gedreht wird für Bundesanleihen. Ich kann nur Hoffen, dass niemand darauf hinein fällt. Vielleicht kann man ja die Landesbanken für diese Investition begeistern, wenn diese mit Hilfe von Steuergeldern wieder flott gemacht worden sind. Hoffentlich kommt es nicht so weit, denn dann ist die nächste Blase schon wieder vorprogrammiert, denn der Staat ist bei weitem nicht so Kreditwürdig wie von vielen angenommen.

Noch mal zurück zu der Bank Lehman Brothers, warum hat man diese Pleite gehen lassen, ganz einfach, die faulen Zertifikate dieser Bank waren zum Handel in den USA nicht erlaubt und ausschließlich für die dummen Anleger außerhalb der Vereinigten Staaten von Amerika entwickelt worden. Die Hauptabnehmer finden wir unter anderem in Deutschland bei den Landesbanken und nicht zu vergessen bei den Kleinanlegern, so wurde diese hauptsächlich über die Citibank, welche zur Citgroup USA gehört und den <u>deutschen Sparkassen</u> geködert. Das die deutschen Sparkassen sauber sind oder waren, ist auch ein Ammenmärchen ca. 40 000 Kleinanleger wurden hereingelegt, Schaden zwischen 700 Millionen und einer Milliarde.

Also hatte die USA überhaupt kein Interesse daran diese Bank zu Retten, warum auch!

Übrigens hat die Citibank in Deutschland mal eben ihren Namen geändert, _Targobank_ nennt sie sich Heute, warum wohl, dreimal dürfen sie Raten! (so geht Bank Heute), dass ist ihr neuester Werbespruch. Überhaupt ist der Name mal ramponiert, dann kommt ganz schnell ein neuer her, siehe Hamburg Mannheimer usw.

Es geht bergauf, verkünden mal wieder unsere Politiker und der Politik nahestehende Wirtschaftsinstitute die Presse und Fernsehlandschaft. Der Außenhandel um fast 50% eingebrochen und der Binnenhandel, sehr viele Einzelhändler stehen vor dem aus. Quelle ist Pleite, Woolworth insolvent und Karstadt & Hertie steht ebenfalls kurz vor der Pleite. 2006 unter dem damaligen Karstadt Chef Thomas Middelhoff wurde die Grundlage des Konzerns, nämlich, die Immobilien an verschiedene Investoren verhökert, einmal an das Highstreet Konsortium an dem mehrere Investmentbanken beteiligt sind, Goldman Sachs, Deutsche Bank usw. usw. Nicht zu vergessen schon 2003 wurde ein Teil der Grundstücke an den sehr umstrittenen Oppenheim-Esch Fonds verkauft und einer der größten Zeichner eben dieses Fonds war später mal eben _Thomas Middelhoff_ selbst. 2007 hat man sich den schönen Namen Arcandor zugelegt, Größenwahn wurde auch hier Groß geschrieben, in den 90er Jahren kamen unter anderem die Hertie Warenhäuser, das Lloyd Reiseunternehmen und der Quelle Versandhandel hinzu. Ich hatte auch damals schon vor diesem Größenwahn gewarnt und nur Hohn geerntet. So wie man gekauft hat, so wurde auch hier wieder mit hohen Verlusten verkauft und das Unternehmen von _innen heraus Zerschlagen_. Ähnlichkeiten mit anderen Dax Unternehmen sind schon verblüffend. Jetzt ist jetzt Arcandor insolvent, was vorhersehbar war. Man hat auf Steuergelder gehofft, was Gott sei Dank im Moment aber ausblieb. Insolvent, schönes Wort, früher sagte man Pleite. Der Unterschied ist heute, dass in diesen Fällen der Beitragszahler der Arbeitslosenversicherung über gewisse Zeiten die Lohnkosten zu tragen hat und das Unternehmen eben über diese Kostenentlastung _evtl._ weiter Bestehen kann, aber nur evtl. So hat der Staat sich viele Möglichkeiten ausgedacht um auf Kosten der Beitragszahler Statistiken zu schönen.

Dann der sogenannte WeGebau, oder auf deutsch, Wegebau (Qualifizierungsmaßnahmen), auch hier Milliarden, alles nur um die nächste Bundestagswahl im September 2009 zu überstehen und den Volkszorn in Grenzen zu halten. Aber was nach der Wahl geschieht, kann ich mir schon jetzt lebhaft Vorstellen. Denn keiner kann diese enormen Beträge auf Dauer Schultern und das schlimmste kommt noch. Ich nenne auch dieses Wahlbetrug in Vollendung.

Oder Opel, Opel ist Pleite und nichts anderes, was macht die Politik, aus populistischen Gründen treten diese als Retter auf, was im Endeffekt nie gelingen kann, aber dem Steuerzahler mal wieder Milliarden kosten wird. Man sucht Investoren und findet diese auf sehr fragwürdiger Weise, da ist Magna, die Russen, Fiat usw. an Eigenkapital so gut wie nichts vorhanden, man verhandelt und verhandelt und später stellt sich heraus, dass auch hier die Risiken beim Steuerzahler hängen bleiben. Noch schlimmer, man will sich die Taschen füllen. Jetzt steht Opel unter einer _Treuhandverwaltung,_ 1,5 Milliarden um die Lohnkosten und weitere Kosten aufzufangen. Die evtl. Käufer verlangen bis zu 8 Milliarden Zuschüsse. Erinnern wir uns an die Treuhand nach der Wiedervereinigung, diese hat uns _340 Milliarden_ an Verbindlichkeiten hinterlassen.
Wie sie sehen, Treuhand bleibt Treuhand. Wie die neuesten Zahlen belegen, kostet ein Opel Mitarbeiter schon jetzt dem Steuerzahler ca. _190 000 Euro pro Jahr._ Auch hier, dass selbe Spiel wie seinerzeit bei Holzmann, Schröder hatte die Wahl, eben durch seine Zusagen seinerzeit gewonnen und anschließend kam die Pleite.
Jetzt wird _Magna auch_ von den Ländern und der Bundesrepublik als evtl. Käufer in die erste Reihe geschoben, kennen diese Damen und Herren Magna nicht, die haben in Deutschland schon

genug verbrannter Erde hinterlassen und dann die auf Unternehmen loslassen wo man noch viel mehr Verbrennen kann. Was wird hier gespielt, wollen sich evtl. einige Politiker an diesem bösen Spiel ebenfalls Bereichern! Anders kann und will ich diese Angelegenheit nicht interpretieren. Ich kann nur Hoffen, dass GM dieses Spiel nicht mitmacht und andere Optionen prüft.

Der Opelverkauf an Magna ist gescheitert, Gott sei Dank. Jetzt will GM Opel doch behalten und das Geschreie unter unseren Politikern ist groß, ganz besonders von den Landesfürsten aus den Bundesländern wo Zweigwerke existieren, auch aus der Bundesregierung kommen nur negative Aussagen. Die sollten froh sein, denn wenn einer Opel retten kann, dann eben nur GM. Und die Milliarden Zusagen an Magna dürften wohl mehr oder weniger entfallen. Aber bei diesem Spiel ging es wohl um ganz andere Überlegungen, (siehe oben). Alles das passiert, wenn die Politik sich in Wirtschaftsabläufe einmischt, denn eine Marktbereinigung war und ist immer besser, als ein Eingreifen des Staates. Aber das haben einige Schwachköpfe bis heute noch nicht erkannt. Keine Gelder an GM lautete lauthals die Parole aus allen Ecken und Kanten der Politik und siehe da, nach Tagen waren auch diese Aussagen von unseren Politikern nur noch Schall und Rauch. Jetzt stehen Rüttgers, Koch, Beck und Christine Lieberknecht (Thüringen) im Wettstreit, wer wohl die meisten Arbeitsplätze mit Geld und Garantiezusagen an GM Retten kann. Rosig sieht es nicht aus, aber bedeutend besser als der Verkauf an Magna. Halten wir fest, auch Magna wollte Arbeitsplätze Abbauen und ein Ausschlachten war nicht auszuschließen und 8 Milliarden an Zuschüssen.

So sieht es aus wenn Politiker wie Müntefering, Steinmeier, Steinbrück, Merkel und oben genannte sich solche Themen zum Wahlkampf aussuchen, hatte gehofft, dass die damit auf Fresse fliegen, was ja nun auch geschehen ist. Und der Betriebsratschef Klaus Franz muss sich jetzt ganz warm anziehen, denn bei mir, müsste er ganz bestimmt seinen Hut nehmen.

Und siehe da, wenn hat sich Magna nun in die Geschäftsleitung geholt, ja, den Altminsterpräsidenten von Thüringen Althaus, mir fehlen die Worte. Sie sehen, dass ist der Beweis, was hinter den Kulissen so abläuft.

Auch hier, die Mafia lässt Grüßen.

Die EZB hat schon riesige Summen bereit gestellt und jetzt im Juni 2009 nochmals ca. 400 Milliarden den Banken zu Sonderkonditionen, (etwas über 1% Zinsen) zum Abruf bereit gestellt. Haben die Banken bis Dato ihre Verpflichtungen erfüllt und der Wirtschaft Kredite genehmigt, nein, nein und nochmals nein. Man Zockt wieder, eindeutig auszumachen an den Aktien, Derivaten, Rohstoffen, Hedge Fonds, Zertifikate und natürlich mal wieder die Kreditversicherungen, das Casino ist wieder eröffnet.

Die erhofften seriösen Geschäftsmodelle sind auf der Strecke geblieben und die Zocker und Investmentbanker sitzen schon wieder auf ihrem Schreibtischstühlen und drehen wieder voll an den Rädern. Der Skandal ist das, dass ganze mit Steuer, Zentralbank und Kundengeldern auch noch finanziert wird.

Also, ist die nächste Blase schon vorprogrammiert. So liegt vor Rotterdam eine ganze Armada vollgeladener Öltanker und warten nur darauf bis die Zocker den Ölpreis dahin getrieben haben wo man ihn hin haben will. Genau das Gegenteil erleben wir zum Beispiel in Singapur, wo Hunderte von Schiffen auf Fracht warten und teilweise sogar zum Verkauf stehen, da die Reeder die Kosten nicht mehr tragen können. Auch hier wieder ein Fressen für die Zocker.

Jetzt im September 2009 ist die Abwrackprämie ausgelaufen und was geschieht, ja, die Autobauer gewähren Umweltprämien von ca. 2500 EURO und andere geben Bar-Rabatte von über 4000 EURO. Wie sie sehen, war die Abwrackprämie nur ein Politikum und hat der Wirtschaft mehr geschadet als genutzt. Da die Autopreise so wieso viel zu hoch in Deutschland sind, ist das ganz bestimmt nicht das Ende der Fahnenstange. Wann lernen unsere Politiker endlich sich aus der Wirtschaft herauszuhalten, denn die Wirtschaft macht es viel besser als unsere Politiker es je machen könnten.

Und wieder kommen Meldungen, es geht Bergauf, lassen wir uns mal die Zahlen etwas näher betrachten, nehmen wir mal eine sehr wichtige Branche, den Maschinenbau. ca. 60% Umsatzeinbußen, man spricht von einer Erholung für 2010 von ca. 1,5 %.
Also, würde eine echte Erholung diese Marktes bei gleichbleibendem Anstieg ca. 40 Jahre dauern und nehmen wir eine Durchschnittserholung von 3% an, dann kommen wir immer noch auf 20 Jahre. Was sagen uns diese Zahlen, ganz einfach, wir brauchen Jahrzehnte um aus diesem Schlamassel, den uns die Politik und die Banken eingebrockt haben, wieder herauszukommen, vorausgesetzt natürlich, dass keine neuer Crash stattfindet, was bei Lage der Dinge aber mehr als wahrscheinlich ist.

Wie ich gerade im Spiegel (Ausgabe 39/2009) lese, hat Joschka Fischer bei BMW angeheuert und soll für Nachhaltigkeitsstrategien sorgen. Würde mich mal interessieren was die Familie Quandt dazu sagt. Ich kann es auf jeden Fall nicht nachvollziehen, wie man einen ehemaligen Taxifahrer in ein so renommiertes Unternehmen holen kann.
Genauso sieht es bei RWE aus und noch schlimmer, er steht auch auf der Gehaltsliste der Atomindustrie, auch Siemens als weiterer Zahler usw. usw. Früher Gegner und heute Freunde, nun ja, dass Geld sorgt schon dafür. Ich frage mich allen Ernstes, haben die überhaupt noch ein Gewissen.
Es würde mich wirklich mal interessieren, bei wie vielen Unternehmen Fischer heute die Hand aufhält, denn oben genannten dürften wohl bei weitem nicht die Einzigen sein. Einzelfall, nein, wie schon erwähnt, ganz oben Schröder, dann noch Schily und wie man hört, sollen mittlerweile ca. 20% der ehemaligen Verantwortlichen der Rot-Grünen einer Lobbytätigkeit nachgehen und ausgerechnet in den Unternehmen tätig sein, gegen die, diese Leute damals gekämpft haben.
Die Lobbytätigkeit wird mehr als verharmlost, teilweise sogar von der Presse und Fernsehlandschaft als Salonfähig eingestuft, für mich hat das Ganze einen sehr kriminellen Beigeschmack und nichts anderes.

Erinnern wir uns an den schwarzen Freitag vom 10.10.2008, nun haben wir Ende Januar 2010, also sind fast 15 Monate vergangen und was hat sich mittlerweile getan, nichts. Was haben unsere Politiker versprochen, man werde alles tun, damit sich eine solche Katastrophe nicht wiederholen kann. Ja, jetzt man hat den Grundstein für die nächste Finanzkrise schon wieder gelegt. Spekulationen an allen Märkten sind wieder an der Tagesordnung, Aktienkurse + ca. 60%, Rohstoffmärkte, teilweise über 100% wie zum Beispiel Rohöl. Auch wird mit den faulen Hypothekenkrediten wieder gehandelt, neu geschnürt und mit neuem Namen versehen. Noch undurchsichtiger als gehabt und die Rating Agenturen verteilen mal wieder die besten Gütesiegel. Der Derivatehandel blüht mal wieder und die Investmentbanken sind heute größer und stärker als je zuvor. Denn man weis, man kann mit dem billigen Geld, was von der EZB in die Banken gepumpt wurde, ohne Risiko weiter Zocken. Sollte es wieder schief gehen, dann zahlt ja wieder der Steuerzahler. Aber Staaten und Spekulanten bilden heute mehr oder weniger eine Zugewinngemeinschaft. Goldman Sachs, JP Morgen, Morgen Stanley usw. usw. Die Hauptschuldigen der vergangenen Finanzkrise haben für 2009 weit über 100 Milliarden Dollar als Bonuszahlungen eingeplant.

Der Emissionshandel, alleine 2009 wurden in Europa Zertifikate im Werte von fast 40 Milliarden Euro gehandelt. Und wer mischt hier an vorderster Front mit, Goldman Sachs, JP Morgen,

Morgen Stanley, diese Namen dürften meine Leser wohl mittlerweile kennen. Bis zum Jahre 2020 rechnen Fachleute mit einem Volumen im Billionenbereich, was für ein Geschäft und wer bezahlt, natürlich der Verbraucher. Die Luftfahrt und der Schiffsverkehr sollen demnächst dazu kommen, nicht auszuschließen das Kühe und Vieh später mit eingeschlossen werden, manche denken sogar an den Menschen, mit einem Klimakonto. Siehe auch Kapitel Klima.

Zu Goldman & Sachs und oben Genannten wäre noch viel zu sagen, Diese Investmentbanken sind nicht nur sehr gefährlich für die Weltwirtschaft, sondern auch noch für das politische Geschehen auf unserem Globus, denn die Verzahnungen bis in die höchsten Etagen der Politik sind nicht zu Unterschätzen. Deutschland nicht ausgenommen.

Zuerst Opfer gespielt und als es an die eigenen Macht ging, hat man die Staatsgarantien innerhalb von Tagen zurück gezahlt. Eine oben genannte Bank fast 60 Milliarden, diese Summe wurde nur versteckt und nichts anderes.

Ich hatte mit einer Zerschlagung dieser Investmentbanken gerechnet, aber wie wir Wissen, keiner traute sich und so kann das alte Spiel ungehindert weiter gehen.

Bei den Deutschen Investmentbanken sieht es genauso aus, auch hier hätte ich mir eine Zerschlagung gewünscht, denn die Landesbanken und dem Bund gehörenden Banken hatten für die Wirtschaft so gut wie keine Bedeutung und für Privatperson erst recht nicht. Also Frau Merkel und Ihre Mannen, beim nächsten Crash gibt es keine Ausreden mehr, denn dann kann man eindeutig von einem Versagen der Politik reden, denn man hatte es in der Hand, man ließ die neue Zockerei nicht nur zu, sondern man gab das Geld noch obendrein hinzu.

Skandalpolitik und Mafia wurden gestärkt und wie das funktioniert hier einige Beispiele: Man pumpt Zinslos über 400 Milliarden in die Banken, anstatt dieses Geld zu nutzen um der Wirtschaft Zwischenfinanzierungen zu ermöglichen, was natürlich auch hohe Gewinne bringen würde, (bei einer Verzinsung von ca. 7% immerhin 28 Milliarden) wird aber gezockt. Diese Anlagen bringen teilweise über 100% und das in kürzester Zeit, wie wir an den Aktien und Rohstoffpreisen entnehmen können, Risiken werden total ausgeklammert.

So ist es auch zu erklären, dass manchen Investmentbanken schon nach kurzer Zeit Enorme Beträge an die Staat zurück gezahlt haben um sich dem staatlichen Einfluss zu entziehen. (Commerzbank).

Bezahlen muss auch hier der Verbraucher über die höheren Preise, was den Skandal erst richtig ans Tageslicht bringt. Anstatt die Überschwemmung der Banken mit Geld einzustellen, werden diese nach wie vor genötigt noch mehr Geld anzufordern. Es ist kein Geheimnis mehr, dass die Investmentbanken in den letzten Monaten das beste Geschäft ihres Lebens gemacht haben und auf Kosten der Verbraucher nur so im Geld Schwimmen. Wie schon erwähnt, auch der Staat verdient mit, denn höhere Verkaufspreise auch höhere Steuereinnahmen. Ja, so wäscht eine Hand die andere.

Ist einer von den Verursachern der Finanzkrise bei uns angeklagt worden, nein, aber man ist noch so frech und klagt Abfindungen und Bonis ein und das teilweise sogar mit Erfolg. Also hilft die Politik noch fleißig mit, die Wirtschaft zu ruinieren, denn der Wähler und Verbraucher ist ja so schön Dumm, denn sein Hab und Gut wird vernichtet und das kümmert unsere mal wieder Politiker einen Dreck.

In China hat soeben eine tausend Kilometer lange Schnellstrecke für die Eisenbahn eingeweiht und eine Geschwindigkeitsrekord eingefahren. Unbemerkt von der Öffentlichkeit und so schnell, dass man sich nur noch wundern kann. Was hier Jahrzehnte dauert, machen die Asiaten in kürzester Zeit. So habe ich es mal wieder in Bangkok erlebt, dass man 4 (nach unserer Verständnis) Wolkenkratzer vom aller feinsten mit Hubschrauberlandeplätzen auf jedem Gebäude und Luxusausstattung die sich sehen lassen kann, in weniger als 2 Jahren fertig gestellt hat, hier undenkbar. Auch eine neue U-Bahn ist in China im Bau, 200 km soll erreicht werden und das in 5 Jahren, noch Worte!

Die Deutsche Bank sammelt Gelder ein (Kapitalerhöhung ca. 9 Milliarden) um die Postbank ganz zu Übernehmen, wo ist das Kartellamt, mal wieder verschwunden, wie immer. Da die restlichen Anteile der Postbank ja Bund gehörten, ist das Stillhalten des Kartellamtes schnell erklärt, also geht der Ausverkauf ungebremst weiter und die Deutsche Bank, die schon lange nichts mehr mit Deutschland zu tun hat, denn die Inhaber sind deren Investmentbanker aus London und internationale Großanleger, die hier eine Krake geschaffen haben, die nach meiner Meinung einen richtigen Stresstest nie und nimmer bestehen wird. Denn sollte es dort einmal krachen, dann ist die Lehmann-Pleite mehr als harmlos einzustufen.

Und jetzt im September 2010 braucht die Hypo Real Estate mal wieder 40 Milliarden Euro an Garantien, (ca. 100 Milliarden sind schon geflossen). Habe ich mit meiner Vermutung doch recht, dass diese Bank als Geldbeschaffer für unsere Regierung fungiert, denn wenn man sich die Haushaltslage und die Neuverschuldung der Regierung anschaut, dann erhält diese Vermutung immer mehr Nahrung.
Der Bund Future (deutsche Staatsanleihen) wird gehandelt mit teilweise weit über 140 Euro, ein Wert der jenseits aller Vorstellungen liegt. Ich habe mich schon lange gefragt, wer kauft diese Papiere überhaupt, kann einer wirklich so Dumm sein, oder was wird hinter den Kulissen gespielt. So könnte es ablaufen, man gibt kurzfristig Kredite an die Regierung und erhält im Gegenzug die erforderlichen Staatsanleihen. (Hypo Real Estate), die dann bei der EZB abgeladen werden und das Geld sofort wieder zurück fließt. Wenn das auch bei Bund Future Zutreffen sollte, dann kann man wohl nicht mehr von Skandal sprechen, sondern Kriminell in aller höchster Form.
Also, einer der Pleite ist, versorgt den anderen Pleitekandidaten mit frischen Geldern und die EZB (Europäische Zentralbank) ist im Endeffekt der Zahler.
Und jetzt im Oktober 2010 wird die Hypo Real- Estate 170 Milliarden EURO an faulen Krediten in eine Bad-Bank Auslagern und wer Haftet, natürlich mal wieder der Steuerzahler und so kann auch diese Bank sich wieder mit frischen Geldern versorgen und der Bundesregierung beistehen. Ja, so läuft das.
Und die Verursacher der Hypo Real Estate Pleite, haben den ersten Prozess gewonnen. Die Raffzähne Georg Funke (Ehemaliger Chef und Markus Fell (Ehemaliger Finanzvorstand) wurden Gehaltszahlungen erstmal zugesprochen, aber das ist noch lange nicht alles, darüber hinaus fordern die noch Abfindungen und Pensionsansprüche in Millionenhöhe. Funke erscheint erst gar nicht zu den Verhandlungen, er ist verschwunden, sein Privatvilla ist verkauft und sein Aufenthaltsort unbekannt.
Wie es bei solchen Gegebenheiten überhaupt zu einem Urteil kommen kann ist unbegreiflich. Im Januar 2011 soll es weiter gehen, mal sehen wie die Angelegenheit dann aussieht.
Wie man jetzt weis, lebt Funke auf Mallorca und ist Immobilienmakler und die Verhandlungen wurden ausgesetzt und Gutachter bestellt. Also, die Angelegenheit wird wohl, wie so oft, Jahre dauern und für mich steht das Resultat schon heute fest.
Funke ist sich keiner Schuld bewusst, 2007 kaufte er noch die DEPFA Bank für 5,7 Milliarden Euro, obwohl allgemein bekannt war, dass diese Bank hauptsächlich mit Staatsanleihen handelte und diese Geschäfte mit sehr kurzfristigen Krediten finanzierte.
Also, jeder einigermaßen gebildete Banker hätte erkennen müssen, was für Risiken hier eingekauft wurden. Nun ja, auch die Hypo Real Estate handelte mit Staatsanleihen und nennt sich heute Deutsche Pfandbriefbank.
Und es kommt noch krasser, es werden wieder Bonuszahlungen an die Mitarbeiter der Hypo Real Estate (Deutsche Pfandbriefbank) ausgezahlt. Was haben Merkel und Steinbrück seinerzeit vor

dem Bundestag angekündigt, keine Bonuszahlungen mehr, wie sie sehen, alles Schnee von Gestern. Ja, Steinbrück leugnet sogar, je so etwas gesagt zu haben, obwohl Fernsehbilder es einwandfrei belegen. Begründung der Zahlungen, gute Mitarbeiter würden sonst abwandern. Wie gut die sind und waren, darüber braucht man wohl nicht näher einzugehen. Ich kann mir beim besten Willen nicht vorstellen, dass diese Personen in einer anderen privaten Bank überhaupt einen Posten finden, wenn ja, dann nur über Seilschaften und keineswegs über Ihr Können.

Sie sehen, diese Bank ist Kapitalbeschaffer für die Bundesrepublik Deutschland, wie von mir schon oben erläutert und befürchtet.
In wieweit Steinbrück auch in dieser Angelegenheit verstrickt ist, wird wohl ein Geheimnis bleiben, aber dieser Name fällt immer wieder in diesen Zusammenhängen.

Karstadt hat einen neuen Besitzer, Nicolas Berggruen (Deutsch Amerikaner und unter anderem Schröder Freund), 240 Millionen will er investieren. Alleine der Warenbestand und die noch zum Konzern gehörenden Häuser, dürften ein vielfaches dessen Wert sein, was hier als Investitionssumme genannt wird. (KDW Berlin oder das Oberpollinger in München um nur die Wertvollsten zu nennen) dürften diese Investition um ein mehrfaches an Wert übersteigen. Der Insolvenzverwalter streicht sich erstmal 25 Millionen für seine etwas über 1 Jahr dauernden Dienste ein und dass gesamte Insolvenzverfahren soll angeblich fast 50 Millionen gekostet haben. Nun was können wir erwarten, die Angestellten sollen auf Gehalt Verzichten, die Kommunen sollen Steuerfreiheit über einen gewissen Zeitraum gewähren. Weitere Gelder schließt Herr Berggruen schon jetzt aus. Ist die ganze Angelegenheit wirklich seriös, ich habe da mehr als Zweifel und sage ein langsames Sterben voraus, denn die Ausschlachtung wird wahrscheinlich sehr langsam ablaufen, sodass ein evtl. Betrug oder Ausschlachtung nicht mehr Nachvollziehbar ist. Auch hier kommen die Seilschaften mal wieder voll zum Vorschein und daran war und ist Schröder wohl einer der Besten.
Und langsam kommt die Wahrheit ans Tageslicht, Herr Berggruen hat überhaupt keine 240 Millionen investiert, sondern lediglich 5 Millionen für die Namensrechte bezahlt. Kredite wurden gegeben unter anderem auch von Berggruen, man spricht von etwas über 60 Millionen, die aber sehr hoch verzinst werden. also wurde hier die Öffentlichkeit auf das übelste getäuscht. Welche Rolle hier der Insolvenzverwalter, die Politik und die Gewerkschaften gespielt haben, wird wohl nie aufgedeckt werden.
Für mich mal wieder ein Lehrstück, was in Deutschland mit den richtigen Beziehungen alles möglich ist. Diese Aktionen gehören in die Ecke der Wirtschaftskrimis.

Und schon wieder eine Übernahmeschlacht, seit Monaten versucht der Spanische Baukonzern ACS, den deutsche Baukonzern Hoch Tief zu schlucken. Obwohl fast Pleite (ca. 6 Milliarden Schulden) will man mit Hilfe von spanischen Banken und Sparkassen diesen Diel durchziehen. Was steckt dahinter, geht ACS Pleite dann haben die spanischen Banken ein Problem, kann man Hoch Tief übernehmen, so kann man evtl. ACS retten, Hoch Tief zerschlagen und reichlich Gewinne einfahren. So einfach gehen diese traurigen Spiele. Hoch Tief hat an eigenen Aktien gerade mal etwas über 4%, also gehört dieses Unternehmen schon seit längerem anderen Heuschrecken und die Geschäftsleitung muss deren Interessen vertreten. Anstatt eigene Aktien zurück zu Kaufen, werden Gelder als überhöhte Gewinnausschüttungen an die Anteilseigner ausgezahlt. ACS hat die Mehrheit und Hoch-Tief und wird inzwischen von Madrid aus gesteuert, mal sehen wann das Ausschlachten beginnt.

Was haben uns die Grünen nicht schon alles zugemutet, die Photovoltaik wurde uns als die Jobmaschine verkauft und was ist daraus geworden, die Chinesen sind mittlerweile zum größten Exporteur von Solaranlagen geworden und wir bezahlen mittlerweile durch unsere Stromabgaben eben dieses Politik. 7 Milliarden alleine für die Photovoltaik und insgesamt 13 Milliarden für die erneuerbaren Energien pro Jahr und seit Einführung schon über 80 Milliarden Euro. Hier hat sich Dank dieser Politik eine Milliarden Abzocke aufgetan und das Spiel geht auf Kosten der Verbraucher unvermindert weiter und ein Ende ist nicht abzusehen.

Die Hochgelobten und Gefeierten deutschen Solar-Unternehmen schreiben nur noch Miese und die Pleiten sind schon vorprogrammiert. Auch bei den Windkraftherstellern kommt keine Freude auf, die Koreaner sind bedeutend billiger und auf dem Weltmarkt kaum zu Schlagen Bei der Politik immer noch Frohlocken, denn der Stromkunde bezahlt diesen Irrsinn ja und China und Korea können sich freuen. Wie drastisch sich die Weltmarktanteile verändert haben geht aus folgenden Zahlen hervor:

2004 hatte Deutschland bei der Photovoltaik noch einen Anteil von fast 70% und heute sind es noch gerade mal ca. 20% und weiter rückläufig. Das selbe Spiel können wir bei der Windkraft beobachten.

Wie sehr der Stromkunde unter dieser Politik zu leiden hat geht aus folgender Aufstellung mehr als deutlich hervor..

Hier mal kurz Auszüge aus meiner Stromrechnung:

Rechnungsbetrag:	454,52 Euro
Davon entfallen auf:	
Stromsteuer	40,57 Euro
Umsatzsteuer	72,57 Euro
Konzessionsabgabe	47,30 Euro
Kraft-Wärme-Kopplungsgesetz	2,09 Euro
Netznutzungsentgeld	90,24 Euro
(Netzbetreiber)	
Messstellenbetrieb	7,47 Euro
Abrechnung der Nutzung	11,17 Euro
Rechungsanteil für Strombeschaffung und Stromvertrieb inkl. Kosten aus dem Erneuerbaren -Energie - Gesetz	179,99 Euro

Wie man sieht, ist die Stromrechnung voll mit Nebenkosten und der Eigentliche Strompreis macht nur einen Bruchteil der Stromkosten aus. Wie sieht es bei unseren Nachbarn aus: Frankreich fast nur die Hälfte und England sieht es fast genau so aus.

Also, Staatliche verordnetes Absahnen bis zum geht nicht mehr. Und bei diesen Preisen soll unsere Wirtschaft noch mithalten können, nein und der Normalbürger verarmt zusehends und kann im Winter mit dem Mantel Zuhause sitzen. Alles aber auch fast alles ist unbezahlbar geworden, Dank dieser Politik. Auch die Energieindustrie leidet, Entlassungen sind auch schon geplant, die Brennelementesteuer existiert immer noch.

Wie sie sehen, wird nicht nur der Verbraucher über die Leisten gezogen sondern auch die Energiewirtschaft. Ebenso schlimm trifft es den Mittel und Kleinunternehmer.

Auch sollte man sich den Handel und Handwerk etwas näher anschauen, neben den Bluffverpackungen geht man jetzt dazu über, statt 100 Gramm nur noch 80 Gramm und in machen Fällen sogar nur 70 Gramm an Aufschnitt anzubieten und das zum gleichen Preis wie die bei den 100 Gramm Packungen. Die Auszeichnung der Ware ist mehr als Mangelhaft, in vielen Fällen steht am der Preisangabe entweder keine Gewichtsangabe oder sogar noch 100 Gramm, erst beim genauen hinsehen auf dem Produkt erkennt man, dass hier mal eben eine

Preiserhöhung von nicht weniger als 20 bis 30% erfolgte. Kundentreue soll mit Sammeln von Herzen belohnt werden, Markenware zu Vorzugspreisen wird angekündigt und Ramschware ist im Endeffekt das Resultat. Handtücher die bei der Wäsche abfärben und enorme Schäden hinterlassen.

Kundenservice, auch hier kann man ohne zu Übertreiben von katastrophalen Zuständen sprechen, viele Unternehmen lassen sich die Telefongespräche mit enormen Aufschlägen bezahlen, so dass hier von einer zweiten Einnahmequelle gesprochen werden kann. Und wenn man sich die Kaufhäuser hier anschaut, kann man wirklich nur von Drittklassigkeit sprechen, Toiletten in sehr schlechten Zuständen und für die Benutzung soll auch noch bezahlt werden. Wenn ich mir die Kaufhäuser in Asien anschaue, so wird dort Kundenservice ganz groß geschrieben, die Einkäufe werden auf Wunsch zum Auto gebracht, Unterhaltungsprogrammen sind an der Tagesordnung und deren Toiletten kann man mit der Toilette eines 5 Sterne Hotels Vergleichen und das kostenlos. Auch an Luxus mangelt es nicht, hier erspare ich mir den Vergleich, denn dazwischen liegen mehr als Welten.

Auch hier ist der Begriff (seriöser Kaufmann), vollkommen abhanden gekommen wohl mehr oder weniger von der Politik gelernt.

Möbelhäuser, bieten Möbel zu Preisen an, dass einem schlecht wird (Presspappe) in sehr vielen Ländern würde kein Schwein diese Qualität kaufen, zumal bei diesen Preisen. Handwerker zu bestellen ist zu einer reinen Glücksache verkommen, Betrug ist an der Tagesordnung. Schlüsseldienst, Elektro-Dienste, Maler und Renovierungsarbeiten, Autowerkstätten, usw. usw. Es macht mich mehr als Wütend über dieses Thema zu Schreiben, aber es sind Tatsachen und die gehören nun mal dazu.

Die Deutsche Börse soll mit der Amerikanischen Börse verschmelzen, auch hier ein einfaches Spiel, denn alleine die Amerikanischen Anteilseigner halten schon seit längerem über 60% der Anteile.

Überhaupt habe ich mehr als Schwierigkeiten, wenn das Wort Deutsch davor steht, denn die meisten Unternehmen sind schon seit langem nicht mehr in deutsche Hand. Beispiel Deutsche Bank usw. usw. Ach ja, ab Mai 2012 erhält die Deutsche Bank einen neuen Boss, Anschu Jain heißt der Mann, Inder mit englischem Pass und bis dato Leiter der Investmentsparte der Deutschen Bank in London. Es soll eine Doppelspitze werden, Jürgen Fitschen stellt man ihm zur Seite, denn seine Deutschkenntnisse seien gleich Null.

Nochmals zurück zu Griechenland, wie ganze Länder von den Banken und der Politik ramponiert werden, kann man eindeutig an Griechenland belegen.
Es werden griechische Staatsanleihen gekauft und Kredite und Garantien in astronomischer Höhe gewährt, obwohl man ganz genau weis, dass diese Summen nie zurück gezahlt werden können. Kommen wir zuerst mal zu den Staatsanleihen (die zur Zeit mit weit über 20% verzinst werden) die EZB hält alleine für ca. 80 Milliarden und die deutsche Banken (mal wieder die, die ganz in Landes oder Staatsbesitz sind) ca. 70 Milliarden eben diese Papiere.
Marktwirtschaftlich gesehen, hätte es nie so weit kommen dürfen, denn mit dem Handeln unserer Regierungen, der EU, der EZB und des IWF hat man den Spekulationen erst Tür und Tor geöffnet. Griechenland muss so schnell wie möglich aus dem EURO raus, denn nur dann und wirklich nur dann, hat das Land eine Chance.

Jetzt haben unsere Politiker bewiesen, dass diese nicht nur ganze Branchen vernichten können, sondern ganze Länder. Einer der größten Lügen die immer wieder von unseren Politikern angeführt wird, ist, dass Deutschland von Export in die Euroländer den größten Nutzen hat, also zu DM Zeiten waren unsere Exporte in die Eurozonen noch besser als heute, also auch hier mal wieder Augenwischerei.

Und die zweite Lüge ist, dass die Gelder an die Griechen gehen, nein die gehen direkt an die Banken in Griechenland, denn die haben den Staat mit viel zu viel Geldern versorgt. Also, auch hier eindeutig mal wieder die Banken und die Regierungen.
Der Rettungsschirm von 2010 ist vollkommen verpufft (110 Milliarden) und den Griechen geht es heute schlechter als je zuvor. Je länger Griechenland im Euro bleibt, desto schlimmer und teuerer wird es im Endeffekt ausgehen.

Hier soll etwas praktiziert werden, was wir in Deutschland schon seit Jahrzehnten kennen (Länderfinanzausgleich). Hier hat es nie funktioniert, denn die Nehmerländer Leben mit dem Finanzausgleich besser als zuvor, Beispiele: Berlin, Bremen und das Saarland. Anstrengungen um aus der misslichen Lage herauszukommen, werden von der Politik unterbunden und wer kann wem Verübeln, auf andere Leute-Kosten zu Leben.
Griechenland kann man in etwa mit Bremen vergleichen, eine Verwaltungsapparat der nicht zu bezahlen ist (Bremen und Bremerhaven zusammen kleiner als Köln) geteilte Verwaltungen ja sogar alles in doppelter Ausführung. (wie oben schon beschrieben Polizei, Staatsschutz usw. usw.)

Wenn ich mir Sendungen im Fernsehen ansehe, wie zum Beispiel der Presseclub oder die Anne Will, Maischberger usw. usw, dann werde ich mit meinen Befürchtungen wohl mehr als Recht behalten. Bei diesen Sendungen wird es mir mehr als schlecht und man kommt dem Kotzen immer näher. Entschuldigen Sie diesen Ausdruck, aber es ist so.
Da sitzen angeblichen Fachleute und geben Ratschläge, wo man wirklich nur mit dem Kopf Schütteln kann. Auch der ehemalige Finanzminister Eichel meldet sich zu Wort, selber versagt bis zum geht nicht mehr und jetzt mit Ratschlägen dabei, ich kann es nicht Glauben. Verstecken sollte sich dieser Mann, aber nein, so Ticken die und nicht anders. Auch klagt Eichel gegen seine Pensionsansprüche, über 8000 Euro bekommt er Monatlich, zu wenig, über 15 000 Euro möchte er Monatlich haben. Auf Grund seiner Leistungen als Finanzminister sollte man ihm die 8000 Euro noch Kürzen und nichts anderes. Sie sehen Schamgefühl kennen die nicht, sondern man ist noch so abgebrüht und beschäftigen die Gerichte.

Gestern am 16.5.2011 bei der EU beschlossen, auch Portugal erhält 78 Milliarden Hilfe. Wie man sieht, es ist und wird ein Fass ohne Boden und Irland steht auch schon vor der Tür.

Was hat die Bundeskanzlerin vor einiger Zeit noch gesagt, Wir schützen das Geld der Menschen in Deutschland, mal wieder ein Lacher für sich.

Mitte Juni 2011, schon wieder steht Griechenland am Abgrund und weitere Hilfen sind erforderlich. Reformen werden von Griechenland gefordert, (diese Unwort kennen wir aus Deutschland wohl besser als jeder andere) Hunderttausende Arbeitsplätze sind schon in Griechenland vernichtet worden, Zehntausende Unternehmen Pleite und so soll ein wirtschaftlicher Aufschwung geschaffen werden, dass ich nicht lache.
Privatisierung ist die nächste Forderung, Ausverkauf des Tafelsilbers, wie bei uns.
Die Telekom ist schon da und die Aasgeier und Heuschrecken werden wohl nicht mehr lange auf sich warten lassen.
Hier ist das Wort Zerschlagung und Enteignung wohl mehr als angebracht, als von einer Gesundung des Landes. Ich bleibe dabei, Griechenland ist sehr gut beraten aus dem EURO auszutreten und nichts anderes.

Kommen wir mal zur Analyse, wenn alle Europäischen Staaten ihre Schulden sofort zahlen müssten, dann wären alle, aber auch alle sofort Pleite.

Denn man hat, um Ihre Verwaltungen, Beamten, sogenannte Berater, Korruption, Kriegsspielereien und die enormen Geldverschwendungen überhaupt finanzieren zu können, über Jahrzehnte Schulden gemacht, die nie und nimmer zurück gezahlt werden können. Hätten die Staaten nicht die Möglichkeit sich über Staatsanleihen immer wieder neues Geld zu besorgen, dann wäre das Kartenhaus schon lange in sich zusammen gefallen. Staatsanleihen werden schon seit geraumer Zeit nur noch von Zockern und dem Staat verpflichtete Banken gekauft. Es wird jetzt nach den Privatanlegern gerufen, wer sind die Überhaupt, damit ist kein anderer als die Banken und Versicherungen gemeint die Gezwungen oder Ungezwungen Kaufen. Diese haben aber ihre Papiere zum größten Teil schon abgestoßen und raten sie mal wohin.
Ganz vorne unter denen die noch Griechische Staatsanleihen halten, mal wieder unsere Landesbanken, Bundesbank und die Europäische Zentralbank darf man nicht vergessen. Was der Franzose (Jean Claude Trichet, Boss der EU Zentralbank) hier angerichtet hat, kann man schon als ein Verbrechen ansehen. Privatanleger hört sich gut an, aber der Mann oder die Frau um die Ecke hat mit dieser Bezeichnung absolut nichts zu tun. Wie man sieht, nicht das Volk hat die Krisen zu Verantworten sondern ganz alleine die Regierungen.
Deshalb kann ich den Aufstand der südeuropäischen Völker sehr gut Verstehen.
Hier in Deutschland hat man immer noch nicht gemerkt, was auf uns zu kommt, denn, wie schon oben erwähnt, griechische Verhältnisse haben auch wir.

Damit die Gelder nicht im Haushalt auftauchen, kommt hier die oben genannte Staatsbank KFW mal wieder ins Spiel, die hat schon eine so genannte EFSF als Tochter bekommen, nicht genug damit, was neues muss her und diese nennt sich jetzt ESM. Aufgabe, wie gehabt Staatsanleihen von Pleitekandidaten aufzukaufen und eigene Deutsche Staatsanleihen zu Verstecken.
Auch sollte man die Bad Banks nicht vergessen und die Skandalbank Hypo Real Estate.
Hier dürften auch noch riesige Mengen dieser Papiere liegen. Wie wir sehen, neben den offiziellen Zahlen gibt es noch jede Menge versteckter Zahlen und die sind astronomisch. Hier wird immer wieder nur von 700 Milliarden geredet, die EU kommt aber auf ganz andere Zahlen, so wurden alleine von 2008 bis 2011 ca. 4,5 Billionen an Bankenstützen in der EU gewährt und ich bin mir sicher, dass auch diese Zahlen noch manipuliert wurden.

Insolvenzen gehören zum Spiel der Marktwirtschaft und wenn dieses Gesetz ausgehebelt wird, schaukelt sich die Krise immer weiter hoch und dann sind alle am Ende.

Das eine Insolvenz heilen kann, haben einige Länder aus Südamerika und Russland längst bewiesen. Nun, die ca. 25% Rendite reizen wohl nicht nur die Zocker (Hedgefonds) sondern auch die involvierten Staaten und deren Banken.
Wie man sieht, gibt es auch hier Gewinner, aber der Gewinner wird von dem Verlierer finanziert und das ist mal wieder der Steuerzahler. Dieses Spiel wird uns allen den Hals brechen und im Endeffekt ist die Schuldzuweisung schnell gefunden.
(Wir haben über unsere Verhältnisse gelebt) so ist es aber nicht, die Politik und kein anderer hat uns ins verderben gestürzt, denn die haben erst mit ihrem Handeln Tür und Tor geöffnet.

Der Schrei nach einer Europäischen Rating-Agentur wir immer lauter, dass ganze ist nichts anderes als Augenwischerei und als Ablenkungsmanöver anzusehen.
Denn nicht die Rating Agenturen sind schuld, sondern einzig und alleine die Schuldenmacherei der einzelnen Staaten.
Behörden haben wir mehr als genug, sollte es wirklich so kommen, werden mal wieder Milliarden versenkt, nur um Zahlen zu schönen. Das die amerikanischen Rating-Agenturen Fehler gemacht haben (Finanzkrise) steht außer Zweifel und das diese immer noch Fehler machen, kann man alleine daran erkennen, dass vor allem die anderen europäischen Länder nebst Deutschland noch

mit Bestnoten bewertet werden, sagt mehr als genug. Fast alle europäischen Länder gehören mehr als abgestuft.

Man sollte sich mal fragen, sind diese Bewertungen nicht nur Länderfreundlich sondern auch noch Ländergesteuert.

Auch sollte man sich mal Fragen, wie soll eine Europäische Rating-Agentur überhaupt Aussehen und wer gründet und finanziert diese, der Staat oder die Banken, bei beiden wären, wie bei den Amerikanischen Agenturen, Manipulationen schon jetzt vorprogrammiert und Bringen würde diese überhaupt nichts, nur enorme Kosten.

Auch die Mär vom starken EURO ist eine Lüge, der Dollar wird von den Amerikanern künstlich schwach gehalten um am internationalen Markt nicht wegzubrechen. Beweis: siehe Schweizer Franken. (fast 20% hat der Schweizer Franken gegenüber dem EURO in drei Monaten zugelegt, von Mai bis Juli 2011. Und immer noch (2012) wird der Schweizer Franken niedriger bewertet als der Euro, würden die Märkte nicht manipuliert dann sehe dieses Bild ganz anders aus.

Auch wird von unserer Medien und Presselandschaft immer wieder auf die hohe Verschuldung der Amerikaner hingewiesen. Natürlich sind auch die Amerikaner verschuldet, aber im Vergleich zu Europa, nun ja, nehmen wir mal ein paar Zahlen:
ca. 14 Billionen Dollar, macht ca. 10 Billionen EURO.
Nun zu Deutschland, offiziell ca. 2 Billionen, versteckte Schulden ganz bestimmt noch mal die selbe Summe, wenn nicht noch mehr. Also 4 Billionen, macht 40% der amerikanischen Schulden aus. Nun Europa hat mittlerweile 27 Mitgliedsstaaten, davon 16 Staaten die dem EURO angehören nehmen wir alle deren Schulden hinzu, so kommen wir auf ganz andere Horrorzahlen.

Kommen wir mal zu den Heißdiskutierten Rüstungsgeschäften, Die Saudis wollen Panzer und auch bezahlen, die Israelis wollen U-Boote und bekommen diese teilweise umsonst (vom Bund bezahlt) und die Folgelieferungen werden bis zu einem drittel vom Steuerzahler Subventioniert. Ja, so sehen Geschäfte aus, wo die Regierung ihre Hände im Spiel hat. Auch hier mal wieder ein Skandal, denn beide Länder sind eine Gefahr für den Weltfrieden. Auch hier mal wieder die Grünen, gegen Israel kein Wort, aber bei den Saudis ist der Aufschrei nicht zu Überhören.

Zu den Duty-free (Steuer-Frei) Geschäften in den Flughäfen wollte ich mich schon seit längerem Äußern, Hier ist ein Geschäftsmodell vollkommen im Sumpf abgetaucht.

Die Ware die dort angeboten wird, sollte Steuerfrei sein, wenn dieses so ist, dann haben diese Geschäfte Aufschläge die in den Bereich Wucher einzuordnen sind. Nehmen wir mal die Zigarettenpreise, steuerfreier Einkauf dürfte unter 3 EURO liegen, Verkaufspreis weit über 30 EURO. In anderen Ländern habe ich sogar erlebt, dass die Zigarettenpreise über dem Inlandspreis lagen. Genau so sieht es bei Teepreisen, Andenken und vielen anderen Produkten aus. Auf Fragen wollte und konnte mir keiner aber auch keiner Auskunft geben. Handelt es sich hier um einen Wirtschaftskrimi oder um einen weiteren Wirtschaftsskandal? Ich habe Regierungen und Präsidenten einzelner Länder angeschrieben und um Antwort gebeten, absolutes Stillschweigen, trotz mehrmaligen Anfragen. Hier noch ein kleines Beispiel: Toffifee kostet in Deutschland so um einen Euro, ich habe dieses Produkt im Tax-Free Shop für sage und schreibe 8 Dollar 50 entdeckt, auch hier Maffia Verhältnisse???

Ich kann nur jedem Empfehlen, meiden sie Duty-free Geschäfte und Kaufen sie in den zu bereisenden Ländern im Land selber ein, dann und meistens erst dann haben sie ein gutes Geschäft gemacht.

Und die DIN Organisation in Berlin, ein Aufgeblähter Apparat der seines gleichen sucht, Nebenstellen in Hamburg, Koblenz und Pforzheim. Über 440 000 Normen haben wir schon und jährlich kommen Tausende hinzu. 28 000 Mitarbeiter. Teilweise auch hier vom Steuerzahler finanziert und der Rest kommt aus den Gebühren die nicht ohne sind und die Wirtschaft zum größten Teil mehr belasten als nötig. Und die ganzen anderen Organisationen, Verbände und Kammern tun ihr übriges. Kosten, Kosten und nochmals Kosten. Alleine die Bürokratiekosten belaufen sich mittlerweile auf weit über 40 Milliarden EURO pro Jahr für die Unternehmen, Wahnsinn. Und da soll ein Johannes Ludwig (unter anderem ehemaliger Bahnchef) Abhilfe schaffen und das schon seit 2005. Ergebnisse gleich Null, hatte von diesem Mann auch nichts anderes erwartet, denn in fast allen Funktionen gescheitert, aber auch er ist sehr gut verschachtelt mit der politischen Elite. (Kohl, Müntefering, Merkel usw. usw.)

Ja, die Zockerbanken, Zocken weiter wie gehabt und sind mittlerweile größer und stärker als je zuvor, Lügen und Täuschen gehört immer noch zu ihrem Tagesgeschäft.
So geht der Chef der Citigroup an die Öffentlichkeit, mit der Behauptung, er verdiene nach der Finanzkrise lediglich 1. Dollar pro Jahr. Wahrheit ist, dass er seine Aktien-Optionen mal eben an die Bank verkaufte und ca. 200 Millionen Einsacken durfte.

Da die amerikanischen Banken ab 2012 keine eigenen Spekulationsgeschäfte mehr machen dürfen verlagert sich dieses Geschäft nun verstärkt in Hedefonds und andere Spekulanten, diese Geschäftsformen haben sich seit dem letzten Jahr Verzehnfacht und wer meint die Banken seien außen vor, der irrt gewaltig, denn wer Finanziert nach wie vor, natürlich die Banken.

Auch hier in Deutschland hat sich nichts getan, auch hier wird immer weiter Geld vernichtet und der Staat, oder besser gesagt die Regierung tut alles um dieses Thema herunter zu Spielen, oder erst gar nicht aufkommen zu lassen.

Jetzt Anfang August 2011 bahnt sich, wie erwartet, ein neuer Crash bei den Aktienmärkten, an. Verluste die mal wieder Gigantisch sind und was macht die EZB, sie kauft nun Anleihen von Italien und Spanien im großem Stiel auf. Die EZB ist mittlerweile zur Bad-Bank verkommen und bis zum Dach mit Schrottpapieren voll gelaufen.
Wie auch hier gelogen wird, kann man eindeutig an den Zahlen ablesen, vor ca. 3 Monaten waren an Aufkäufen schon 80 Milliarden angelaufen, jetzt hat man weitere 24 Milliarden aufgekauft und siehe da, es sind nicht über 100 Milliarden sondern ca. 90 Milliarden. Das die Wirklichkeit ganz anders aussieht Pfeifen die Spatzen von Dach. Nun ja, Lug und Trug gehört wohl auch hier zum Tagesgeschäft, wie in allen anderen Bereichen der Politik auch.
Auch wird immer wieder die Zahl von ca. 340 Milliarden gehandelt, wo Deutschland direkt für haftet, Fachleute gehen aber von weit über 700 Milliarden aus.
Und der freie Fall geht weiter, am 18.8.2011 hat der Dax fast 7% verloren..

Die Wirtschaftssausichten sind miserabel und dann will der Mittelstand angeblich 300 000 neue Arbeitsplätze schaffen, also diese Aussage kann man ohne Übertreibung als den Witz für 2011 bezeichnen. Wer hinter diesen ungeheuerlichen Zahlen steht kann man nur erahnen.
Verarschung, Verschaukeln und Irreführung ist die Devise.
Kann man überhaupt noch einem Glauben, nein, nein und nochmals nein.
Ja, die Steuereinnahmen sprudeln und das in nie gekanntem Ausmaß, aber das hat sehr wenig mit der Wirtschaftsleistung zu tun.
Es gibt noch Unternehmen die wirtschaftlich gut aufgestellt sind und ehrlich ihre Steuern bezahlen. Aber wie lange das noch funktioniert ist fraglich, denn die Belastungen werden immer

weiter nach oben geschraubt und macht das Unternehmertum immer uninteressanter. Wie in Buch eins auch schon erläutert.

Wer ist überhaupt noch interessiert ein Unternehmen aufzubauen, wenn er weis, dass beim Ableben alles in Gefahr ist, Erbschaftssteuer usw. usw.

Überhaupt wurden die persönlich Haftenden Unternehmer seit Jahrzehnten benachteiligt und die anderen Gesellschaftsformen mehr als gefördert. Hatte man evtl. Angst vor guten Unternehmern, denn nur die waren und sind die besseren Sozialpartner für das Volk. Beispiele gibt es mehr als genug.

Wie die Märkte reagieren kann man jetzt Anfang Oktober 2011 ganz genau beobachten, der Dax war mal wieder im freien Fall und Frau Merkel lässt verlauten, dass die Banken, wenn nötig, mit weiteren Geldern gestützt werden sollen, diese Aussage war noch keine Minute in der Öffentlichkeit und schon ging die Zockerei los, in drei Tagen Kursgewinne von ca. 13%. Ja, auch

Frau Merkel wird in die Geschichte eingehen und zwar als diejenige die den Märkten den letzten Rest zum Untergang gegeben hat.

Sie soll eine Führungsrolle zur EUROKRISE übernehmen, bei dieser Konstellation ist ein Insolvenzverwalter gefragt und nicht Frau Merkel.

Banken gehen schon wieder Pleite, französisch-belgische Großbank und eine griechische Bank, andere Banken werden massenhaft von den Rating-Agenturen herunter gestuft, die Märkte reagieren kaum, denn oben genannte Aussagen sind mehr als Garantien für jegliches kurzfristiges Versagen an den Börsen.

Und schon wieder, Banken trauen Banken nicht mehr, der Mittelstand bekommt schon wieder so gut wie keine Kredite mehr. Tages-Kursbewegungen nach Unten so wie nach Oben, was früher mal Jahresausschläge waren.

Und jetzt am 30.11.2011 hat die EZB mal wieder die Märkte mit Geld überschwemmt und die Kurse der Aktienmärkte schießen, nach anfänglichen Verlusten, über 5% nach oben. Wie man sieht, die Gelder werden wirklich nur zum Zocken verwandt und nichts anderes.

Und schon wieder, jetzt 2012 werden die Banken mal wieder mit billigem Geld von der EZB überschwemmt, die Aktienkurse, Devisenkurse usw. Explodieren mal wieder, Es kann durchaus auch die Möglichkeit bestehen, dass große Teile dieses Geldes in Staatsanleihen fließen, denn die meisten Banken die Gelder abrufen sind Staats oder Landesbanken. Mittlerweile sollen es fast 1 Billionen sein.

Auch bei dem IWF wurden die Gelder aufgestockt, es soll sich um fast 1 Billionen Handeln, sie sehen wie angespannt und Supergefährlich die Lage ist.

Und es geht weiter, Juni 2012, Spanische Banken müssen gestützt werden (ca. 100 Milliarden) und Zypern steht auch vor der Türe.

Zurück zu Karstadt. Bergruen hat wie oben schon erwähnt seine Investitionen nicht erfüllt, die Mitarbeiter haben auf Lohn, Urlaubs und Weihnachtsgeld. verzichtet und im Herbst 2012 soll wieder nach Tarif bezahlt werden. Jetzt im Juli 2012 wird angekündigt, dass 2000 Mitarbeiter entlassen werden sollen. Die Investitionen die Getätigt wurden, kamen nicht von dem hochgelobten Investor sondern von den Mitarbeitern und Krediten. Geht das Ausschlachten und Zerschlagen schon los, ich Glaube ja.

Am Kaufhof und an Schlecker hat er auch schon Interesse angemeldet, Metro (Kaufhof) hat dankend abgelehnt, gut so und Schlecker, mal sehen.

Hier werden wir einen weiteren Wirtschaftskrimi erleben, denn wie oben schon erwähnt, ist dieser Mann bestens verdrahtet.

Schon wieder wurden CDS aus der Schweiz aufgekauft, die Rede ist von Informanten, Nein, es sind Hochkriminelle, die mit geklauter Ware ein Geschäft machen und unsere Regierungen machen sich mehr als der Hehlerei schuldig. Unsere Justizministerin wollte diese Machenschaften sogar Verbieten, aber gegen die geballte Macht unserer Politiker war sehr schnell klar, aussichtslos.

Und jetzt im August 2012 ist die Maut für LKWs auf den Landstraßen Tatsache geworden, dass Abkassieren hört nicht auf und der Verbraucher, dass sind wir, muss im Endeffekt mal wieder Zahlen.

Die EZB kündigt wieder an, dass Staatsanleihen im großen Stiel aufgekauft werden sollen, trotz Verbot der EU-Verträge, aber diese sind schon seit längerem aufgeweicht.

Als Alternative hat man den ESM im Visier, man gibt dem ESM eine Banklizenz, diese kann dann allen Schrott aufkaufen und an die EZB als Sicherheit hinterlegen und die Gelder zurück bekommen usw. usw. Das ist ein Schneeballsystem und nach Deutschen Gesetzen kriminell und Verboten.

Eine Horrormeldung nach der anderen, die Stromkunden sollen für die Verzögerung bei der Netzanbindung von Windparks in Milliardenhöhe zahlen. Sie sehen, nicht die Netzbetreiber oder die Verantwortlichen sondern der Verbraucher, ist das noch zu Ertragen, nein, nein und nochmals nein. In Bulgarien musste die Regierung auf Grund der überhöhten Strompreise zurücktreten und hier wird von der Presse und Medienlandschaft noch geklatscht und vom Volk überhaupt nicht wahrgenommen. Auch das ist für mich nicht mehr zu Ertragen.

Noch mal zurück zur Realwirtschaft, wie sieht es bei einigen börsennotierten Unternehmen aus, die Vorstände und Aufsichtsräte genehmigen sich teilweise über 50% Einkommenserhöhungen. Kurz später wird verkündet, dass man Sparen muss und die Mitarbeiter, wenn nicht gekündigt, auf Lohn verzichten sollen. Es werden Zweckgesellschaften gegründet um über diese Billigarbeitsplätze zu Schaffen um diese dann über Umwege in die Betriebsabläufe zu Intrigieren. Das dieses Verhalten nur kurzfristigen Nutzen bringt, liegt wohl auf der Hand, denn Unzufriedenheit, Krankschreibungen und im schlimmsten Fall Boern Out tun das Übrige. Diese Vorstände und Aufsichtsräte denken nur an Ihre eigenen Interessen und was aus der Firma wird ist denen mehr als Schnuppe. Und durch all diese Aktionen steigen noch die Bonuszahlungen für den Vorstand und Aufsichtsrat, sie sehen, auch hier jagt ein Skandal den anderen. Eine Firma kann nur gedeihen wenn die Mitarbeiter voll hinter der Firma stehen. dass ist in der Vergangenheit mehr als bewiesen worden. Was das schlimmste ist, dass an der Börse solche Aktionen mit Kurssteigerungen noch belohnt werden.
Genau so sieht es bei einer deutschen Fluglinie aus, Premium schimpft sie sich, Leiharbeiter sollen als Kabinenpersonal eingesetzt werden um die Kosten zu Senken, ich kann mir sehr gut vorstellen, dass die Kunden dieses Unternehmens Reihenweise zu anderen Fluggesellschaften wechseln, denn von einer Premium Fluglinie wird erstklassiges Personal erwartet. Einzelfälle nein, in den letzten Jahren hat es zu viele davon gegeben und einige mussten dieses Handeln mit einer vorhersehbaren Pleite bezahlen. Ähnlichkeiten mit der Politik, ja, was die Vergütung der Vorstände und Aufsichtsräte anbelangt.

Den Namen Jörg Asmussen habe ich oben schon mehrmals erwähnt und schon wieder macht der ehemalige Staatssekretär (SPD unter Steinbrück) und jetziger EZB Direktor von sich Reden, so erlaubt er der Irischen Staatsbank Milliardenschulden in Staatsanleihen umzuwandeln. Diese Aktion bedeutet nichts anderes, als das die EZB nun eben diese Aufkaufen wird, was als unerlaubt anzusehen ist, ja, sogar einen Skandal darstellt. Bei der Mafia würde man Sagen, der Mann fürs Grobe.

Auch die Debatten Arm und Reich kann ich nicht mehr Ertragen, denn wer ist an diesen Entwicklungen Schuld, einzig und alleine auch hier die Politik, ich Erinnere nur an die Agenda 20/10, diese hat in den letzten 10 Jahren Einkommenseinbußen geschaffen, dass es einem schlecht werden kann, ca. 8 Millionen Geringverdiener sind geschaffen worden und wenn man noch die Inflationsrate hinzu nimmt, dann sollte man nicht verwundert sein, dass Millionen der Arbeitende ihren Lebensbedarf überhaupt nicht mehr finanzieren können.
Genauso sieht es bei der Debatte Reichensteuer/Vermögensteuer aus, hier werden Zahlen gehandelt die bei den Dummen Deutschen natürlich sehr gut ankommen.
4 Billionen Privatvermögen, was steckt dahinter, Fabriken, Maschinen, Fuhrpark, Grund und Boden, Immobilien und natürlich auch das kleine Haus wofür der Besitzer auf vieles Verzichten musste. Viele Denken, dass die Billionen in den Taschen weniger Bürger sind, dass stimmt nicht, es sind Werte und nichts anderes und daran will man sich Bereichern und nichts anderes. Also werden noch mehr Unternehmer ihr Unternehmen verkaufen und Deutschland auf nimmer wiedersehen verlassen.
Dass wir gute Unternehmer brauchen ist unbestritten, aber bei dieser Politik werden auch diese noch verjagt.
Wie von mir befürchtet und oben angekündigt, wird jetzt im Februar 2013 wurde Hoch - Tief von dem neuen Eigentümer ACS zerschlagen um ACS und deren Spanischen Banken in schwarze Zahlen zu bringen.

Und die Kernschmelze geht weiter, Zypern steht vor dem Aus und braucht dringend Gelder von der EU, diese sollen aber mit Auflagen verbunden werden.
So soll der Sparer mit zur Kasse gebeten werden, die Banken sind geschlossen um Geldabflüsse zu Verhindern, dass heißt, dass auch der kleine Mann nicht mehr an sein Geld kommt. Raub an den Bankkunden nenne ich das, kann auch hier so etwas Passieren, ja, denn auch hier hat man, wie oben schon erwähnt, dass Privatvermögen der Deutschen mehr als im Auge. Erinnern sie sich an die Worte von Norbert Blüm, die Rente ist sicher. Auch die ganzen Beteuerungen von unserer Kanzlerin können sie vergessen, denn alleine die Verschuldung unseres Staates zwingt früher oder später zu solchen, für mich hochkriminellen Maßnahmen.
Alle Sparer in Zypern sollten einbezogen werden, erst nachdem man erkannte, dass diese Aktion Europaweit die Bankkunden Verunsichern könnte, entschloss man sich, ab einer Einlage von über 100000 Euro. Was sind denn Heute noch Einhunderttausend Euro, nichts denn hier wird auch noch nach dem Notgroschen der Kleinunternehmer und der Sparer für Altersvorsorge zugegriffen und alle die Pläne wurden von unserer Kanzlerin und unserem Finanzminister auch noch mitgetragen, wenn nicht sogar angestoßen.
Die Banken in Zypern sind jetzt schon über eine Woche geschlossen, an den Geldautomaten gibt es nur noch 100 Euro, wenn überhaupt und die Zukunft der Zyprioten sieht sehr düster aus. Hier noch ein Kommentar aus der EU (Euro Gruppenchef) sinngemäß, dieses könnte man ja auch bei anderen Ländern anwenden, sie sehen man denkt schon weiter und es wird so kommen und zwar Europaweit.

Jetzt sollen die Banken am 28.3.21013 wieder geöffnet werden, aber nur <u>300 Euro</u> Pro Kunde stehen zur Verfügung. Tausendfache Pleiten sind vorprogrammiert und der Kleinunternehmer sowie der Mittelstand wird in ein sehr tiefes Loch fallen.

<u>Das Parlament wurde ausgeschaltet und die Großkunden der Banken haben ihre</u> <u>Gelder ganz bestimmt schon lange außer Landes gebracht, man spricht hinter vorgehaltener</u> <u>Hand von Milliardenbeträgen.</u> <u>Sind unter anderem auch diese Gelder nach Deutschland geflossen?</u> <u>ich Glaube ja, denn wie sonst ist auf einmal die Immobilenblase zu Verstehen. So Sicher wie man</u> <u>Glaubt, ist auch diese Anlage nicht und man wird sich noch Wundern.</u>

September 2013

Ja, es ist so gekommen wie von mir oben schon angekündigt, <u>Nicolas Berggruen zerschlägt</u> <u>Karstadt und macht auf unverschämte Weise Kasse.</u>
Seinerzeit und bis Heute nichts investiert, außer einen Symbolischen Euro, was ich oben schon als Lehrstück <u>krimineller Machenschaften</u> angeprangert habe.
Wie und wo er seine Milliarden gemacht hat, kann man jetzt an seinen Handlungen mehr als deutlich erkennen, so werden die Premium Kaufhäuser, KDW Berlin, Alsterhaus Hamburg und das Oberpolliger in München, daneben noch die Karstadt Sports an die österreichische Holding Sigma (Rene`Benko) verkauft. Über den Kaufpreis gibt es unterschiedliche Angaben, einmal heißt es nichts und anderswo hört man 300 Millionen. Lächerlich, wenn man alleine an den Warenbestände denkt. Früher war die Esch Gruppe (Saal Oppenheim) der größte Vermieter der Karstadt Immobilien und jetzt die Sigma, es wäre doch mal interessant zu erfahren, welche Verbindungen dort bestehen. Und jetzt kommt das unfassbare, Herr Berggruen hat die KDW Immobilie schon im Dezember 2012 für ca. <u>500 Millionen</u> an die Sigma-Holding verkauft, er behält aber noch Anteile von ca. <u>25%</u> an den überaus lukrativen Premium Häusern. Also, werden die wohl in Zukunft an einen weiteren Investor verkauft und hier ist er nochmals mit ca. <u>25%</u> dabei. Alleine das KDW dürfte mit dem Warenbestand und der Immobilie bedeutend mehr Wert sein, von den anderen Premium Häusern ganz zu Schweigen. Den Schrott hat er noch behalten, aber es ist nur eine Frage der Zeit, wann er sich dieser Häuser entledigt.
<u>Noch schlimmer, Karstadt muss alleine für die Namensrechte 3 Millionen pro Monat an Herrn</u> <u>Bergruen bezahlen.</u>
Ja, Verbindungen in die aller **höchsten Etagen** und dann kommen immer wieder solche Machenschaften zustande. Angeblich hat er seinerzeit <u>5 Millionen</u> für die Namensrechte bezahlt und kassiert jetzt <u>3 Millionen</u> und das <u>pro Monat.</u>
Diese Aktionen Stinken nicht nur, auch hier wäre die Staatsanwaltschaft gefragt, aber wie immer, nichts passiert, <u>Unglaublich aber Wahr.</u>
Er hat gut vorgesorgt, **keinen festen Wohnsitz, mehrere Pässe** und wie schon öfters erwähnt, die besten Verbindungen. Ja, so wird man <u>Millardär</u> ohne je belangt zu werden.
Jetzt hat er den Schrott auch noch losgeschlagen, Sigma ist der Übernehmer, aber dahinter soll noch ein <u>israelischer Großinvestor</u> stehen, wie man vermutet. Ja, so bleibt alles in gewissen Händen und das Zerschlagen und Abkassieren geht unvermindert weiter.

Auch hier ist die Medien und Presselandschaft mehr als abgetaucht, keiner aber auch keiner prangert die kriminellen Machenschaften an. Beweise und Fakten sind mehr als genug vorhanden, aber nein, wahrscheinlich zu heiß, ja man könnte sich die Finger verbrennen und so schweigt man besser, oder?????

Schauen wir mal in die Vergangenheit, in den 50er Jahren waren 1 Millionen ein enormes Vermögen in den Anfängen der 80er Jahre waren wir bei Milliarden und jetzt sind wir bei Billionen, der Weg zu Billiarden ist also nicht mehr weit.

Erinnert doch schwer an die 20er Jahre, sie sehen an diesen Zahlen, dass wir mehr als am Ende sind. Das Wir muss ich berichtigen, die Politik ist am Ende und diese, nur diese, hat uns das Eingebrockt, Punkt.

Schauen wir zum Ende noch mal kurz zurück, eine Dienstleistungsgesellschaft wollten unsere Politiker, einer sollte dem anderen die Haare Schneiden. Das Auto wurde mehr als verteufelt und die Luxusmarken als eine Schande angesehen, hätten sich die Forderungen durchgesetzt, dann wären wir Heute noch böser dran als Griechenland, ja das ist Politik in Deutschland.

Mal wieder ein für Deutschland tödlicher Beschluss, die EU beschließt eine noch strengere Feinstaubverordnung für die Autoindustrie (von der deutschen Regierung mitgetragen). Hat man hier mal wieder den nicht Autoherstellern oder den Ländern die sich auf Kleinwagen spezialisiert haben in unverantwortlicher Weise nachgegeben, mal wieder ein Skandal erster Güte, ja so werden in Deutschland von der Politik Schlüsselindustrien vernichtet.

Ebenso kann man heute erkennen, was das Rauchverbot angerichtet hat, die Eckkneipen und kleinere Restaurants sind zu Abertausenden verschwunden und auch hier ist ein Ende nicht abzusehen. Ich frage mich immer wieder, wo sind die Verbände oder Interessenvertreter der einzelnen Wirtschaftszweige, wohl auch gekauft, oder!

Und wer ist neuer Wirtschaftsminister, Gabriel, nicht zu Glauben.

Seine Aussagen zum Freihandelsabkommen sind von Lügen durchsetzt, Steuererleichterungen reiner Populismus und Ausfuhren nach Russland werden von ihm untersagt, obwohl diese Lieferungen nicht auf der Liste der Sanktionen stehen. Hier kommen ganz bestimmt Schadenersatz Forderungen auf uns zu. Waffenlieferungen an die wirklichen Krisenstaaten bleiben bei ihm außen vor, welches Land ich meine, wird wohl der Leser Wissen.

Im September 2014 hat die EZB die Zinsen auf ein Rekorttief gesenkt, 0,05% , dass bedeutet mal wieder, dass die Banken wieder aus dem vollen Schöpfen können, was man am Aktienmarkt mehr als deutlich Erkennen kann. Nutznießer sind wie schon erwähnt die Banken und der Staat, Verlierer ist wieder der Sparer und derjenige der Altersvorsoge betrieben hat.

Auch haben wir neben der Aktienblase, Goldblase jetzt auch noch eine Immoblienblase, die Preise steigen und steigen ins unbezahlbare. Woher kommt diese Entwicklung, Milliarden sind aus den Südeuropäischen Ländern zu uns geflossen, ob es legale Gelder sind, oder illegale hat hier niemanden gekümmert. Häuser, Grundstücke und Eigentumswohnungen wurden und werden immer noch im großen Stiel aufgekauft und teilweise nur für Tage oder Wochen bewohnt. Hinzu kommt noch das billige Geld, was den Immobilienmarkt weiter Anheizen wird. Also haben wir mal wieder alle Faktoren die einen freien Fall all dieser Märkte.

Und eine weitere Aussage von der EZB in Oktober 2014, wenn nötig, wird alles aufgekauft, auch Schrottpapiere, sie sehen den Ländern steht das Wasser bis zum Hals, wenn nicht weit darüber.

Wir brauchen wieder eine Marktwirtschaft, aber dafür dürfte es wohl zu spät sein, denn alle Anzeichen zielen auf Plan und Staatswirtschaft und das ist bei unseren jetzigen Politikern, auch nicht umkehrbar. Wie schon erwähnt, die 20er Jahre lassen Grüßen.

Ein letzter Satz sei mir erlaubt, warum werden die Banken mit Geldern nur so überhäuft, ganz einfach, haben die Banken kein Geld um Staatsanleihen zu Kaufen, dann sind nicht nur die Banken Pleite sondern auch die Staaten.nochmals Punkt.

Kapitel Gesundheit + Politik

ab 2007

Auch hier hat sich für den Patienten nichts geändert, im Gegenteil alles ist noch viel schlimmer geworden, als man es sich je hätte Vorstellen können.
Eine Gesundheitsreform jagt die andere und Verbesserungen im System Fehlanzeige.
Leistungskürzungen, Beitragserhöhungen und Zusatzabgaben, Abkassieren bei den Medikamenten, dass es dem Versicherten nur schlecht werden kann. Fehldiagnosen und Tausende von Toten alleine durch die mangelnden hygienischen Zustände in unseren Krankenhäusern. Die Abrechnungspraxis ist nach wie vor undurchsichtig und kriminelles Abkassieren kommt täglich an die Öffentlichkeit.
Ich habe auch hier in Buch 1 Vorschläge unterbreitet, wie einfach das abgestellt werden kann, aber das interessiert in der Politik niemanden. Damit man aber bei den Beitragseinnahmen Schalten und Walten kann wie man will, hat man mal eben den Gesundheits-Fond installiert.
Offenlegungen der Leistungen von Ärzte oder Krankenhäuser bei den gesetzlichen Krankenkassen ist immer noch nicht Vorhanden, ja man kann Betrügen was das Zeug hält.
Wollte Frau Ulla Schmidt und Herr Lauterbach die private Krankenversicherungen nicht abschaffen, was wäre wohl dann passiert. Das die privaten Kassen das Überleben der Gesetzlichen überhaupt ermöglicht, ist wohl unter Kennern unbestritten.
Was ich von den Beiden halte, (Schmidt und Lauterbach) habe ich auch in Buch 1 ausführlich erläutert, nichts.

Krankenhausbetten müssen unbedingt abgebaut werden, hieß es vor Jahren. Was hat man gemacht, Krankenhäuser ausgelagert und in Pseudoprivatunternehmen integriert. So z.B. in Berlin, dort wurde Vivantes gegründet und auf einmal war man auf dem Papier Tausende von Betten los.
Auch Vivantes ist ein Stadtunternehmen, welches nur gegründet wurde um Statistikfälschungen vorzunehmen. Überhaupt, so scheint es mir, ist Berlin mit weiteren Krankenhäusern nur so zugepflastert worden und alte Krankenhäuser mit Millionenaufwand renoviert worden.

Auch erstaunlich wie sich die Vergütungskosten für Operationen entwickelt haben.
Nehmen wir mal eine Herzklappenoperation. Nun, die bedeutend aufwendigere, schwierigere und sichere Operation am offenen Brustkorb bringt ca. 12 000 Euro.
Die schnellere und riskantere Operation mit Hilfe eines Katheders bringt dagegen weit über 20 000 Euro. So sieht es leider in vielen Bereichen aus, was nicht nur mich als Laien erstaunen lässt, sondern auch viele Eingeweihte.
<u>**Nicht nur der Kranke ist Krank, sondern das System übertrifft alles.**</u>

Unsere Ärzte werden auch immer abgebrühter, so verlangte ein Zahnarzt wegen eines zu spät abgesagten Termin, mal eben 5900,-Euro Schadenersatz, bei Gericht verloren, aber alleine die Forderung sagt mehr als genug. Um Ulla Schmidt ist es im Moment ruhig geworden, ich bin mir aber mehr als sicher, dass war noch nicht das Ende und weitere Gemeinheiten lassen ganz bestimmt nicht mehr lange auf sich Warten.
Gott sei Dank, die ehemalige Maoistin und Kommunistin Ulla Schmidt ist weg. Im Gespräch Ursula von der Leyen, nein hat nicht geklappt, Philipp Rösler FDP ist neuer Gesundheitsminister. Mal sehen was dabei herauskommt.

Auch hier nichts als Absahnen zu entdecken, höhere Beiträge, Arbeitgeberanteil wird eingefroren und am Gesundheitsfond wird festgehalten. Skandale wie gehabt. Ja, noch schlimmer, die Krankenhäuser vom deutschen Roten Kreuz in Berlin haben Millionenbetrügereien durchgezogen. Und ein, wie man sich es wünscht, kontrolliertes Abrechnungsverfahren durch den Patienten ist nach wie vor nicht zu erkennen.

Man will und lässt alles im Dunkeln, denn so kann man viel besser Manipulieren und dem Versicherten Kosten Aufbrummen, die er eigentlich überhaupt nicht zu Tragen hat.

Jetzt hat ein Apotheker aus Berlin sogar mit Hilfe von Aidskranken Millionen ergaunert, Rezepte von den Kranken massenhaft aufgekauft ohne die Medikamente zu liefern, von den Krankenkassen abkassiert. Hier kann man mal wieder sehen, dass dieses System nur so zum Betrug einlädt.

Die City BKK ist Pleite, hat hier evtl. der Gesundheitsfond der Bundesregierung eine Mitschuld ? Das Vertrauen der Patienten in das Krankenversicherungssystem ist mehr als erschüttert. Eine gute Versorgung der Patienten lässt immer mehr zu Wünschen übrig, Wochen oder Monate muss ein Patient teilweise auf einen Termin bei einem Facharzt warten. Aus angeblichen Kostengründen werden notwendige und sinnvolle Behandlungen abgelehnt. Zusatzbeiträge werden erhoben und trotz allem wird die Versorgung der Patienten immer schlechter. Ich habe das Gefühl, dass seit der Einführung des Gesundheitsfond die Regierung sich an diesen Geldern vergreift, denn wie sonst ist ein solches Dilemma überhaupt möglich.

Hier eine Geschichte die der Wahrheit entspricht und nicht geschönt oder übertrieben ist, aber tausendfach täglich in Deutschland passiert.

Ein Bekannter von mir leidet unter Durchblutungsstörungen in den Beinen. Nun, man versuchte die Beinvenen zu weiten was angeblich nicht gelang, dann hat man eine künstliche Vene implantiert, bei den weitern Untersuchungen stellte man Darmkrebs fest, was natürlich sofort operiert werden musste. Ein großes Stück des Darmes wurde entfernt und wie sich später dann herausstellte völlig umsonst, da kein Krebs vorhanden war. Aber damit war der Leidensweg noch lange nicht zu Ende, sondern dann ging es erst richtig los. Keine Besserung in den Beinen, die Verlegung in eine Spezialklinik wurde angeordnet, dort hatte man nur eine Lösung, ein Teil des Unterbeines wurde Amputiert. Aber nach etwas über einer Woche stellte man fest, dass man zu früh die Wunde verschlossen hat und so den Ablauf der Wundflüssigkeit verhinderte. Resultat, ein weiters Stück des Beines musste Amputiert werden. Wochenlanger Aufenthalt war natürlich die Folge, Rehaklinik usw. usw.

Natürlich Medikament im Überfluss ca. 16 Tabletten täglich und dann einige Monate später kam ein Schlaganfall, wieder Krankenhaus. Hier holte er sich einen Krankenhausvirus und kam sofort auf eine Isolierstation. Dann Wochen später spielte die Bauchspeicheldrüse verrückt und wieder Krankenhaus. Und auf Grund seiner Vorerkrankung, was man aber erst nach einigen Tagen angeblich herausfand, wieder Isolierstation, obwohl die Ehefrau schon bei der Einweisung darauf hingewiesen hat.

Dann wollte man an das andere Bein des Patienten, da auch hier angeblich Durchblutungsstörungen festgestellt wurden. Also bei schlimmen Durchblutungsstörungen hat man Verfärbungen der Haut, was bei ihm überhaupt nicht zu erkennen war und ist. Also lehnte man jegliche weitere Untersuchungen in diesem Fall ab, was nach meiner Meinung auch richtig war, sonst hätte er wahrscheinlich auch noch sein zweites Bein verloren. Die Zusammenbrüche häuften sich, künstliches Koma, weitere Schlaganfälle, anstatt diese Person einschlafen zu lassen, ein weiteres künstliches Koma. In der Lunge hat sich Wasser gesammelt, Nierentätigkeit ist ausgefallen Herzprobleme usw. usw. kurz und gut, heute ein Pflegefall mit allen Problemen die dazu gehören, aber noch schnell einen Herzschrittmacher eingesetzt. Jetzt Mitte Juni 2012 ein weiterer ganz schwerer Schlaganfall und der Patient ist nun mehr als ein menschliches Frack. Die Umwelt wird nicht mehr klar wahrgenommen und ein dahin Leben ohne jegliche Hoffnung, ist das Resultat. Jetzt kommt ein Pflegeheim in Betracht, da Pflegestufe 3. So kann man weiter Abkassieren, erst die Krankenhäuser und jetzt das Pflegeheim. Hier geht es nicht mehr um Lebensrettung sondern einzig alleine ums Abkassieren und dabei hilft natürlich das künstliche Koma in ganz besonderer Weise und umgeht die Patientenverfügungen in krassester Form. Eine gute Patientenverfügung ist und war vorhanden, aber wie oben schon erwähnt, hat man Mittel und Wege um diese zu Umgehen. Wird ein Patient in Koma eingeliefert, dann und evtl. auch nur dann kommt diese zum Tragen, wird das künstliche Koma aber von den Ärzten angeordnet, was einzig und alleine deren Entscheidung ist (Auskunft der Ärzte) ist die Patientenverfügung Null und Nichtig.

Jetzt aus eigener Erfahrung, Ich wurde an den Hämorriden operiert, alles war OK, aber kurz nach meiner Entlassung aus dem Krankenhaus bekam ich einen derart starken und ungewöhnlichen Schüttelfrost, so dass ich mich mit dem Taxi sofort wieder ins Krankenhaus fahren lies. Dort stellte man fest, dass ich nicht nur eine Blutvergiftung hatte, sondern auch noch eine Urinvergiftung. Wie mir eine Vertrauensperson aus dem Krankenhaus mitteilte, war diese mehr als Lebensgefährlich und wäre ich nur 12 Stunden später gekommen, so hätte mich wahrscheinlich keiner mehr Retten können.
Die Ursache war höchstwahrscheinlich ein unsauber Katheder den man mir vor der Operation in den Penis einführte, obwohl ich dieses ausdrücklich vor der Operation untersagt hatte. Nachdem war ich weitere 5 Tage im Krankenhaus weilte, konnte ich abermals entlassen werden. Das hier einwandfrei ein Behandlungsfehler vorlag, ergibt sich aus der Tatsache, dass ich dafür bis Heute keinerlei Rechnungen bekommen habe.
Und noch ein Fall aus meiner engsten Umgebung, eine Frau war in 2 Jahren auf Grund schwerster Infektionen 6 mal im Krankenhaus, nebenbei wurden noch die besten Professoren kontaktiert und selbst bezahlt, alles umsonst. Eine Praxisärztin machte sich die Mühe einer Ultraschalluntersuchung und stellte fest, dass die Galle nicht in Ordnung war und die Gallenflüssigkeit nicht richtig Abfließen konnte und damit war das Problem gelöst, aber welche Kosten, enorm und von dem Leid der Patientin ganz zu Schweigen.

Und wenn man sich die Diskussionen um die Präimplantationsdiagnostik so anschaut, kann man wirklich nur noch sagen, die Politik hat jegliches Maß an Normalität verloren. Hier geht es um künstliche Befruchtung, um vor dem Einsetzen des Embryos in die Gebärmutter diesen auf Erbschäden zu untersuchen. Dieses ist in Deutschland natürlich verboten, was für mich nicht nachvollziehbar ist, denn hier handelt es sich nicht um Leben mit Armes, Beinen und Kopf sondern ein Kugelförmiges etwas.
Auch hier sind die Grünen mal wieder an vorderster Front gegen jegliche Aufweichung der gesetzlichen Bestimmungen, vor allem die von mir sehr geliebte Claudia Roth.
Wenn man weis, dass hier sehr große Gefahren für ein nichtlebensfähiges Geschöpf vorhanden sein kann oder ist. Warum überlässt man den zukünftigen Eltern nicht die Entscheidung ob eine Untersuchung stattfindet oder nicht. Nein, Bevormundung lautet die Devise und nichts anderes. Hier werden Trauergeschichten produziert die man diesen Politikern anheften sollte von den Kosten und dem Leid ganz zu Schweigen.

Weitere gesetzlichen Krankenkassen stehen vor der Pleite und der Bund hat mit seinem Gesundheitsfonds schon weit über 15 Milliarden Euro Überschuss erwirtschaftet, mal sehen wo diese Gelder Hinfließen??

Mal wieder die Kassenärztliche Vereinigung, längst überflüssig. Da genehmigt sich der Vorstand Übergangsgelder obwohl wiedergewählt, Rückzahlungen werden strikt abgelehnt, hier wie in allen anderen Fällen deutlich zu erkennen, man hat das Gemeinwohl und den Beitragszahler völlig vergessen, sondern es geht nur noch ums Geld und nichts anderes und da sind kriminelle Machenschaften mittlerweile an der Tagesordnung. Auch hier ist die Staatsanwaltschaft gefordert, aber mal wieder absolutes Schweigen, obwohl diese Angelegenheit schon seit längerem an der Öffentlichkeit ist.

Kommen wir mal zu den Medikamenten, seinerzeit hatte sich die Pharmaindustrie für einige Hundert Millionen beim Staat freigekauft, was passierte, die Medikamentenpreise explodierten derart, dass es nicht mehr zu Begreifen war, ja auch die von mir befragten Apotheker, waren schockiert. (Siehe Buch 1).
Bei den Medienanstalten wurde und werden, die ausländischen Medikamente als Schrott und Lebensgefährlich hingestellt. Die schlimmsten Bilder wurden veröffentlicht, wo Medikamente in Waschküchen oder verschmutzen Räumen hergestellt werden.
Das diese Medikamente aber nur für den Straßenverkauf und Schwarzmarkt hergestellt werden, wird natürlich mal eben verschwiegen. Auch wurden von den Medien zu den Zigarettenherstellern aus Russland Horrorbilder veröffentlicht die alle Vorstellungen sprengten, angeblich wurden alte CDs und anderer Müll untergemischt, die Zigarettenherstellung kostet nur Cents und ein Panschen macht hier wirklich keinen Sinn. Also, alles Lügen und wie immer, Schämen kennen die nicht.

Wenn man im Ausland in guten Apotheken einkauft bekommt man auch gute Medikamente für einen Guten Preis:
Beispiel: Vor kurzem kaufte ich ein Antibiotikum in Asien, der Hersteller ein europäischer Großkonzern. Nun, um der Frage mal nachzugehen ob es sich um ein minderwertiges Produkt handelte oder nicht, schickte ich einige Tabletten an diesen Konzern mit der Bitte um eine Analyse eben dieser Tabletten, da ich angeblich Nebenwirkungen feststellte. Resultat, es handelt sich **einwandfrei um ein Produkt dieser Firma**.
Sie sehen auch hier Fehlinformationen der Politik, um die Bevölkerung abzuhalten gleichwertige aber bedeutend billigere Medikamente zu Kaufen.
Das die Medikamentenpreise explodiert sind und waren, war mir schon seit langem bekannt, (siehe Buch 1) aber hier haben sie die neuesten Zahlen:
Hier kostet die Packung Antibiotika ca. 90,00 Euro für 20 Tabletten.
In Asien bezahlte ich ca. 11,00 Euro umgerechnet auf 20 Tabletten, für die selbe Marke, also über 800% mehr. Aber so weit braucht man überhaupt nicht zu gehen, auch in unserem Nachbarland Holland sind die Preise bedeutend billiger, hätten wir nur Hollandpreise, so könnten alleine hier Milliarden eingespart werden.
Da ich mir meinen sehr kleinen Medikamentenbedarf seit Jahren im Ausland besorge und nie, aber auch nie Probleme hatte, kommt für mich nur eine Vermutung in Frage, die Pharmaindustrie zahlt weiterhin an den Staat und diese Zahlungen müssen natürlich in deren Kalkulation eingebracht werden und so kommen evtl. diese Horrorzahlen zustande. Bei den Antibiotika sind es 800% bei anderen noch viel mehr.
Das man alles versucht um ausländische Medikamente aus Deutschland zu verbannen, belegt alleine die Tatsache, dass sämtliche verschreibungspflichtigen Medikamente nicht eingeführt werden dürfen. Die Politik und die Pharmalobby haben hier ganze Arbeit geleistet und das auf

Kosten der Bevölkerung.

Wenn es wirklich so ist, dann haben wir wohl einen der größten Pharma Skandale die Deutschland je erlebt hat. Die evtl. Verträge dürften wohl als Geheim eingestuft sein und ein Einsehen ist so gut wie unmöglich.

Wie komme ich zu dieser Annahme, ganz einfach, diese Preisunterschiede sind auch unseren Politikern und den dementsprechenden Ministerien bekannt und was tut sich in dieser Richtung, absolut nichts und das seit Jahren.

Hier kann man sehen, welches Einsparungspotential vorhanden wäre, denn die gesetzlichen Krankenkassen erstatten pro Jahr für weit über 30 Milliarden Euro nur für Medikamentenrechnungen.

Noch schlimmer sieht es bei den Nachahmer-Produkten aus, wo die Patente ausgelaufen sind, diese können ca. 80% billiger an den Patienten abgegeben werden.

Beispiel: Aids Medikamente in der dritten Welt und was plant die Pharma Lobby, eine Patentverlängerung, sie sehen der Patient ist mehr als nur eine Nebensache. Aus der oben genannten Zahl 30 Milliarden würden auf einmal Millionen, dass darf und kann nicht sein. Jetzt endlich wehrt sich die dritte Welt gegen diese Machenschaften und droht an, Patentrechte in Zukunft nicht mehr zu Akzeptieren, Reaktion der Pharmaindustrie, selber Inhalt, aber anderer Name und Verpackung zu den geforderten Preissenkungen, also es geht doch, nur hier in Deutschland wird ganz anders gespielt und das ist der Skandal.

Endlich, jetzt hat ein Schweizer Pharmakonzern einen Prozess in Indien verloren. Es ging um ein Krebsmittel welches monatlich über 3000 Euro für den Patienten gekostet hat, aber das Nachahmerprodukt, in Indien hergestellt, nur 60 Euro kostet. Selber Wirkstoff und Inhalt, noch was zu Sagen!

Überhaupt wird der Deutsche mit Medikamenten nur so vollgestopft, man gibt etwas fürs Herz und macht auf die Dauer Nieren, Leber und andere Organe kaputt.

Blutverdünner,(sehr teuer) auch ein gutes Beispiel, sehr oft erlebt man, dass gerade diese Patienten immer wieder einen Schlaganfall erleiden.

Ich komme noch mal auf meine Person zurück, vor ca. 12 Jahren wurden mir Stents ins Herz gesetzt. Ich sollte 3 verschiedenen Medikamente nehmen und das Lebenslang. Nun ja, ein Medikament versetzte mich in einen Zustand, den man hat, wenn man mehr als Besoffen ist. Diesen Zustand habe ich dem behandelnden Professor mitgeteilt und dieser empfahl die sofortige Einstellung dieses Medikaments.

Auch die anderen verbliebenen haben mir nicht gut getan, also schmiss ich nach Tagen alles auf den Müll und siehe da, mir geht es seit dem bestens und ich genieße mein Leben und das seit 12 Jahren. Sie sehen, Medikamente können auch Krank machen und das Wissen unsere Ärzte ganz genau, trotzdem wird weiter verschrieben was das Zeug hält.

Auch habe ich mal ausgerechnet was mich die Tabletten in 12 Jahren gekostet hätten. Nach den heutigen Medikamentenpreisen über 60 000 Euro, rechnen sie diese Summe mal hoch auf die Millionen die diese Tabletten verschrieben bekommen, dann Wissen sie wo die Gelder verschwendet werden. Nimmt man jetzt noch die unnötigen Behandlungen, Operationen und die kriminellen Machenschaften hinzu, dann könnten wir höchstwahrscheinlich die Beiträge um nicht weniger als 50% sofort senken.

Es ist mehr als bekannt, dass Amputationen zu 80% vermieden werden könnten und dass unnötig operiert wird wie in keinen anderen Land der Welt und wenn man die Doppelt und dreifachen Untersuchungen noch hinzu zählt, dann Wissen sie was in unserem Lande los ist.

Zu den Apotheken wäre auch noch einiges zu Sagen, die Läden liegen meistens in den teuersten Straßenzügen, bei mir am Kurfürstendamm in Berlin sind in unmittelbarer Nähe ganze 4. Nun ja, hier muss eine Verdienstspanne sein die keine Wünsche mehr offen lässt und Korruption und Schmiergeldzahlungen alle Türen öffnet.

So geben Pharmakonzerne bei sehr teuren Medikamenten Rabatte bis zu 80%, es werden Zwischenfirmen gegründet um die Rabatte zu kassieren und die Medikamente werden dann zum Normalpreis in Regal gelegt.

Hier eine Rechnung wie so etwas aussieht:

Originalpreis: 1000 Euro

Minus: 80%   800 Euro

Einkauf: 200 Euro

Nicht zu vergessen, dass sind Einkaufspreise und dann wird auf dem Originalpreis (1000 Euro) noch die Verdienstspanne aufgeschlagen. Alle diese Machenschaften sind der Politik bekannt und was passiert, richtig, absolut nichts. Und der größte Skandal an dieser Geschichte ist, auch die Krankenkassen Wissen mehr als diese Zugeben wollen und Zahlen und Zahlen. Der Versicherte zahlt ja und die Gelder müssen verbrannt werden, egal wie.

Bei den Krankenkassen und Gesundheitsfond sind Mittlerweile über 20 Milliarden Euro an Überschüssen angelaufen, Raten sie mal wohin die geflossen sind, hier die Auflösung: 10 Milliarden sollen bei den Krankenkassen liegen und die restlichen 10 Milliarden bei der Bundesversicherungsanstalt. Diese Gelder sind, wie man hört in kurzfristige Anlagen geflossen sein. Ganz bestimmt in den Geldvernichtenden Staatsanleihentrichter, auch hier mal wieder ein Skandal erster Güte.

Und nicht zu vergessen, der Pflegedienst, in Berlin hat sich die Russische Mafia dieses Gebiet zum abkassieren ausgesucht und das schon seit Jahren. Ist Abhilfe geschaffen worden, nein, die sind mit Ihren Betrügereien immer noch Aktiv. In anderen Bundesländern sieht es wohl auch nicht besser aus, ob es dort die Russen sind weis ich nicht, aber irgend eine Mafia wird es schon sein.

Ich kann es nicht glauben, jetzt im Juni 2012 hat der Bundesgerichtshof doch dem Schmiergeld und der Korruption alle Türen geöffnet, die Begründung, man habe im Strafrecht keinen Paragrafen gefunden, der Schmiergeldzahlungen verbietet.
Wie schon erwähnt, dass System ist mehr als Krank und unsere oberstes Gericht gibt dazu noch einen Persilschein.

Zum Schluss noch eine unglaubliche Geschichte, Wissenschaftler aus Deutschland Glauben ein Mittel gegen AIDS gefunden zu haben, bei Mäusen hat man eine komplette Heilung erzielen können, es fehlt nur noch der klinische Test, der aber von den Wissenschaftlern nicht finanziert werden kann, da sehr Teuer. Also wendet man sich an die Pharmaindustrie um die Angelegenheit zu finanzieren, keiner ist bereit diese Kosten zu übernehmen, na, raten sie mal warum! Hier wäre als nächste Instanz die Krankenkassen oder sogar der Staat gefragt, aber auch hier nur Stillschweigen.
Das wäre nicht die einzige Erfindung die klamm und heimlich von der Bildfläche verschwindet, denn wie schon öfters erwähnt, es geht ums Geld.

Sie sehen auch hier, Korruption, Seilschaften, kriminelle Handlungen und von der Politik durchgesetzten Verordnungen geben dem System den Rest.

Weiter geht's mit den öffentlich Rechtlichen Rundfunk und Fernsehanstalten.

Kapitel Öffentlich-Rechtlichen-Fernsehen

Auch hier hatte ich schon in Buch 1 die ungeheure Verschwendung dieser Anstalten angeprangert und auf Besserung gehofft, nun ja, wer hofft wird Selig.
Es ist im Gegenteil viel schlechter geworden als ich es mir je erträumte.
Die Politik mischt sich noch viel intensiver ein und die Latte der Politiker im Rundfunkrat und Verwaltungsrat wird immer länger. Nehmen wir stellvertretend nur das ZDF, <u>Olaf Scholz, Fernsehrat, Maria Böhmer,Verwaltungsrätin, Edmund Stoiber, Verwaltungsrat, Peter Müller, Verwaltungsrat, Brigitte Zypries, Verwaltungsrätin, Christine Bergmann, Verwaltungsrätin, Matthias Platzeck, Verwaltungsrat, Roland Koch, Verwaltungsrat, Kurt Beck, Verwaltungsrat und jetzt kommt noch der Fernsehrat, Franz Josef Jung, Laurenz Meyer, Dirk Niebel von den Linken Dietmar Bartsch und von den Grünen natürlich Cem Özdemir.</u> Noch Worte, ich nicht, wie erwähnt, diesen politischen Aufwand nur für das ZDF. Bei der ARD und deren Töchter nimmt es Ausmaße an, die schon an Wahnsinn grenzen, hier die Posten aufzuzählen ist so gut wie unmöglich, denn es würden wohl die vorgesehenen Seitenzahlen Sprängen, weit über <u>350 sollen es sein. (ca. 90% Politiker).</u>
Ebenso ist die ARD an über <u>130 Unternehmen</u> beteiligt und was dort hinter den Kulissen passiert, ist und bleibt Geheim. Also, Spielraum genug um Seilschaften und Korruption am Leben zu erhalten.
Auch Medienwächter sind vorhanden, aber nur um die Privaten zu Überwachen und Geldbußen zu Verhängen, aber die Eigenen Sender bleiben natürlich außen vor.
Die öffentlich rechtlichen sollten Staatsfern sein, aber das ist doch wohl mehr als ein Lacher für sich, oder!
Politik und Intendanten machen gemeinsame Sache, die Öffentlichkeit ist schon seit längerer Zeit unerwünscht und die Rundfunkfreiheit ist nur noch auf dem Papier vorhanden. Seilschaften und Strippenzieher haben schon lange die Macht übernommen und aus den öffentlich rechtlichen einen Staatsender gemacht.
Milliarden Gebühren Einnahmen und was bekommen wir vorgesetzt, ARD, Filme aus den 50ern, Serien die kaum ein vernünftiger Mensch ertragen kann und einen Verwaltungsaufwand, der den größten Teil der Gelder auffrisst. Schauen sie sich mal die Paläste an und dann die Eigenproduktionen, ein Lacher für sich. Viele Produktionen werden mittlerweile von den Ansagern oder Showmaster selber gemacht und dafür werden Mondpreise bezahlt. Beispiele gibt es mehr als genug. Was selber evtl. noch gemacht wird, sind Zoobesuche als Dauerbrenner usw. usw.
Das ZDF ist zum Kochstudio verkommen. Man reist durch halb Europa und die Starsendungen wie Wetten dass und das Traumschiff verschlingen riesige Summen.

Hier kann man am besten beobachten wie diese Seilschaften funktionieren.
Alles in Deutschland ist von Lug und Trug durchsetzt, nehmen wir nur mal die Gala und Premiereveranstaltungen, die angeblichen Fans sind nichts anderes als gekaufte Komparsen, Großaufnahmen der Fernsehanstalten, Verarschung die wohl schlimmer nicht ein kann und der Zuschauer sitzt staunend vor der Glotze, unfassbar. Genauso sieht es bei den Pressekonferenzen

der Politiker aus, dass Bundespresseamt, die Fernsehanstalten und die Presse schicken Horden von Kameraleuten und Fotografen hin, obwohl eine Hand voll Ausreichen würde. Begründung, wie sehe es aus wenn die Räume nur halb voll wären, der Steuerzahler, Rundfunk und Fernsehzuschauer bezahlt es ja.

Und jetzt im Februar und März 2010 passieren unglaubliche Geschichten, Missbrauchsfälle aus den 60er 70er und 80er Jahren werden auf einmal ausgegraben. So nehmen wir mal an, die missbrauchten Personen waren seinerzeit ca. 10 Jahre alt, so sind diese mittlerweile über 40 oder 50 Jahre alt und man tut so, als ob seinerzeit die Angelegenheiten nicht bekannt gewesen seien und das die Opfer 40, 30 oder 20 Jahre brauchen um ihr Geheimnis zu Lüften.
Ganz besonders hat man es auf die katholische Kirche abgesehen und jetzt Mitte März 2010 greift man sogar den deutschen Papst in der Presse und Medienlandschaft an, dass es einem schlecht werden kann. Seinerzeit haben es die Spatzen von den Dächern geschrien und heute tut man so, als ob es eine ganz neue Erkenntnis sei. Dieses Thema wird von morgens bis abends im Fernsehen breitgetreten, die Nachrichtensendungen sind voll damit und Sondersendungen werden geschaltet, dass man sich Fragen muss, was geschieht hier und welche Ziele verfolgt man damit. Ich bin ganz bestimmt kein Freund der Kirche, aber was hier passiert macht mich mehr als stutzig. Wir haben kein Sommerloch, sondern es ist noch tiefster Winter und dann das! Will man evtl. den deutschen Papst beschädigen, nun ja, als Nestbeschmutzer sind gewisse Kreise mit deutschem Pass ja Weltbekannt. Und jetzt schaltet sich sogar unsere Kanzlerin ein, hat die wirklich nichts besseres zu tun????

Und wenn man sieht welche Zahlungen die Sendeanstalten leisten, so bezahlt die ARD-Fernsehlotterie mal 450 000 EURO Gage für etwa 50 Auftritte pro Jahr. Also 9000 Euro pro Auftritt. Ich habe mir mal die Sendung angeschaut, ca. 2 Minuten, dass war alles, also kommt man hier auf einen Stundenlohn von 270 000 Euro. Mehr als ein Skandal.
Das es sich hierbei aber nur um Peanuts handelt dürfte wohl auch bekannt sein. Günther Jauch bekommt ab September 2011 seine eigene Talkshow bei der ARD, auch produzieren wird er selbst. Gottschalk ist ebenso im Gespräch, na Raten sie mal was das Kosten wird! Geld spielt absolut keine Rolle, denn die Zwangsabgaben Steigen und Steigen immer weiter. Die öffentlich Rechtlichen schlittern von einem Skandal zum anderen, meist von der Öffentlichkeit nicht wahr genommen, oder geschickt verschleiert. So werden auch hier, wie im Baugewerbe üblich, Subunternehmen und weitere Subunternehmen bei der Produktion von Sendematerial beschäftigt um Kosten zu Verschleiern und die Korruption am Leben zu erhalten.
Ganz schlimm soll es beim MDR (Mitteldeutscher Rundfunk) aussehen, hier mischt die Stasi noch fleißig mit und wie ich von einem ehemaligem Mitarbeiter vom SFB (ehemaliger Sender Freies Berlin) gehört habe, hat man schon in den Anfangsphasen katastrophale Zustände vorgefunden. Diese Mann wurde seinerzeit abgestellt um beim Aufbau dieses Senders mitzuhelfen, was fast unmöglich war und nach kurzer Zeit schmiss er das Handtuch. Es bestehen noch Kontakte und auf meine Frage, ob es jetzt besser sei, kam die eindeutige Antwort, nein noch schlimmer. Auch hier hatte ich in meinem ersten Buch schon auf die wahnsinnigen Verwaltungen hingewiesen, sind die abgebaut worden, auch hier ein klares nein. Verschleiern und Verstecken gehört nach wie vor zu deren Handwerk.
Über 7 Milliarden Einnahmen aus der Zwangsabgabe, zusätzlich noch die enormen Werbeeinnahmen, die natürlich in den offiziellen Zahlen nicht auftauchen, sondern in den der öffentlich-rechtlichen gehörenden Firmen ausgelagert werden.
Und nicht zu vergessen, Phönix und die deutsche Welle. Phönix ein reiner Regierungssender und die Deutsche Welle, schlechter kann man nicht sein.

Vergleicht man die deutsche Welle mit BBC oder CNN so kann man ohne zu übertreiben nur von einen Provinzsender sprechen, aber die Kosten sind mehr als astronomisch.

Ich muss nochmals auf Wetten dass zurückkommen, denn hier kann man ganz genau sehen, wie und was so abläuft. Thomas Gottschalk hat im Geld nur so geschwommen, seinen Wohnsitz verlegte er in die USA, ganz bestimmt nur aus steuerlichen Gründen.

Auch sein Bruder war mit von der Partie, angeblich über Schleichwerbung Millionen eingenommen, ist die Justiz eingeschaltet worden, ich Glaube nein.

Dann kündigte er an, die Sendung abzugeben und siehe da, er kommt zurück nach Deutschland. Er Moderiert eine Vorabendsendung was ein Flop war.

Ohne großes Geld und verschwenderische Ausgaben haben die Leute absolut keine Chance. Jetzt geht es zu RTL mit seiner Co Michelle Hunziger, mal sehen wie lange das dauert.

Zurück zu den Öffentlich Rechtlichen und deren Töchter, Olympischen Spiele 2012, ARD und ZDF Klotzen nur so, aber nicht genug damit, der Provinzsender (RBB) Rundfunkanstalt Berlin Brandenburg mietet sich bei dem Luxusliner MS Deutschland über die ganze Zeit der Spiele mit einem Tross von Mitarbeitern ein. Also eine Geldvernichtungsmaschine die seinesgleichen sucht. Die Hälfte diese Sender könnte man ohne weiteres dicht machen und den Fernsehzuschauer vieles Ersparen von den eingesparten Geldern ganz zu Schweigen. Sollte mal gespart werden, was auszuschließen sein dürfte, dann wären Gebührenerhöhungen nicht mehr durchzusetzen. Ja, so funktioniert das.

Auch Maulkörbe sind nicht mehr zu übersehen, so unter anderem am 8 oder 9.9.2012 wo in Mannheim 40 000 Kurden zusammenkamen 800 Polizisten waren vor Ort, 80 verletzte Polizisten (10%) und der Rest wurde von Schlägern in Kürze vertrieben.
Also entstand hier ein Rechtsfreier Raum, Verhaftungen, weit gefehlt und das schlimmste, in keiner überregionalen Nachrichtensendung auch nur ein Wort davon.
Der Einzige Fall, nein kein keineswegs.

Was einem so vorgesetzt wird, spottet jeder Beschreibung, hier ein Beispiel : Bei der Late Night Show von Krömer vom 13.10.2012, da war unter anderem ein Weltbekannter Behinderter Sänger zu Gast, bei diesem Herrn wurde von Krömer folgender Satz verwandt, (sinngemäß) du musst ja für Sex bezahlen, was eine Äußerung war, die mehr als unter der Gürtellinie ging und das schlimmste, die Zuschauer klatschten noch. Früher hätten solche Patzer fast jedem den Job gekostet. In der selben Sendung wurde Herr Krömer mal eben nach Afghanistan geflogen um Soldaten mit dummen Sprüchen zu beglücken, also dummer ging es wirklich nicht mehr und wer darüber überhaupt Lachen konnte, der muss selber eine Klatsche gehabt haben. Das solche Sendungen zudem auch noch sehr viel Geld kosten braucht man wohl nicht näher zu Erläutern.

Wir haben über 20 öffentlich rechtliche Fernsehsender, ein Skandal und eine Geldvernichtungsmaschine erster Güte und Verschwendung wird nach wie vor ganz groß geschrieben. So genehmigt sich die Tagesschau ein neues Studio von über 20 Millionen Euro, das ZDF Studio hatte noch mehr verschlungen ca. 30 Millionen auch finanziert vom Fernsehzuschauer, ich betone ein Studio und kein neues Gebäude.

Und jetzt ab 1.1.2013 kommt die Krönung, jeder Haushalt muss bezahlen, ob Fernseher oder Radio und Computer vorhanden ist oder nicht spielt keine Rolle. Mal sehen wie unsere Gerichte das sehen, wenn überhaupt einer Klage erhebt, denn der Deutsche ist an Obrigkeitshörigkeit wohl nicht mehr zu Übertreffen.

Doch es wurden Klagen eingereicht, ich bin mal gespannt, ob man sich hinter den Kulissen, ohne Öffentlichkeit, einigt und den Klägern Sonderrechte einräumt.

Wir haben das Teuerste, Schlechteste öffentlich rechtliche Fernsehsystem der Welt und dieses ist quasi ohne wenn und aber in das Eigentum der Parteien überführt worden.

Die Zuschauer laufen in Massen weg, Tagesschau, Tagesthemen, Heute usw. kann man sich kaum noch anschauen, denn zu Politisch und das Weltgeschehen wird auch nur noch nach politischen Vorgaben gestaltet. Gespart werden könnten Milliarden, ZDF und ARD könnte man ohne weiteres zusammenlegen, die Provinzsender mehr als Halbieren und die Verschleierungen und Täuschungen endlich mal an die Öffentlichkeit Bringen. Wim Tölke hat es seinerzeit mal versucht, aber er wurde mit aller Gewalt zurück gepfiffen und kurze Zeit später Starb er auch. Er war der einzige der mal zu den ungeheuerlichen Verschwendungen und der Korruption in den Sendern den Mund aufmachte. Leider, denn den anderen geht es zu gut und die werden sich Hüten ihre Wahnsinnseinkommen auf Spiel zu setzen, wie in der Politik.

Auch im Feiern sind unsere „Stars" einfach Weltklasse, über 60 Veranstaltungen jedes Jahr (so viel wie in keinem anderen Land der Welt) und das alles auf Kosten der Rundfunkzahler, Zwangsabgaben und Filmförderung, wie oben schon mal erwähnt, auch ein Skandal der kaum in der Medienwelt zu Übertreffen sein dürfte.

Heute am 28.4.2014 habe ich mir nach langer Zeit noch mal den Presseclub angeschaut, wie immer eine Katastrophe, es ging mal wieder um Steuersünder und die Ausführungen der Teilnehmer waren bis auf eine Ausnahme überhaupt nicht zu ertragen, hier saßen keine kritischen Journalisten am Tisch, sondern Handlanger der Politik. Ja, die Politik hat es geschafft, Journalismus nicht nur außer Kraft zu setzen, sondern zu Ihren Sprachrohren um zu Funktionieren.

Die Fernseh- und Medienlandschaft hat als 4te Kraft in Deutschland mehr als versagt, noch schlimmer, im Vertuschen und Verschleiern noch fleißig mitgeholfen.

Weiter geht's zum Ölmarkt.

Kapitel Ölmarkt
von 2007

Mittlerweile steckt der Staat sich über 90 Cent (über 1,80 Mark) pro Liter Benzin in die Tasche, an Frechheit wohl kaum noch zu Übertreffen und eine Steuerreduzierung wird mehr als nur abgelehnt und wie oben schon erwähnt, fordert der Bayrische Ministerpräsident jetzt sogar noch eine Maut für alle. Angebot und Nachfrage wurde total ausgehebelt und die Spekulation nimmt Formen an, die man getrost als Wahnsinn bezeichnen kann.

Nochmals zum Benzinpreis an der Tankstelle, Mitte bis Ende Januar 2008, der Weltmarktpreis für Öl auf fast 100 Dollar, der Benzinpreis für Super 1,349 dann fing der Ölpreis an zu bröckeln und siehe da, an der Tankstelle gingen die Preise nach oben auf 136,9. Am 21.1.2008 hat der Ölpreis fast 15% eingebüßt, der Dollar fast unverändert und an den Tankstellen ist der Verkaufspreis fast

der selbe geblieben. Der Normalbenzinpreis wurde dem Superbenzinpreis angeglichen, so das der Verbraucher natürlich das bessere Benzin kaufte, hat ja nicht mehr gekostet und sofort reagierte die Mineralölindustrie mit dem baldigem Einstellen des Normalbenzins. Ab 2009 soll Biosprit auch beim Superbenzin beigemischt werden und dann müssen viele, die jetzt Superbenzin fahren auf Superplus umsteigen, was natürlich bedeutend teuerer ist. Politik und Medien sind auch hier mal wieder untergetaucht.
Also, meine seit langem befürchtete Behauptung scheint doch wahr zu sein, Absprachen und den Bürger mit Hilfe der Politik richtig ins Messer laufen lassen.

Die Weizenpreise, wovon Biosprit hauptsächlich von hergestellt wird, sind in den letzten Monaten schon mehr als explodiert, also wird der Getreidepreis wohl noch viel höher steigen und die Produktion ist bei einem 10% Biospritanteil (ab 2011) Anteil überhaupt nicht zu bewältigen, was Importe aus der sogenannten 3. Welt bedeutet. Auch ist es erwiesen, dass viele Motoren bei einer 10% Beimischung mehr als Leiden und Motorschäden vorprogrammiert sind. Alles, aber auch wirklich alles, wo die Politik ihre Hände im Spiel hat, kann man ohne zu Übertreiben, von stümperhaftem Handel und haarsträubenden Aktionen sprechen.
Nach dem Normalbenzinpreis ist jetzt der Dieselpreis an der Reihe, beides ist fast gleich teuer wie Superbenzin, wo ist das Kartellamt und das Verbraucherschutzministerium, der ADAC oder alle anderen sogenannten Vertreter des Verbraucherschutzes, untergetaucht.
Ich habe immer mehr das Gefühl, man reist und reist um internationale Absprachen zur Preisentwicklung zu vereinbaren, siehe den gesamten Rohstoffmarkt, z-B. Reispreise sind in den letzten Wochen (April/Mai 2008) in astronomische Höhen gestiegen.
Nein, hier wird eindeutig von gewissen Leuten an Schrauben gedreht und unsere und andere Regierungen sind nach meiner festen Überzeugung mit von der Partie.

Ich komme gerade von einer Asienreise zurück (Mai 2008) und siehe da, dort sind die Tankstellenpreise ca. 1 US Dollar pro Liter versteuerter Benzinpreis, ca. 65 Euro Cent.
Hier sind es vor Pfingsten 2008 fast 1,50 EURO, noch was zu sagen!!!! Ja, die Politik und die Öllobby sind sich mehr als einig, denn beide machen sich auf Kosten der Bürger mehr als die Taschen voll. Überhaupt, wenn man sieht wie es in diesen Ländern voran geht und es mit hier vergleicht, so kann man nur Weinen.
Ende Mai 2008, ist der Ölpreis um weitere ca. 7% gefallen, der Dollar aber nur um 2% stärker geworden und am Tankstellenpreis hat sich mal wieder nicht zu Gunsten der Verbraucher geändert, nein im Gegenteil, die Dieselpreise explodieren.

Ich bin mittlerweile fest davon überzeugt, dass man in der Politik nach der Divise verfährt, tut uns nichts und wir lassen euch in Ruhe. Wie bei den Pharmariesen und bei den Energieversorgern schon seit langem üblich. Keine Marktwirtschaft und Preisgestaltung nach Angebot und Nachfrage existiert nicht mehr.

Wie unverschämt die Mineralwirtschaft agiert, kann man jetzt mal wieder zwischen dem 6.3. und dem 9.3.2010 genau belegen, Dollar und Ölpreis so gut wie unverändert. Der Tankstellenpreis ist bei Nacht und Nebel von 1,33 auf 1,42 gestiegen, macht 9 Cent, oder noch besser 18 Pfennige pro Liter. Und jetzt am 12.3.2010 ist der Tankstellenpreis schon wieder auf 1,45 gestiegen, also 12 Cent, oder 24 Pfennige und am 1.4.2010 (Grün Donnerstag) 1,48 oder 2,96 DM also 15 Cent, 30 Pfennige pro Liter unverschämter geht es nicht mehr. Ja, dass passiert nur dort wo der Staat und die Industrie gemeinsame Sache machen. Frau Merkel hat jetzt endlich gemerkt, dass die Bevölkerung wütend wird und will mal wieder das Kartellamt einschalten. Was wird wohl passieren, wie immer nichts. Oder sollte wirklich mal was passieren, was so gut wie ausgeschlossen ist und das Kartellamt findet Preismanipulationen, dann wird eine Strafe erhoben und wer bekommt die Gelder, nicht der Autofahrer, sondern der Staat. Ja, so funktioniert das ist Deutschland!

Jetzt vor Ostern 2011 sind wir schon sehr nah an 1,70 EURO pro Liter Superbenzin, obwohl wir meilenweit von Weltölmarktpreisen von 2008 entfernt sind.

Superbenzin und Superplus haben jetzt die selben Preise, genau so wie seinerzeit Normalbenzin zu Superbenzin, also geht die Abzocke in unverminderter Form weiter.

Und die EU will den Dieselkraftstoff noch teurer machen als Superbenzin.

Unnötige Subventionen für die Autoindustrie, Milliardenzusagen für die Weiterentwicklung des Elektroautos, obwohl die Autohersteller über genügend Kapital verfügen um dieser unnötigen politischen Vorgaben zu erfüllen. Man tut gerade so, als ob die Herstellung eines Elektroautos und der Betrieb Klimaneutral seien. Nein, genau das Gegenteil ist der Fall. Auch Zusatzprämien für den Käufer sind im Gespräch, soll hier der alte Fehler während der Wirtschaftskrise wiederholt werden (Abwrackprämie).

1 Millionen Fahrzeuge will man bis 2020 auf unsere Straßen bringen, vergessen hat man wahrscheinlich die Vielfahrer, oder sollen die sich ein zweites Auto anschaffen, eins für Kurzstrecken (Elektro) und eins für Langstrecken (Benziner). Sollte alles so kommen, wie von der Politik gefordert, dann möchte ich heute nicht Wissen, was dann der Strom kosten wird????

Nachdem der Autofahrer die Beimischung von E10 mit recht ablehnt, kann wieder Abkassiert werden, Superplus muss jetzt von vielen aus Angst vor Motorschäden getankt werden (bis zu 10 Cent oder 20 Pfennige teuerer) als das normale Superbenzin. Milliarden Liter werden täglich getankt, also kann auch der Laie erkennen welche Abzocke hier statt findet.

Bei E10 halten sich alle aber auch alle mit Garantien zurück, weder die Regierung und erst recht die Mineralölindustrie, auch die Autoindustrie warnt vor diesem Gemisch und trotz allem wurde es dank der Politik eingeführt.

Und dann noch die Quote, wenn der Kunde das E10 ablehnt, dann werden Strafgelder für die Mineralölindustrie fällig, na, raten sie mal wer dieses dann Bezahlen muss.

Und jetzt im Juli 2011 kann keiner mehr leugnen, dass kurz vor dem Urlaub an der Preisschraube gedreht wird. Kein höherer Weltölmarktpreis und zum Zeitpunkt der Preiserhöhungen kaum eine Dollarveränderung, aber von heute auf morgen wurde der Benzinpreis von ca. 1,50 auf 1.60 EURO angehoben. Mal wieder keine Reaktion vom Bundesverbraucherministerium und dem ADAC war es nur eine kurze Meldung Wert. Keiner kann mehr leugnen, verstecktes Absahnen und heimliche Steuererhöhungen gehören mittlerweile zur Tagesordnung.

Jetzt Anfang August 2011 ist der Ölpreis binnen weniger Tage um über 20% gefallen und was passiert an den Tankstellen, einige Cent ist der Preis gefallen, aber keineswegs in der Größenordnung wie der Markt es vorgibt. Auch das kennen wir aus der Vergangenheit zu genüge. Und es kommt noch schlimmer, sofort kommt mal wieder von unseren Politikern die Forderung, PKW Maut, oder höhere Besteuerung des Benzinpreises.

November 2011 der Dieselpreis hat sich mal wieder an den Superpreis bis auf einige Cent angenähert, über 1,50 Euro und dann kommt die Nachricht auf fast allen Kanälen der Fernsehanstalten, dass die jüngere Generation sich vom Autofahren Verabschieden möchte, vom Verabschieden kann keine Rede sein, man kann es sich ganz einfach nicht mehr Leisten. Hier kann man mal wieder mehr als deutlich erkennen wie die Begriffe absichtlich verwechselt werden.

April 2012 vor Ostern mal wieder genau das selbe Spiel, jetzt haben wir an den Tankstellen ein Allzeithoch was den Benzinpreis anbelangt, über 1,70 Euro pro Liter. Und es kommt noch schlimmer, um den Vorwürfen entgegen zu treten, hat man jetzt nach Ostern wie gewohnt die Preise zu senken, die Preise weiter nach oben gesetzt. Super-Plus 1,80 Euro und Super 1,75 noch Worte, nein.

Nehmen wir den Weltmarktpreis von Öl, Mitte 2008 fast 150 US Dollar und Heute 102 US Dollar. Ja, man macht gemeinsame Sache, Politik und Ölkonzerne.

Die Argumente sind immer die selben und das seit Jahrzehnten, Ölverknappung, auch hier Lügen bis zum geht nicht mehr, in den 70er Jahren sagte man, dass in den 90er Jahren kein Öl mehr vorhanden sein wird, in den 80er Jahren war von 2000 die Rede und in den 90 von 2010 und diese Lügen der tatsächlichen Situation geht unvermindert weiter. Wir haben enorme Ölbestände und täglich kommen neu entdeckte große Ölfelder hinzu. Fachleute die sich wirklich auskennen, gehen bei den jetzigen bekannten Ölfeldern von ca. 100 Jahren aus, nimmt man die riesigen Sandölfelder hinzu und die noch nicht entdeckten Ölfeldern, dann kommen ganz andere Zahlen zu Stande. Alleine die Sandölfelder geben nicht Millionen oder Milliarden Barrel her, sondern Billionen, na was sagt man jetzt. Amerika wird bald wieder Selbstversorger sein und in Lateinamerika kommen ebenfalls noch Milliarden von Barrel hinzu.
Auch sehr erstaunlich, Krisen über Krisen in der Welt und was macht der Ölpreis, er geht nach Unten, gut so. Aber da steckt nach meiner Meinung etwas ganz anderes dahinter, man will Russland Schaden um deren Einnahmen zu mindern und so noch mehr Druck aufzubauen.
Sie sehen, nicht der Markt macht die Preise, sondern die Politik und nichts anderes.
Ich hoffe liebe Leser, dass sie jetzt endlich Erkennen, wie sie Verschaukelt werden.
Gehirnwäsche und Volksverdummung gehören zum täglichen Handwerk unserer Politiker und das erstaunlichste ist, fast alle Fallen darauf hinein.

Kapitel Gewerkschaften

Auch zu diesen Organisationen habe ich mich schon ausführlich im ersten Buch geäußert und es geht weiter mit Skandalen. Wie manche dieser Herren sich benehmen, ist schon mehr als anrüchig.
Beispiele: Erinnern wir uns an den Lockführerstreik, der Gewerkschaftsboss Schell begibt sich während des heißen Kampfes mal eben zur Kur. Der Boss von Verdi, der ja auch im Aufsichtsrat der Lufthansa sitzt, fliegt während des Streiks bei der Lufthansa mit seiner Frau in Urlaub und das 1. Klasse, nach Amerika und anschließend Südsee, natürlich auf Kosten der Lufthansa Wie bei den Politikern, keine Hemmungen und Mitnehmen was nur irgendwo möglich ist. Ich habe immer wieder kritisiert, dass diese Mandatsträger überhaupt in Vorständen sitzen, ist für mich nicht nachvollziehbar. Betriebsräte werden geschmiert bis zum geht nicht mehr.
Am Fall Deutschlands sind die Gewerkschaften genau so Schuld wie die Politiker, denn Grenzen gibt es nicht mehr und die Geheimabsprachen und Verschachtelungen haben längst alle Vorstellungen überschritten.
Die Gewerkschaften waren mal die Reichsten der Welt, alles Verbraten, Skandale über Skandale sind und waren an der Tagesordnung, dass die überhaupt noch Mitglieder haben wundert mich schon seit Jahrzehnten.

Alleine die VW Affäre belegt mehr als deutlich was man von dieser Organisation halten soll oder kann. Auch bei den Skandalsträchtigen Vorstands, Aufsichtsrats und Bonuszahlungen sind die Gewerkschaften mitschuldig, denn im Aufsichtsrat mehr als Vertreten und alle diese Aktionen wäre ohne deren Zustimmung überhaupt nicht möglich. Auch hier Protzbauten und unangenehme Fragen werden, wie in der Politik, überhaupt nicht mehr beantwortet. Auch 2014 ist die Lockführergewerkschaft wieder aktiv, ein Streik jagt den anderen, aber hier geht es nicht alleine ums Geld, sondern einzig und alleine um Machterweiterung der Lockführergewerkschaft.

ADAC

Zu den ADAC Vorfällen von 2014 muss man nicht viel Hinzufügen, ich habe immer wieder betont, dass diese Organisation oder Verein für den Autofahrer keine Vertretung seiner Interessen war und ist, sondern auch hier nur die eigenen Interessen im Vordergrund standen. Wo war der ADAC denn bei den Spritpreisen Mautgebühren usw. Untergetaucht. Das die überhaupt noch Millionen an Mitgliedern haben, ist mehr als unverständlich, zumal man über die Versicherungen genau den selben Service bekommen kann und das zu einem Bruchteil der ADAC Mitgliedsbeiträge. Ja, der Deutsche.

Weiter geht's zum Klimawandel, dort können sie nochmals lesen, wie man verarscht und verschaukelt wird.

Klimawandel

Auch in der Scheindebatte des Klimawandels hat sich einiges getan, unser Umweltminister Gabriel kauft im Juli 2007 mal eben 6000 Filme des ehemaligem US-Vizepräsidenten Al Gore um an den Schulen unsere Kinder zu Impfen und auf Hysterie einzustimmen und auch dieses mal wieder, mit unseren Steuergeldern.
Und wieder hat sich die deutsche Politik mehr als über den Tisch ziehen lassen, um in der Umweltpolitik ganz vorne zu stehen, ist man den anderen Ländern so weit entgegen gekommen, dass diese zum Beispiel ihre Atomenergie voll in die Bilanzen einbringen können und der deutsche Stromkunde mit weiteren Abgaben und Zwangsmaßnahmen mal wieder zur Kasse gebeten wird. Auch geplant, Benutzerzwang fürs Fernwärmenetz und eine weitere und noch höhere Subventionierung (vom Stromkunden zu Zahlen) der alternativen Energien, Anhebung der LKW Maut usw. usw. Der Scheinerholung der Deutschen Wirtschaft dürfte ein weiterer Verfall drohen. Um dem scheinbarem Klimawandel entgegenzuwirken, gibt es ganz einfache Mittel, Ausbau der Infrastruktur, aber darauf warten wir schon seit Jahrzehnten vergeblich, noch schlimmer

eingeplante Staus, Rückbau der Verkehrswege, 30er Zonen und verkehrte Ampelschaltungen verschlingen Milliarden Liter Kraftstoff und das wahrscheinlich täglich.

Im Flugverkehr, Optimierung der Flugsicherung um dieses unnötige Kreisen der Flugzeuge auf ein Minimum zu reduzieren und unnötige Umwege zu ersparen, so könnten alleine bei der Lufthansa über 14 000 Tonnen Kerosin eingespart werden, nimmt man die anderen Fluggesellschaften noch hinzu, so kommen wir auf einige Hunderttausend Tonnen, wie wir sehen, alles Scheingefechte und nichts anderes.

Windenergie, um nur ein Kraftwerk zu ersetzen brauchen wir ca. 6000 Windräder um alle zu ersetzen einige Hunderttausend, also müsste Deutschland mit Windrädern mehr als zugeknallt werden und jetzt kommt der Hammer, kein Wind keine Energie.

Gerade wurde von der Bundeskanzlerin der Offshore-Park eröffnet. Milliarden Investitionen für mal gerade 5000 Haushalte, nimmt man die Unterhaltungs- und Servicekosten noch hinzu, dann kann man sich leicht Ausrechnen was diese Anlagen den Stromkunden mal Kosten wird. Schon jetzt will unser neuer Umweltminister Röttgen die Vergütungen von 10 auf 15 Cent erhöhen, was aber nie und nimmer ausreichen wird. Also, dieser Wahnsinn wird uns keinen billigeren Strom bescheren sondern einen unbezahlbaren.
Ich gehe davon aus, dass nach ca. 30 Jahren, wenn die Subventionierung, vom Stromkunden bezahlt, mal sein Ende findet, vieles auf dem Schrott landen wird.
Noch bedrohlicher sieht es mit der Solarenergie aus, hier wurde unter Rot Grün eine Industrie mit Stromkundengeldern subventioniert was schon an Wahnsinn grenzt, denn auch hier, keine Sonne kein Strom. Ernst zu nehmende Fachleute haben damals schon gewarnt, aber wie wir Wissen, alles umsonst. Der Stromkunde zahlt es ja und der Staat kann sich über höhere Einnahmen freuen. Ganz besonders die Photovoltaik wird sich als teuerster Irrtum in der Umweltpolitik entwickeln und die Zahlen die veröffentlicht werden, sind von Verschleierungen, falschen Angaben und Betrug am Verbraucher nur so durchsetzt. (Was sagte Trittin seinerzeit, Mehrkosten ca. eine Eiskugel pro Person oder Haushalt.)

Ich muss noch mal auf die Strombörse zurück kommen, wie schon erwähnt auch ein Kind von Rot/Grün. Auch hier hat sich eine Zockerbande entwickelt die seinesgleichen wohl kaum zu finden sein wird. Die Stromkonzerne zocken für oder gegen ihr eigenes Produkt. Der Derivate Markt und natürlich die altbekannten Goldman Sachs, Morgan Stanley mischen auch hier fleißig mit. Auch diese Zockerei muss von Stromkunden bezahlt werden.
Es gibt andere Wege, die viel effektiver und besser sind und vor allem viel kostengünstiger, aber nein, dass passt nicht in den politischen Rahmen, denn die Gelder die Abgezockt werden, gehen pro Jahr in die Milliarden und es kommt noch viel schlimmer.

Um es wirklich mal Klarzustellen, Klimaschwankungen hat es immer gegeben und das ohne Autos oder Kraftwerke. Vor ca. 10 000 Jahren hatten wir noch eine Eiszeit und nicht zu vergessen, dazwischen noch die Zwischeneiszeiten und Zwischenwärmezeiten.
Die letzte Kleine oder Kurzeiszeit ging vor ca. 120 Jahren zu Ende und die Alpen waren in ihrer Geschichte mehrmals eisfrei. Sie sehen alles nur Scheindebatten und nichts anderes.
Der WWF fordert doch allen ernstes, dass die Bauern mit einer Sondersteuer belegt werden sollen. Die Hinterlassenschaften des Viehbestandes, besonders der, der Rinder sei Klimaschädlich und so nicht zu akzeptieren. Will man dem Rind das Kacken und Furzen verbieten, nein, auch hier mal wieder deutlich zu erkennen, es geht nur ums Geld und um neue Einnahmequellen für den Staat und als Vorbereiter bedient man sich eben dieser Organisationen, mehr als eine Schande.

Überhaupt kommt der WWF immer mehr in die Kritik, was sich in Südamerika mit Hilfe des WWF so abspielt, ganz besonders in der Holzwirtschaft spottet jeder Beschreibung.

Und es kommt noch besser, da fordert doch einer der Umweltorganisationen, dass 70% des Rinderbestandes abgeschafft werden soll und das Fleisch, Käse und natürlich alle Milchprodukte rationiert werden sollten und Zuteilungsquoten an die Bevölkerung Installiert werden sollen. Also, zurück in die Nachkriegszeit. In der Nähe von Köln gab es mal eine Irrenanstalt Ensen, als Kinder sagten wir, Ensen macht die Tore auf da kommt einer im Dauerlauf, na, da findet heute wohl ein Marathonlauf statt.

Die Klimaentwicklung kann vom Menschen wenn überhaupt kaum beeinflusst werden.

Also, nur Scheindebatten. Wetter ist in die Kategorie Chaos einzuordnen und Einstein wusste schon, dass man Chaos nicht Berechnen oder Vorhersagen kann.

Wie wenig man weiß, kann man eindeutig an den Wettervorhersagen ablesen, denn auch bei kurzen Prognosen liegt man sogar meistens noch falsch.

Alles wie gehabt, siehe Grüner Punkt, auch hier wurde der Kunde und die Industrie mit Milliarden belastet und wie sich schon seit längerer Zeit herausstellt hat, unnütz und eine Katastrophe die wohl jetzt mit der Klimapolitik wiederholt wird. Auch hier wurde dem Betrug Tür und Tor geöffnet. (Abfallmafia).

Wie unabhängig unsere Klimaforscher sind, kann man wohl nicht besser als an dem mehr als hochgelobten Prof. Dr. Graßl ablesen, Direktor am Max-Planck-Institut in Hamburg, Vizepräsident des Stiftungsrates der NIERSC in St. Petersburg, Vorsitzender am Institut für Meereswissenschaften in Kiel, Vorsitzender der Gesellschaftervertretung in Potsdam (PIK), Vorstandsmitglied der Vereinigung Deutscher Wissenschaftler, Vorsitzender des Klimarates der Bayrischen Landesregierung, Mitglied im Beirat für Klimafragen des Senats von Hamburg, Mitglied im Stiftungsrat der Münchener Rückversicherung, dazu noch im Kuratorium der Scintec AG in Tübingen und nicht weniger als zweimal Mitglied des Wissenschaftlichen Beirates der Deutschen Bundesregierung. Horrorszenarien stehen auf seinem Firmenschild, höhere Belastungen für den Bürger kommt immer wieder aus seiner Ecke, also dürfte er mehr oder weniger unseren Politikern mehr als angenehm sein, denn Helfershelfer kann man immer gut gebrauchen.

Und nicht zu vergessen, die Klimaforscher in Potsdam, was hat man Ende 2007 oder Anfang 2008 angekündigt, den Supercomputer wochenlang laufen lassen und als Resultat hat man einen Supersommer angekündigt. Nun ja, wie der Sommer geworden ist kennen wir alle, Regen, Regen und nochmals Regen. Wie schon erwähnt, sogar Kurzprognosen stimmen meisten nicht und dann Klimaprognosen auf Jahrzehnte zu erstellen, ist mehr als zweifelhaft und sehr unglaubwürdig. Am besten zu Beweisen an der Behauptung des Weltklimarates, dass die Himalaja-Gletscher bis 2035 geschmolzen sein sollen, wie wir heute Wissen, alles Quatsch und Populismus des noch Chefs des Weltklimarates. (Nobelpreisträger Rajendra Pachauri). Schon wieder ein sehr fragwürdiger Nobelpreisträger! Werden hier Falschprognosen zu Gunsten der Versicherungsindustrie erstellt, oder was ist hier los!

Jetzt im September 2008, noch Sommer und die Heizungen müssen schon laufen, Schneefallgrenze 1200 Meter und Bodenfrost. Ja, dass ist Klimaerwärmung, ganz genau wie 2007, auch hier deutlich zu Erkennen, wie wir verarscht werden.

Und es kommt noch besser, der Winter 2009/2010 hat es in sich, Kälteperioden wie seit Jahrzehnten nicht mehr, Europa erstarrt seit fast 3 Monaten vor Kälte, Amerika versinkt im Schnee, China erlebt die Größte Kältewelle seit langem, Korea hat solche Kälteeinbrüche seit der

Klimaaufzeichnung aus den 30er Jahren noch nie erlebt und Indien vor allem in Delhi gab es nach kurzer Zeit keine Heizkörper mehr zu kaufen.

Und in Florida sind bis März 2010 fast 300 Seekühe an Kälte gestorben, also haben wir eine weltweite Klimaerkaltung, wie man sieht, alles Quatsch was uns die Politiker und Klimaweisen so Auftischen können sie getrost Vergessen.

Ja, diese Entwicklungen werden mehr oder weniger totgeschwiegen und ich möchte die Gesichter der sogenannten Sachverständigen erleben, wenn das ganze sich als eine kleine Eiszeit entwickelt und die Kosten die dann entstehen werden wird wohl alles Übertreffen was bis heute schon an angeblichen Klimakosten entstanden ist.

Alleine unser Bundesministerin (Anette Schavan) will 60 Millionen für Forschungsarbeiten in den Schwellenländern zu Verfügung stellen, unter Schwellenländern versteht diese Dame unter anderem <u>China, Indien, Russland und Südafrika.</u> China hat mehr auf der hohen Kante als Deutschland Schulden hat. Das heißt, einer der kurz vor der Pleite steht gibt dem anderen, dessen Taschen mehr als gefüllt sind, noch Geld um seine Hausaufgaben zu machen. Übrigens wurden beim letzten Klimagipfel, eben auch diesen Ländern Milliarden in Aussicht gestellt. Auch hier kann man sehen, dass diese Leute sich von der Realität meilenweit entfernt haben.

Jetzt haben wir Mitte Mai 2010, noch immer muss geheizt werden, in der Eifel fällt mal wieder Schnee und das Thema Klima wird mittlerweile bei unseren Politikern sehr klein geschrieben. Überhaupt hat man (nicht die Politiker) jetzt erkannt, dass alle Prognosen auf Schlampereien, Fehler und Übertreibungen und Zahlendreher beruhen, sogar die UNO hat sich mittlerweile eingeschaltet und es soll die Arbeit des Weltklimarates überprüft werden. Wie man erfährt, nur ein Mann soll diesen Skandal überprüfen, wohl auch ein Witz, Erinnerungen an die Treuhand in Deutschland werden wieder wach.

Der Umbau der Industrielandschaft hat mittlerweile Hunderte von Milliarden gekostet und Fachleute gehen von Billionen aus, wenn dieser Wahnsinn nicht gestoppt wird.

Da gibt es in Deutschland Forschungszentren und Institute die Tausende von Mitarbeitern beschäftigen um uns gezinkte Daten unter zu Jubeln, was hat man alles für Horrormärchen erfunden, um ca. 60 Meter sollte der Meeresspiegel steigen, ganze Länder im Wasser versinken, dass Abtauen des antarktischen Eispanzers steht noch heute auf deren Firmenschild, obwohl man heute genau weis, dass auch dieses nur Phantasiezahlen sind.

Wurden unsere Politiker reingelegt, ich glaube das nicht, denn die Einnahmen sind für den Staat unverzichtbar und die Staatspleite kann um einige Jahre hinausgezögert werden. Alleine die Tatsache, das sich unsere Politiker diesen Taschenspielertricks angeschlossen haben, sagt mehr als genug. Nun, Skandale kennen wir aus der Politik zu genüge, aber hier hat man wohl den Meisterbrief gemacht.

Auch hier werden zusätzlich bürokratische Monstrum aufgebaut (Posten für Freunde) und Betrügereien Tür und Tor geöffnet So kann man auch Verschmutzungsrechte aus der Schwellenländer und Entwicklungsländer kaufen. Dort werden Unternehmen nur aus einem Grund am Leben gehalten um <u>diese Rechte zu Erlangen und zu Verkaufen.</u>

Hier wird eine Beraterindustrie entstehen, die allen die Sprache verschlagen wird und nicht zu vergessen auch die Spekulanten stehen schon in den Startlöchern, denn hier wird ein künstlicher und sehr gefährlicher Billionenmarkt (<u>Verschmutzungsrechte</u>) entstehen, der alles in den Abgrund reißen wird.

Oben genannte Banken (Kapitel Wirtschaft) werden sich freuen über ein solch, von der Politik eingeführtes irrsinniges Spiel.

Wie gut diese Damen und Herren vom deutschen Wetterdienst in Potsdam sind, belegt einwandfrei ihre Äußerungen vom Ende Juli 2011. Bis Dato das wärmste Jahr seit Aufzeichnung der Wetterdaten. So, nehmen wir den Juli, Tagestemperaturen sehr selten über 20 Grad, Nachttemperaturen fast immer unter 10 Grad, also keine Hochsommertemperaturen sondern Herbstwetter. Bis Mitte August sieht es auch nicht viel besser aus und dann diese Äußerungen, nicht zu Glauben aber Wahr.

Auch habe ich schon bedeutend wärmere Monate in den Monaten April und Mai in der Vergangenheit erlebt als im Jahre 2011. Diese der Politik freundliche Organisation macht sich mittlerweile mehr als lächerlich, Punkt.

Auch die Zahlen vom CO2 Ausstoß sollten mehr als verwundern, von Milliarden Tonnen ist die Rede, wie wird dieses errechnet, Hier ein kleines Beispiel aus dem Flugverkehr, eine Tonne Kerosin entspricht 3,15 Tonnen CO2. Das Kerosin wird verbrannt und wie dann das dreifache des Gewichts hinten Rauskommen soll, ist mir mehr als schleierhaft. Also auch hier mal wieder Verdummung erster Güte. Auch jetzt im März 2013 noch tiefster Winter 20 Grad Minus Nachttemperaturen sind an der Tagesordnung. Ja, dass ist Klimaerwärmung und wer es jetzt noch glaubt dem ist wirklich nicht mehr zu helfen.

Die Energiewirtschaft hat in den letzten 15 Jahren Milliarden in die neuesten Techniken für Kohle und Gaskraftwerke investiert, natürlich auch hier vom Stromkunden mit bezahlt, was im Endeffekt alles umsonst war, denn diese Anlagen stehen heute nur noch als Lückenbüßer zur Verfügung.

Übrigens hat es in den letzten 15 Jahren keinerlei Erwärmungen der Durchschnittstemperaturen mehr gegeben und das ist Wissenschaftlich erwiesen, ich bin sogar der Auffassung, dass es sogar kälter geworden ist, aber da hält sich die Wissenschaft mehr als bedeckt.

Aber ich bin mir mehr als sicher, sollten mal wieder wärmere Monate oder sogar Jahre anfallen, was ganz normal ist, geht die Volksverdummung wieder von vorne los.

Unser neuer Umweltminister Altmeier will die Kosten für den Klimawandel stoppen, Glauben sie ihm kein Wort, alles Populismus und Wahlkampfgeschwätze, denn nach der Wahl im September 2013 werden sie sehen, was seine Worte Wert waren.

Auch wird uns der kurzfristige und unüberlegte Ausstieg aus dem Atomstrom noch sehr viel Geld Kosten, denn die Stromindustrie verklagt Deutschland, so fordert alleine Vattenfall 4,5 Milliarden Euro und die anderen werden ganz bestimmt Nachziehen, oder man einigt sich hinter verschlossenen Türen, damit bei der Bevölkerung nichts ankommt.

Vor kurzem war ein Meteorologe im Fernsehen und hier sinngemäß seine Aussage: fast alle Klimaforscher haben eine Klatsche, ja, diese Aussage kann und sollte man wörtlich nehmen.

Kapitel Sozialstaat

Sozialstaat, ja auch hier kann man erleben wie unser Staat absichtlich in die Pleite getrieben wird, Sozialhilfeempfänger ohne jegliche Eigenleistung stehen besser da als die meisten Rentner die ihr Leben lang Beiträge bezahlt haben und wer als Durchschnittsverdiener heute noch arbeitet ist der Dumme und kommen noch Kinder ins Spiel, dann sieht es besonders rosig aus. Kinder machen ist für bestimmte Bevölkerungsgruppen zur Gelddruckmaschine geworden und der Staat hört mit seinen
Sozialgeschenken nicht auf, nein es wird weiter aufgerüstet und vom Verfassungsgericht sogar gefordert. Unter Arbeitsunwilligen Mädchen ist es längst zum Volkssport geworden, Kinder zu machen. Auch muss man immer wieder erleben, dass sogar gebildete Menschen den Staat ausnehmen wie eine Weihnachtsgans.
Beispiel: Ich kenne eine Frau die Lehrerin ist, 2 Kinder, der Vater wird verschwiegen und das Amt zahlt. Der Vater ebenfalls Lehrer brüstet sich mit seinen unehelichen Kindern, obwohl er Verheiratet ist und in seiner Ehe auch 2 Kinder vorhanden sind.

Eine Dritte Frau soll ebenfalls ein Kind von ihm haben und raten sie mal, wer das Bezahlt, natürlich der Staat. Da <u>Vaterschaftsteste per Gesetzt</u> ja fast unmöglich sind, kommen diese Abzocke zustande. Ganz besonders eifrig sind die Immigranten bei diesem Thema, da kommen Familiengrößen zusammen die als unmöglich zu Bezeichnen sind. (geschätzter Schaden alleine hier, Milliarden über Milliarden.)
Auf der anderen Seite, hat einer sein ganzes Leben lang gearbeitet und Altersvorsorge betrieben, ist dann aber unverschuldet in die Arbeitslosigkeit geraten. Diese Person muss dann nach Ablauf des Arbeitslosengeldes (im Regelfall 1 Jahr) erst mal sein ganzes angespartes Aufbrauchen um weitere Unterstützungen zu Erhalten. Also geht diese Person in die Altersarmut. Missbrauch der Sozialsysteme habe ich in Buch eins schon angeprangert und es geht munter weiter, denn unsere Politiker haben immer noch nicht erkannt, oder wollen es nicht, wo angesetzt und geändert werden muss.
Hochkriminelle Großfamilien (den Behörden seit Jahrzehnten bekannt) beziehen nach wie vor Sozialleistungen, obwohl diese ein Luxusleben eines Multimillionärs führen. In Buch 1 habe ich dieses Thema sehr ausführlich beleuchtet, hier muss und werde ich mich sehr kurz fassen, denn ansonsten würde ich Ausrasten.

Kapitel Kunst & Architektur

Was man hier erlebt ist ebenfalls nicht mehr nachvollziehbar. Kommen wir erst mal zur Kunst, hier werden Objekte als Kunst eingestuft und von unseren Museen sehr Teuer bezahlt, was nach meiner Meinung mehr oder weniger als Schrott einzustufen ist.
Beispiele gibt es auch hier mehr als genug, <u>ranzige Butter, Farbkletze auf die Leinwand gespritzt, Müll verstreut oder gestapelt, Schrott an Leinen aufgehängt, Autos einbetoniert usw. usw.</u> Es ist

ein ganz kleiner Personenkreis der hier über die Preise und Wert der Kunst entscheidet, ich nenne diesen Kreis Kunstmafia, denn auch hier zählt, Korruption und Seilschaften eine nicht zu unterschätzende Rolle.

Ich bin mehr als überzeugt, dass die meisten hochbezahlten Maler noch nicht einmal eine Menschenhand naturgetreu Malen können.

Architektur, nun ja, es werden die teuersten Architekten der Welt beauftragt und was dabei herauskommt kann man täglich bei einem Spaziergang durch unsere Städte Erleben.

Mittelmäßigkeit und wirklich tolle und für die Augen ein Erlebnis gestaltete Bauten kann man in Deutschland an wenigen Händen Abzählen.

Auch hier werden und wurden Mondpreise bezahlt und den Architekten auch noch das Urheberrecht eingeräumt, dass heißt, bauliche Veränderungen nur im Einvernehmen mit dem Architekten, siehe Reichstag in Berlin.

Für den Kunstbetrieb werden Milliarden ausgegeben und nach meiner Meinung mindestens 50% aus dem Fenster geschmissen.

Kapitel Justiz

Wie oben schon angeschnitten, ist unsere Justiz und unser Rechtswesen für die Bevölkerung überhaupt nicht mehr Nachvollziehbar, denn Urteile die kaum einer versteht. So werden Kochkriminelle und Serientäter mit Strafen belegt, die mehr als lächerlich anzusehen sind. Ganz besonders zu beobachten bei denen, wo ein Migrationshintergrund vorhanden ist. Auch sollte man den Beamtenbonus nicht Vergessen, von dem Politikerbonus ganz zu Schweigen. Hier wird ermittelt und ermittelt bis im Endeffekt alles im Sande verläuft, Beispiele gibt es mehr als genug. Am besten zu belegen an dem größten kriminellen Akt der deutschen Geschichte, die Treuhand. Und was sich in den Abmahnverfahren so abspielt, kann man ohne Übertreibung mehr oder weniger als kriminell einstufen. Nicht selten stehen ganze Horden von Rechtsanwälten dahinter und diese Schrecken vor nichts zurück.

So habe ich alleine in 2011 zwei Abmahnungen, (wegen angeblichem Hochladen von Musik) bekommen, obwohl ich zu diesen Zeitpunkten überhaupt nicht in Deutschland war. Ich habe sofort mit einer Anzeige gedroht und siehe da, keinerlei Reaktion und man war auf einmal nicht mehr erreichbar. Hier hätten unsere Staatsanwaltschaften ein Betätigungsfeld sondergleichen, aber nein, auch hier kann man Untätigkeiten beobachten die als unbegreifbar einzustufen sind. Da beide Seiten ja dem selben Berufsstand angehören, bin ich auch nicht verwundert, wie ist das mit der Krähe.

Insolvenzverfahren, auch hier kommen die Seilschaften ins Spiel, wie oben schon erwähnt, ein Millionen Spiel. Unabhängigkeit der Justiz ist vollkommen abhanden gekommen, geht ein Staatsanwalt zu intensiv an brisante Fälle heran, dann ist seine Karriere so gut wie beendet, auch hier gibt es mehr als genug Beispiel. Ich habe in Buch 1 sogar Ross und Reiter Namentlich genannt, Reaktion Null.

Die Bewährungsstrafen sind auch ein Witz für sich, die Täter lachen mittlerweile sogar über unsere Justiz. Schwerste kriminelle Taten und eine Bewährungsstrafe nach der anderen. Auch dieses Thema habe ich in Buch 1. Ausführlich beleuchtet. Also belasse ich es jetzt mal mit den kurzen Hinweisen.

Nur noch kurz zu dem NSU Prozess, seit Monaten ist die Presse und Medienlandschaft voll mit Berichten, Analysen und Kommentaren. Die Haupttäter haben sich schon lange durch Selbstmord

verabschiedet, übrig geblieben ist eine Frau nebst angeblichen Helfern denen man jetzt den Prozess macht. Keine Plätze für türkische Medien, was natürlich den nächsten Skandal auslöste. Erst durch die Entscheidung eines Bundesgerichtes wurde man gezwungen dafür Sorge zu Tragen und auch daraus macht man wieder einen Staatsakt. Stühle waren frei, aber nein, es muss ein neues Auswahlverfahren her. Termine müssen verschoben werden und die Kosten spielen für unsere Justiz absolut keine Rolle. Hier wird extra für den Prozess ein Gerichtssaal für über eine Millionen Euro umgebaut und es sollen über 60 Anwälte auf Kosten der Allgemeinheit angeheuert worden sein. Die Prozesseröffnung wird wohl Hollywood ähnlich ablaufen. Den Polizeieinsatz sollte man auch nicht vergessen. Man geht davon aus, dass der Prozess mindestens 2 Jahre dauern wird. Und nicht genug damit, jetzt fordert man noch, dass Kruzifix aus dem Gerichtssaal zu Entfernen, also, schlimmer geht es nun wirklich nicht mehr.
Also, ein Multimillionen Spiel auf Kosten der Steuerzahler, dass ist unser Staat und unsere Justiz. Unschuldig Verurteilte bekommen ein Taschengeld als Entschädigung, dass Leben zerstört, aber das kümmert keinen der Verantwortlichen, auch hier ein Skandal. Aber für Resozialisierung stehen riesige Summen zu Verfügung, also ist im Endeffekt das Opfer mehr als der Bestrafte und dass immer noch im Jahre 2014.

Auch muss man immer wieder Erleben, dass bei Prozessen, wo der Steuerzahler zu zahlen hat, ganze Herden von Anwälten in den Gerichtssälen vorhanden sind. Ein weiterer Skandal.

Kapitel Sport

Auch hier werde ich mich kurz fassen. Fußball ein Milliardengeschäft und vom Steuerzahler noch mitfinanziert. Jetzt hat Frau Merkel den Fußball noch als Wahlkampfhelfer entdeckt, Bundeswehrkapellen werden zur Eröffnung eines Spiels hingeordert und Frau Merkel ist fast bei jedem internationalem Spiel anwesend. Jedes große Spiel kostet den Steuerzahler richtig Geld, Polizeieinsatz Stadienkosten usw. usw. aber 40 Millionen für einen Spieler ist vorhanden und die Gagen der Spieler gehören teilweise ins Phantasieland. Spieler und Schiedsrichter wurden von der Wettmafia bestochen und immer noch hat man Spielabläufe die sehr anrüchig sind. Überhaupt kommen die Veranstaltungen einem Operettentheater immer näher, Ablenkung und Verdummung kommt der Politik mehr als gelegen.
Auch ein unbegreifliches Spiel am 16.10.2012 Deutschland-Schweden, Deutschland führt 4 zu 0 und in den letzten ca. 30 Minuten hat Schweden 4 zu 4 ausgeglichen, also für mich als Nichtfußballer oder Fachmann stinkt die Sache und Frau Merkel war natürlich auch anwesend. Die Verbände machen Milliarden Gewinne und die Steuerzahler der einzelnen Länder müssen Bluten.
Wichtig noch zu erwähnen, hat ein Fußballverein die Kassen gefüllt, werden alle guten Spieler zu Mondpreisen aufgekauft und so ist ein faires Fußballspiel überhaupt nicht mehr möglich, siehe Bayern München.
Alles ist von der Mafia durchsetzt, wie auch Europol herausfand, Wettmanipulationen bei weit über 300 Spielen soll es gegeben haben. Spieler, Schiedsrichter und Vereinsfunktionäre sollen darunter sein und noch immer sind die Stadien voll.

Boxen: Das hier geschoben und Betrogen wird ist seit Jahrzehnten bekannt, aber die Krönung ist, dass die Boxer Klitschko noch nicht einmal für Deutschland Boxen sondern für die Ukraine ist schon bemerkenswert, wie diese Boxer hier Hochgejubelt werden ist kaum noch zu Verstehen.

Radsport: Auch hier sind die Machenschaften unerträglich, die Dopingmafia ist kaum zu Schlagen und ganz besonders unter anderem in Deutschland, wo Scharen von Funktionären, Trainern und Ärzten dahinter stehen sollen. Konsequenzen gleich Null, obwohl bekannt ist, dass Doping fast zum Geschäft gehört.

Das die internationalen Verbände IOC und die IFA von einem Korruptionsfall zum anderen schlittern, dürfte mittlerweile auch dem Dümmsten bekannt sein.
Und immer noch reißen sich einige Länder um die Ausrichtung solcher Spiele, Milliarden Kosten die immer im Minus Enden. Bestes Beispiel Süd-Afrika, Stadien wurden gebaut die Heute vergammeln. Man hätte Tausende und abertausende Häuser für die arme Bevölkerung bauen können, aber nein, auch hier Großkotzigkeit und Großmannssucht ist wichtiger. Und was die Bewerbungen anbelangt, ist Deutschland immer mit von der Partie. Und auch hier wurde geschmiert bis zum geht nicht mehr, siehe Bewerbung Berlin seinerzeit, bis Heute nicht aufgeklärt, obwohl die verantwortlichen Personen und deren Machenschaften mehr als bekannt waren. Und schon wieder will sich Berlin für die nächsten Spiele Bewerben, ungeheuerlich, seinerzeit Korroption, Aktenvernichtungen und andere Schandtaten gehörten zum Geschäft.

Weiter geht's zu nächsten wichtigen Thema.

Kapitel Bundeswehr

Ich habe oben schon einiges über die Bundeswehr geschrieben, aber da sind noch einige Fakten die unbedingt noch erwähnt werden sollten.
Auch hier haben wir eine Geldvernichtungseinrichtung der besten Güte. Nehmen wir nur mal den Fuhrpark, über 70 000 Fahrzeuge (ohne reine Militärfahrzeuge) und wie der Bundesrechnungshof herausfand, **30 000 zu viel**. Milliardenverschwendung.
Anschaffungskosten der Flugzeuge und andere Militärischer Fahrzeuge sind mehr als Utopisch anzusehen. (siehe Buch 1) nur ein Beispiel aus meinem ersten Buch, da wird ein Transportflugzeug angeschafft (Propellermaschine) und diese soll mal eben 240 Millionen DM kosten, mehr als der größte Doppelwandige Supertanker der Welt von 380 Meter Länge.
Dann besitzt die Bundeswehr noch eine eigene Angeberabteilung, Ehreneskorten um Gäste zu Empfangen. Die Feldjäger übernehmen Aufgaben die bei der Bundesregierung die Polizei übernimmt, so werden je nach Gast bis zu 10 Motorräder mit Blaulicht eingesetzt um den Gast gebührend durch die Gegend zu leiten, genau so wie es normalerweise nur bei Staatsbesuchen geschieht. (Präsidenten und Könige).
Dahinter natürlich auch noch die Begleitfahrzeuge. Ich habe die Bundeswehr mehrmals angeschrieben und jetzt endlich eine Auskunft bekommen. Hier werden die dem Militär

verantwortlichen Personen beglückt, ausländische Verteidigungsminister usw. Ob auch Generäle zu diesem Personenkreis gehören hat man offen gelassen.

Kommen wir noch zu den Toten und verletzten Bundeswehrsoldaten im Auslandeinsatz, von 99 Toten ist offiziell die Rede, bis 2008 hatten wir über 54 000 Verletzte und das bei einem offiziellen Einsatz von mal gerade ca. 6600 Soldaten im Auslandeinsatz, auch hier kann man sehen, dass hier einiges nicht Stimmen kann. Die Zahlen von 2008 bis 2012 waren nicht zu bekommen, ist wohl noch Geheimsache.

Wo sind unsere Soldaten überall im Einsatz, da haben wir den Kosovo, Horn von Afrika, am Mittelmeer, im Libanon, Uganda, Sudan, Kongo und natürlich immer noch in Afghanistan, eine Schande sondergleichen. Jetzt sogar noch in Mali, auch hier mal wieder ein Spiel ohne Ende. Kriegsspiele die unser Grundgesetz mal ausdrücklich verboten hatte, ist für unsere Politiker Schnee von gestern. Auch hier mal wieder mit von der Partie, die Grünen. Das ich diese Partei mehr als Hasse, dürfte wohl jedem Leser mittlerweile aufgefallen sein, denn keine andere Partei hat ihre angeblichen Ideale mehr Verraten als diese. (Friedenspartei).

Mal wieder Geldverschwendung, die Drohnenproduktion soll eingestellt werden, Schaden, man spricht von 500 Millionen bis 1 Milliarde, die Milliarde dürfte wohl der Wahrheit entsprechen, wenn nicht noch mehr.

Der Kauf wurde seinerzeit von Rot - Grün getätigt und Zweifel an den Zulassungskriterien waren schon damals vorhanden und heute macht man so als wäre die Angelegenheit eine reine Sache der heutigen Regierung, Die damals unterschrieben haben, sind die, die Heute am lautesten Schreien, Trittin usw.

Auch sehr interessant, wie man die Bundeswehr einstufen sollte, belegen folgende Fakten: So habe ich am 19.10.2013 eine Reportage im 1. Programm über den Einsatz der Marine vor Somalia gesehen. Unglaublich was sich dort abspielte und ich bin mehr als erstaunt das dieses überhaupt gesendet wurde, da hat die Politik und die Bundeswehr wohl (Gott sei Dank) mehr als geschlafen. Nun zu den Fakten, ein Kriegsschiff der Marine fährt vor Somalia auf Streife um Piraten zu Jagen, nun man hatte vor den Aufnahmen Glück und konnte einige Festsetzen, musste diese aber wieder laufen lassen, weil angeblich kein Land diese Personen aufnehmen wollte. Dann während der Aufnahmen entdeckte man ein Schiff was ungewöhnlich langsam fuhr, auch beim Anfunken dieses Schiffes kam absolut keine Antwort, was wirklich dafür sprach, dass dieses Schiff sich in einer Notsituation befand, oder es handelte sich um ein Mutterschiff der Piraten, was machte unser Kriegsschiff, es haute ab. Dann ein weiterer unbegreiflicher Fall, man wusste wo 2 gekaperte Schiffe lagen, man schickte den Schiffseigenen Hubschrauber los um die Situation zu Erkunden, man entdeckte die Schiffe und man fand heraus, das eines der Schiffe sich in Seenot befand und jeden Moment untergehen würde. Was machte unser Kriegsschiff dann, ja, es verdrückte sich, Unglaublich aber Wahr. Wie die Reporter später herausfanden, ist das Schiff wirklich Gesunken und was aus der Besatzung und den Piraten geworden ist, weis man nicht, oder will es nicht Wissen.

Alles das erinnert an einen der größten Skandale der Bundeswehr, (die Starfighteraffäre aus den 60er und 70er Jahren. Über 290 Maschinen sind damals abgestürzt und über 110 Tote waren zu beklagen, hat man die Flüge eingestellt, nein, es wurde munter weiter geflogen ohne Rücksicht auf Verluste. Eine Witwe war mutig und wollte Klarheit warum so viele Maschinen abstürzten, sie wurde bedroht mit Rentenentzug und der Geheimdienst wurde auf sie angesetzt, ein Skandal der erst jetzt so richtig aufgedeckt wird. Aber auch schon damals bekannt, Korruption und Schmiergeldzahlungen waren an der Tagesordnung. In anderen Ländern hatten diese Machenschaften Folgen und hier wurde alles unter den Tisch gekehrt, oder als Geheim eingestuft. Auch wurden schon damals Akten im großen Stiel vernichtet, was später in anderen Fällen immer wieder wiederholt wurde. Das die Bundeswehr unter der gebildeten Bevölkerung einen so schlechten Ruf hat, ist wohl mehr als begreiflich, nur bei der Masse ist es noch nicht angekommen und ich bezweifle ob es dort je ankommen wird.

Jetzt haben wir einen neuen **Verteidigungsminister, Ursula von der Leyen.**

Nun ja, was ich von dieser Frau halte habe ich oben schon ausführlich beschrieben.
Ich kann es nicht glauben, aber wie wir ja alle mittlerweile Wissen, spielt Fachwissen in der Politik absolut keine Rolle. Ich werde ganz bestimmt auf diese Frau noch Zurückkommen. Ihre ersten Amtshandlungen, Fernseher und Kühlschränke für die Soldaten, auch die Drohnen sollen wieder belebt werden.
Ja, auch sie Reist wie verrückt und schwingt Reden, dass einem die Luft weg bleibt. Alles in bester Ordnung, die Bundeswehr ist einsatzbereit und kann ihre Aufgaben sehr gut Erfüllen. Pustekuchen, nicht ist in Ordnung, Flugzeuge, Hubschrauber usw. sind keineswegs Einsatzbereit, sondern der größte Teil steht am Boden und kann nicht benutzt werden.
Jetzt schreit diese Frau nach mehr Geld, würde es die enorme Geldverschwendung, (siehe oben) nicht geben, dann sehe dieses Bild ganz anders aus. Nochmals, hier sind Fachleute gefragt und keine Mediengeile Tussis.

Kapitel Versicherungen

Auch hier ist der Staat als Räuber erster Klasse einzustufen, nehmen wir nur mal die Lebensversicherungen. Der Bürger wurde über Jahrzehnte von der Politik in diese Anlage getrieben, alle aber auch alle Politiker forderten die Bürger auf, in diese Anlage zu investieren um fürs Alter vorzusorgen und was ist daraus geworden: Große Summen wurden unter anderem Staatsanleihen investiert und das bis Heute 2014. Rendite gleich Null und beim Auszahlungstermin kommt die Steuer noch hinzu. Also auf Kosten der Beitragzahler hat der Staat sich noch mehr als bereichert und den Versicherten Belogen und Betrogen. Riester Rente, oben schon beschrieben, genau das selbe Spiel.
Rentenversicherung, auch hier wurde Geräubert, Gelogen und Betrogen was das Zeug hält, von der Arbeitslosenversicherung ganz zu Schweigen.
Überhaupt haben die Versicherungen mittlerweile einen so schlechten Ruf, dass man sich Wundern muss, dass überhaupt noch Abschlüsse getätigt werden.
Die Politik und die Versicherungen arbeiten auch hier Hand in Hand um den Versicherten ins Messer laufen zu lassen. Ähnlichkeiten, wie in anderen Bereichen der Wirtschaft sind schon sehr verblüffend. Raub und Planwirtschaft lässt Grüßen.
Bei kleine Schäden läuft es meistens reibungslos ab, aber wehe es entsteht ein größerer Schaden für die Versicherung, dann werden alle Register gezogen um nicht zu Zahlen.
Ganz schlimm sieht es bei den Unfallversicherungen, Ärztepfusch, Arbeitsunfähigkeit und bei allen anderen Versicherungen aus, wo große Schäden entstehen. 10, 20 und sogar 30 jährige Kämpfe vor Gerichten stehen an. Wer keine Rechtsschutzversicherung hat, hat schon verloren, denn die Gerichtskosten sind für den Normalbürger überhaupt nicht zu Stemmen. Auch wenn die Versicherung verliert wird weiter gekämpft, die Gerichte werden mit eigenen Versicherungsgutachten nur so überhäuft und Menschlichkeit zählt überhaupt nicht, so geht es von einer Instanz zur anderen.

Auch wo Rechtsschutz existiert kommt es in den meisten Fällen erst nach Jahren zum Vergleich zum Schaden der Versicherten und zum Nutzen der Anwälte, Gerichte und natürlich der Versicherungen. Seit Jahrzehnten bekannt und hat hier die Politik mal etwas unternommen um diesem unsäglichem Spiel ein Ende zu setzen, nein und nochmals nein. Sie sehen, wo man hinschaut nur Skandale über Skandale.

Kapitel Ausländer und Immigranten
Auch hier von 2007

In der Ausländer und Immigrationspolitik ist alles beim alten geblieben, noch immer wird verstärkt auf Einbürgerung hin gearbeitet. In den Moscheen wird weiter Hass gepredigt und Kinder zur Islamisierung ins Ausland geschickt.Die Drahtzieher sind seit sehr langer Zeit bekannt und immer noch im Lande und die EU will in den nächsten Jahren nicht weniger als 20 Millionen (Gastarbeiter) nach Europa holen, ja, so sehen die neuesten Pläne aus, noch Worte, ich nicht. Moscheen werden mit Geldern der Städte, Ländern und sogar der EU gefördert, dass heißt finanziert, Skandale über Skandale. Über 3000 Moscheen haben wir mittlerweile in Deutschland und ein Kirchenbau in der Arabischen Welt oder in der Türkei, so gut wie nicht realisierbar. Und die, die sich zum Christentum bekennen, müssen um ihr Leben fürchten. 2006 und 2007 sind alleine 6 Personen wegen ihres Christlichen Glaubens in Deutschland umgebracht worden. Und in den Islamischen Ländern werden immer noch Kirschen eingerissen oder in Flammen gesetzt und wie viele Christen Ihr Leben lassen mussten, wird unter Verschluss gehalten.

Terroristen mit Immigrationshintergrund und deutschem Pass sind mittlerweile keine Seltenheit mehr, denn deutsche Pässe wurden verteilt wie in keinem anderen Land der Welt. Noch schlimmer, Familien mit Kinder reisen aus um in den heiligen Krieg zu ziehen, in Pakistan festgenommen und was macht unsere Regierung, man unternimmt alles um diese Verbrecher wieder nach Deutschland zu holen. Es gibt Bezirke in Berlin und auch in anderen Städten, wo der Rechtsstaat vollkommen ausgehebelt wurde und die Polizei nicht mehr aktiv ist, ja diese Bezirke wie die Pest meidet.
Im November 2007 steht Paris mal wieder in Flammen und die hiesige Berichterstattung, nun ja, auch das kennen wir schon.

In den nächsten Jahren sollen sich die vorhandenen Moscheen noch verdoppeln. Wie äußert sich ein Muslim, Moscheen sind ein Zeichen der Macht und fügt siegessicher noch hinzu, Kirchen werden geschlossen und Moscheen eröffnet. Noch Worte ich nicht.

Und schon wieder gibt es bei Frau Merkel einen Integrationsgipfel, werden auch hier wieder Gelder für neue Moscheenbauten frei gemacht ???
Nach der Brandkatastrophe im Februar 2008, wurden wahrscheinlich türkische Kinder zu Falschaussagen überredet um die türkischen Mitbewohner aufzuheizen, dann kommt der türkische Ministerpräsident nach Deutschland um angeblich die Gemüter zu beruhigen um Stunden später in Köln eine Wahlveranstaltung vor ca. 20 Tausend Türken zu halten. Hier geschieht genau das Gegenteil, Hetze und unverfrorene Reden im Gastland. Ganz zu Schweigen von der Forderung, türkische Schulen und Universitäten in Deutschland und eine türkische Partei

in Deutschland, will man hier eine türkische Provinz schaffen. Auch warnt er vor Anpassung,
denn er sieht es als ein Verbrechen an der Menschlichkeit, schlimmer geht es wohl nicht mehr.
Und noch eine andere Äußerung von Ergogan aus dem letzten Jahr: _____

Moscheen sind unsere Kasernen, die Minarette unsere Bajonette, die Kuppeln
unsere Helme und die Gläubigen unsere Soldaten. Reaktion unserer Politiker Null.
Mehr als ein Skandal. Diesen Satz sollten sie dreimal Lesen, denn hier Finden sie
die Wirklichkeit und nichts anderes.

Auch sollte man Wissen, woher kommt überhaupt Erdogan, er war in führender Position der
überaus radikalen Refah-Partei, die in den neunziger Jahre sogar Verboten wurde. Erdogan
gründete eine neue Partei und plötzlich war alles OK.
Es ist mehr als eine Katastrophe, wenn man sieht, mit welcher Frechheit sich gewisse Kreise in
Deutschland politisch betätigen und unsere Regierung schaut mehr oder weniger weg, als gäbe
es diese Aktivitäten nicht.
Hätte er die Kopftuchträger und die nicht Integrationswilligen zur Rückkehr in die Türkei
aufgerufen, dann hätte er nicht nur dem deutschem Volk einen Gefallen getan.
Aber darum geht ihm es nicht, sondern wie oben schon erwähnt, eine türkische Provinz und die
Einflussnahme auf die Deutsche und Europäische Politik ist ihm bedeutend wichtiger.
Ich hatte im Buch eins schon vor diesem Wolf im Schafspelz gewarnt.

Atatürk hat versucht die türkische Gesellschaft in die Moderne zu Führen und schon damals vor
gesellschaftlichen Rückschlägen gewarnt und in dieser Phase befindet sich die Türkei heute.
Wahrscheinlich schlimmer als Atatürk es sich überhaupt hätte Vorstellen können, denn wir leben
im 21. Jahrhundert.
Und hier in Deutschland jagt eine Islam-Konferenz die andere, mal Merkel und dann Schäuble,
anstatt mal richtig auf den Tisch zu hauen, werden wieder Zugeständnisse gemacht, ganz
besonders was Moscheen und Religionsunterricht anbelangt.
Auch die Sippen und Clanbildung in Deutschland sollte man nicht unterschätzen, so wird nach wie
vor unter den Familien kreuz und quer geheiratet und so kommen manche Sippen auf mehrere
Hundert Personen, dass Sozialamt ist in diesen Kreisen natürlich der Hauptansprechpartner und
der deutsche Steuerzahler muss Bluten.
Was sogar in unseren Zoologischen Gärten auf schärfste kontrolliert wird, kann man bei den
Türkisch, Arabisch und Islamischen Mitbewohnern ungehindert im Familienkreis heiraten,
Blutschande nennt man das, dieses ist unter der deutschen Bevölkerung verboten, aber bei denen
wird es mehr als geduldet. Wir sollten uns schon mal auf eine hohe Zahl von Geisteskrankheiten
und Krüppel vorbereiten. Jetzt will der Ehtikrat doch diesen Paragrafen Entfernen, wohl mal
wieder eine Aktion der Grünen, oder??

Wie sehr man die deutschen Gerichte schätzt, hat der Dörner-König von Berlin (Kapplan)
bewiesen, Gammelfleisch im großen Stiel verarbeitet. Zur Urteilsverkündung ist er überhaupt
nicht erschienen und die Strafe in Abwesenheit, 40 tausend EURO, die er natürlich mehr oder
weniger aus der Portokasse bezahlen wird. Der Laden gehört nach meinem Verständnis
geschlossen und die Strafe sollte mindestens doppelt so hoch sein, wie er mit seinen kriminellen
Machenschaften verdient hat. Nach wie vor werden diese Personen mit Samthandschuhen
angefasst und hinter den Kulissen lacht man unsere Justiz und Politiker noch aus.

Schäuble hat mal wieder einen Sicherheitsbericht kommentiert und festgestellt, dass die größte
Gefahr immer noch von den hier lebenden Terroristen ausgeht, warum sind die überhaupt noch

im Lande und nicht schon längst ausgewiesen. Ach ja, man hat denen ja auch noch ganz großzügig die deutsche Staatsangehörigkeit zukommen lassen.

Und der, bestimmt den Terroristen sehr nahe stehender Ägypter Reda Seyam, (in Buch 1) vor Jahren schon ausführlich erläutert, ist immer noch in Deutschland und bezieht immer noch Sozialhilfe von nicht weniger als 2300 Euro pro Monat. Wie man hört, soll er nicht nur sehr wohlhabend sein, sondern ein ausgemachter Feind und Hasser unseres Landes. Natürlich besitzt dieser Mann inzwischen auch einen den deutschen Pass. Und wer ihm zu nahe kommt (z.B. Herr Michael von Wedel) wird von seinen Dienststelle (BKA) ganz schnell entfernt, oder noch besser gesagt, Entlassen. Was sich in dieser Dienststelle so abgespielt hat, ist seinem Buch zu entnehmen. Saufgelage in einem 5 Sterne Hotel in Jakarta, Indonesien, mit den peinlichsten Zwischenfällen.

Jetzt im März 2010 fordert der türkische Ministerpräsident Erdogan schon wieder, Gymnasien für türkische Kinder in Deutschland, natürlich in türkischer Sprache.

Wie weit wir mittlerweile gekommen sind, habe ich letzte Nacht (11.9.2010) erlebt, da werden direkt am Europacenter in Berlin Autos und Busse angegriffen, Große türkische Flaggen geschwenkt und gegen die Scheiben und Türen geschlagen, sodass die Insassen mehr als Angst in den Augen hatten. Zuhause angekommen habe ich sofort die Polizei angerufen, die Reaktion, wir werden ein Fahrzeug hinschicken, auf meinen Einwand, dass ein Fahrzeug nicht Ausreichen würde, sondern ganz bestimmt einige Mannschaftswagen erforderlich sind, blieb unkommentiert. Nach ca. 1 Stunde wollte ich mich bei der Polizei über den aktuellen Stand informieren, die Antwort war lediglich, man habe mehrere Anrufen von Anwohnern vom Kurfürstendamm erhalten, weitere Auskünfte werde man nicht Erteilen, Punkt. Wie sie sehen, man begibt sich jetzt schon in das Herz der Stadt und das gegen Mitternacht, um ihre Macht zu Demonstrieren. Jetzt kann auch der Dümmste erkennen, was auf uns noch Zukommen wird.

Angeblich haben ca. 36 000 Türken letztes Jahr Deutschland verlassen und ca. 28 000 sind neu eingereist, nun was Lernen wir daraus, 36 000 zum Teil gut Ausgebildete gehen nach Hause und 28 000 zum Teil bestimmt Analphabeten kommen zu uns. Nun ja, Gelder sind ja nach wie vor massenhaft vorhanden und diesen Schrott bekommen wir auch noch durch, denkt man in der Politik. Ich habe mich vor längerer Zeit mal mit einem nicht hier wohnenden Türken unterhalten und seine Aussage sagt mehr als genug, sie kennen die Türkei nicht, wir sind ganz nettes Volk, aber was ihr in Deutschland habt ist zum größten Teil mehr als Schrott und hoffentlich behaltet ihr diese Brut so lange wie möglich, denn wir sind froh diesen los zu sein, Punkt.

Das diese Aussagen der Wirklichkeit entsprechen, besagt schon die Tatsache, dass über 80% der in den Berliner Bezirken (Neukölln und Kreuzberg) lebenden Türken und Arabern von Hartz 4 oder Sozialhilfe leben. (Einmalig in ganz Europa). Nicht nur Berlin auch in anderen Städten sieht es nicht besser aus, Köln, Frankfurt, Hamburg, das gesamte Ruhrgebiet usw. usw.

Dieses Problem wird immer noch von vielen Verbänden und Politikern mehr als herunter gespielt, was man täglich im Fernsehen erleben muss.

Deutschfeindlichkeit, auch das wird immer noch geleugnet oder verschwiegen, unsere Kinder müssen von den muslimischen Kindern übelste Beschimpfungen über sich ergehen lassen und ein Spießrutenlaufen an den deutschen Schulen ist keine Seltenheit. Lehrer werden ebenso auf unerträgliche Weise beschimpft, bespuckt und nicht selten sogar geschlagen. So weit sind wir mit der Multi-Kulti-Politik gekommen. All dieses kann eingeweihte nicht Verwundern, denn Christ sein ist Minderwertig, deutsche Mädchen sind Huren und überhaupt sind Schweinefleischfresser die schlechteren Menschen. All dieses müssen wir uns Gefallen lassen und die Politik ist immer noch am Träumen. Die Wirklichkeitsverweigerung und Untätigkeit der Politik wird uns allen noch den Hals brechen.

Das, dass ganze einwandfrei mit der Kultur zusammenhängt belegt alleine die Tatsache, dass wir mit den asiatischen Zuwanderern nicht im geringsten die Probleme haben wie mit den Islamischen Bevölkerungsschichten.

Auch schon beschlossen, unsere Bildungsministerin Annette Schavan will Imame künftig in Deutschland ausbilden lassen, die Universitäten sind auch schon gefunden. Nur eine Frage hat man noch nicht ausreichend Beantworteten können. Wer unterrichtet dort, natürlich Muslime und wie werden diese auf Tauglichkeit überhaupt überprüft. Züchtet man hier nicht weiter Wölfe im Schafspelz, was mehr als anzunehmen ist, denn ohne die Zentralräte, islamische Verbände und Moscheevereine und der Türkisch- Islamischen-Union läuft in dieser Richtung überhaupt nichts, zumal die VIKZ eigene Ausbildungszentralen (Schülerheime in Deutschland) betreibt und diese nie und nimmer aufgeben will, obwohl diese mehr als Jugendgefährdend eingestuft werden. Die islamischen Verbände rüsten schon Gegenangriff, Drohbriefe erreichen schon jetzt die geplanten Hochschulen.

Viel wichtiger wäre, Gesetze auf den Weg zu bringen, den Nichtintegrationswilligen so schnell wie möglich den deutschen Pass wieder abzunehmen und Störenfriede und Hochkriminelle des Landes zu Verweisen. Aber auch darauf Warten wir schon seit Jahrzehnten. Zu diesen Themen sind unsere Politiker nach wie vor Taub, ganz besonders bei den Grünen und der SPD, denn dort ist ein nicht zu unterschätzender Wählerkreis zu Finden.

Als wäre das alles noch nicht genug, jetzt haben wir uns auch noch die Zigeuner aus den Osteuropäischen Ländern geholt.

Die angeblichen Minderjährigen Zigeunerbanden machen der Polizei das Leben schwer, so musste man einen angeblich 13 jährigen nach mehreren Straftaten immer wieder laufen lassen. Erst jetzt nach unverständlich langer Zeit hat man ein Gutachten zur Person erstellen lassen und siehe da, er ist nicht 13 sondern mindestens 21 wenn nicht sogar älter. Von älteren Scheibenputzerkolonnen wird man als Autofahrer in Berlin mehr als belästigt, ja, man wird bespuckt und zerkratzt Autos wenn kein Geld fließt. Überhaupt haben wir eine Asylantenwelle aus dem Osten, vor allem Zigeuner, Asyl wird zwar verwehrt, aber asoziale Leistung fließen sofort, Aufnahmemöglichkeiten sind   überfüllt und neue werden eingerichtet. Lehrer und Sozialarbeiter neu eingestellt.

Ganz schlimm sieht es in Nordrhein-Westfalen aus, über 50% der Einbrüche gehen mittlerweile auf das Konto der Roma und Sinti Gruppen. Wie man hört, lässt man sich Maschen einfallen, die absolut nicht nachvollziehbar sind, so werfen sich Kinder vor langsam fahrende Autos, damit diesen nichts passiert, aber die Familienangehörigen stehen schon bereit um die Autofahrer aufs übelste zu beschimpfen um Gelder zu Erpressen. Erst mit der Drohung die Polizei einzuschalten zieht man von dannen. Ich möchte nicht Wissen wie viele bezahlt haben.

In der Presse werden diese Machenschaften mehr als tot geschwiegen, warum wohl.

Hat auch dieses mit unserer Vergangenheit zu tun, oder?? Wenn ja, so haben wir auch hier mal wieder einen Skandal erster Güte.

Und dann noch die sogenannten Russlanddeutschen, ca. 20% unserer Gefängnisinsassen kommen aus dieser Ecke, 70% aus dem Türkisch und Arabischem Raum, auch hier eine Geldverschwendung die kaum noch zu übertreffen ist.

Und schon wieder ist Erdogan (türkischer Premierminister) auf Wahlkampftour in Deutschland, er füllt nach wie vor Stadien und unsere Politiker schauen weg und nicht nur das, anschließend wird er noch mit allen Ehren Empfangen, obwohl Erdogan nach wie vor türkisch als Erstsprache für seine, (zum größten Teil mit deutschem Pass) Landsleute fordert.

Dann werden diesen Leuten noch Sprachkurse in deutscher Sprache angeboten, Kosten hunderte von Millionen Euro. Hierbei wird von den beauftragten Institute betrogen bis zum geht nicht mehr, Anwesenheitslisten werden gefälscht und viele Schüler kommen nur weil es gesetzlich vorgeschrieben ist, aber lernen ist für die Meisten nicht angesagt. Bei den Abschlussprüfungen wird bestanden eingetragen, obwohl viele dieser Teilnehmer überhaupt nichts dazu gelernt haben und wollten. Auch hier wird mal wieder Steuergeld verpulvert und wann lernt man endlich, dass man Integrationsunwillige nicht zwingen kann und soll. Hier ist nur eines angesagt, Abschieben und absolut nichts anderes.

Jetzt kommt man endlich mal an etwas genauere Zahlen, Die Hochgefährlichen terroristenverdächtigen Personen besitzen zu fast <u>80% einen deutschen Pass.</u> Teilweise werden diese Tag und Nacht beobachtet mit einem Millionenaufwand an Kosten und das, nur für eine Person. Hunderte sollen es geben und der finanzielle Aufwand ist enorm. Wie schon erwähnt, Pass weg nehmen und sofort des Landes Verweisen, aber darauf werden wir wohl sehr lange Warten müssen, wenn überhaupt.
Es ist sogar noch schlimmer als gedacht, Informanten werden von unseren Behörden fallen gelassen, so dass diese um ihr Leben fürchten müssen. Für mich absolut nicht mehr nachvollziehbar. Diese Art von Politik ist schon mehr als kriminell und die, die es zu Verantworten haben, gehören vor ein Gericht, was aber noch erfunden werden muss.

Was aus Falschverstandener Integrationspolitik werden kann, wird immer wieder belegt, siehe Oslo und jetzt England, dort haben wir Kriegszustände, ganze Straßenzüge sind den Bränden zum Opfer gefallen. Plünderungen bis zu Gewalttaten in privaten Bereichen. Frankreich hat diese Machenschaften schon hinter sich und hier wird dieses Problem immer noch mehr als herunter gespielt. Auch hier in Deutschland sollte man sich auf solche Gegebenheiten mal Einstellen, denn auch hier genügt ein Funke und unsere Städte brennen.

<u>Vor kurzem haben ich folgenden Satz vernommen, in Deutschland hätten wir ca. 20% Rechtspopolisten, kann sein, aber dann müssten wir nach Adam Riese 80% Linkspopolisten haben, denn die Mitte ist, wie wir alle Wissen verschwunden.</u>

Jetzt im September 2011 hat man in Berlin 2 Terrorverdächtige festgenommen, beide mit Migrationshintergrund, die Vorführung zum Haftrichter war mehr als Filmreif, Mediengerecht dargestellt, eine Kolonne von Fahrzeugen und Beamte mit <u>**Maschinengewehren aus den Fahrzeugdächern.**</u> Einer mit libanesischen Hintergrund besitzt sogar einen Deutschen Pass, obwohl allgemein bekannt ist, dass besonders aus dieser Volksgruppe sehr viel Verbrecher kommen. Auch ist bekannt, dass gerade Deutschland als Versteck von Terrorgruppen immer wieder gewählt wurde und es wahrscheinlich auch bis Heute ist. Und auch hier kommt es noch viel schlimmer, Fachleute gehen von einigen hundert Personen aus, die Terrorausbildungen in Afghanistan oder Pakistan hinter sich haben und sich in Deutschland aufhalten.
Man beobachtet und bewacht diese Personen, so die Aussage von den dementsprechenden Regierungsstellen, dass aber ca. 25 Beamte für eine Person gebraucht werden ist auch bekannt, so kommen mal eben einige tausend Beamte zustande die an anderen Stellen wohl mehr als gebraucht werden.

Und schon wieder kommt der türkische Ministerpräsident Erdogan nach Deutschland (2.11.2911) und im Vorfeld mal wieder Äußerungen die einem die Spucke im Hals stecken lässt.
Wer Deutschkenntnisse als Voraussetzung erklärt verletzt die Menschenrechte.
Erst türkisch perfekt und wenn dann noch Lust und Zeit vorhanden ist, evtl. Deutsch.

Na, Frau Merkel finden sie jetzt endlich mal klare Worte und verlangen eine Entschuldigung, darauf werden wir wohl lange Warten müssen, oder, wir werden Sehen.
Jetzt haben wir die mehr als gewaltbereiten Salafisten, unser Innenminister will mit aller Härte gegen diese Vorgehen und erwähnt sogar die Abschiebung einzelner. sie Lesen richtig, Einzelner, alle und noch viele mehr gehören außer Landes.

Und jetzt im Oktober 2012 kommt die Flüchtlingswelle der Zigeuner erst richtig ins Rollen, Deutschland wird überschwemmt und Städte und Gemeinden müssen Notunterkünfte im großen Stiel schaffen, armes Deutschland.
Und schon wieder wurde einer am Alexanderplatz in Berlin von Türken tot geschlagen, 3 wurden verhaftet und zwei davon wieder auf freien Fuß gesetzt, erst nach massiven Protesten und anschließenden Eingaben der Staatsanwaltschaft, kam ein zweiter in Untersuchungshaft, der Dritte läuft immer noch frei herum. Der Haupttäter ist in die Türkei geflüchtet und immer noch auf der Flucht. Er wurde von der Presse aufgespürt und seine Aussage, er habe nichts mit der Sache zu tun, wolle sich aber der deutschen Justiz Stellen, na Raten sie mal warum? Sollte er hier verurteilt werden, dann kann er ganz bestimmt mit einer lächerlichen Strafe rechnen, obwohl er hier schon 4 mal Verurteilt wurde. Hier laufen Serientäter (über 30 Verfahren hinter sich) immer noch frei herum und haben noch nie ein Gefängnis von innen gesehen. Wie oben schon beschrieben, Bonus. Auch wird im Fernsehen von härteren Strafen gesprochen, wie immer nach solchen Tagen, was aber im Endeffekt keine Auswirkung haben wird, auch das kennen wir mehr als genüge aus der Vergangenheit. Es gibt immer noch viel zu viele Träumer in unserem politischem Spektrum, ja die 68er.
Samthandschuhe sind immer noch an der Tagesordnung, für die Täter wird alles getan und was bringt es, so gut wie nichts. Und die Kosten für Immigration und Präventionsmaßnahmen sind mal eben auf weit über 10 Milliarden Euro gestiegen, nur in Deutschland.
Eine sehr Lukrative und kaum zu kontrollierende Industrie hat sich auch hier mit Hilfe der Politik aufgetan. die Rentner müssen im Winter Frieren und dann das.

Jetzt haben die Zigeuner noch erkannt, dass man Kranke, Behinderte, Oma und Opa ungehindert nach Deutschland holen kann, so wird das Ausmaß erst richtig deutlich. Und die Welle läuft ungehindert weiter, Hunderttausende sind es schon und ein Ende ist bei weitem noch nicht abzusehen.
Hochkriminelle Clans haben sich schon gebildet und deren Bosse leben wie Multimillionäre mit allem was dazu gehört. Kinder sind reichlich vorhanden, 10 und mehr ist keine Seltenheit, sondern normal und wenn man die angeblich dazu gehörenden Kinder noch dazu zählt, kann man Erahnen was für Kosten der Staat (Steuerzahler) zu Leisten hat.
Das diese Kinder mal ein Segen für Deutschland sein sollen, ist wohl mehr als fraglich, vielleicht einer von Tausend, wenn überhaupt.
Auch die alte Masche der Teppichbetrüger ist wieder vorhanden, nicht nur das diese mehr als minderwertige Ware Verkaufen, sondern diese sind auch als Ausspäher sehr nützlich um weitere Straftaten vorzubereiten. (Einbruch usw. usw.)
Auch hier werden Bewährungsstrafen über Bewährungsstrafen von unseren Gerichten ausgesprochen und keiner geht in den Knast, oder wird abgeschoben.
Es kommt noch schlimmer, denn ab 2014 haben die aus Rumänien und Bulgarien kommenden unbegrenzten Zugang.

Noch ein Wort zur Integrationspolitik, bestes Beispiel ist der Rapper Bushido, er wird gewürdigt mit einem Bambi-Integrationspreis, unsere Politiker lassen sich mit ihm Ablichten und er tingelt von einer Talk Show zur anderen obwohl seine Freunde mehr als kriminell einzustufen sind.

(Menschenhandel, Drogenhandel, Erpressung, Zuhälterei, schwere Körperverletzungen und wie kann es auch anders sein, Deutschfeindlich bis zum geht nicht mehr). Seine Lieder, die Frauen werden als Fotzen bezeichnet und andere Texte kann man als Schwulenfeindlich und sogar als rassistisch Bezeichnen und so eine Person wird hier in unserem Lande noch gefeiert und mit Ehren versehen. Auch Gerichtsverfahren gegen Bushido bringen nichts, Kläger werden massiv bedroht, sodass der Kläger sich bei der Gerichtsverhandlung an nichts mehr Erinnern kann.

Als wäre das noch nicht unzumutbar bis zum geht nicht mehr, fordert doch allen ernstes unser Außenminister Westerwelle eine schnellere Aufnahme der Türkei in die EU und unser Wirtschaftsminister Rösler noch mehr Einwanderer in Deutschland. Ist die FDP jetzt auch noch Durchgeknallt oder was ist hier los.
Hunderttausende aus Osteuropa sind 2012-2013 nach Deutschland gekommen und sind Dauergäste beim Sozialamt und immer mehr Deutsche verlassen ihre Heimat.
Nun ja, bei der Politischen Zusammensetzung sollte man auch nicht verwundert sein, der Fraktionsvorsitzender der SPD in Berlin hat selber eine Migrationshintergrund und von der Opposition der Grünen ganz Schweigen.
Unsere Ausländerbehörden haben mehr als versagt, Integrationswillige werden nach wie vor abgeschoben und Dauerstraftäter ganz besonders aus dem türkischen, libanesischen, bulgarischem, rumänischem und arabischem Raum laufen nach wie vor frei herum und an eine Abschieben dieser Personen ist überhaupt nicht zu Denken.

Hier noch einer der Gipfel der Unfähigkeiten unserer Politiker und Ausländerbehörden. Afrikanische illegale Einwanderer besetzen in Berlin einen öffentlichen Platz und knallen diesen mit Zelten und Baracken zu. Das ganze Spiel geht schon weit über ein Jahr und der Senat lässt sich nach wie vor Erpressen bis zum geht nicht mehr. Für mich ist das kriminell, denn wie schon erwähnt illegal. Forderungen werden gestellt, Wohnungen, Bleiberecht und natürlich Geld. Und die zuständige Senatorin Verhandelt und Verhandelt ohne nennenswerte Ergebnisse über Monate und Monate. Nun ja, sie selbst hat einen Migrationshintergrund und auf Grund dessen sollte man nicht Wundern. Dahinter stecken natürlich mal wieder die linke Gruppen. Und der Innensenator, dessen Aufgabengebiet es sein soll, ist mal eben verschwunden. Hier haben die mal eben einen Rechtsfreien Raum geschaffen und die Verantwortlichen sind untergetaucht. Nun ja, die Bezirksbürgermeisterin ist eine Grüne und hat mit ihren Mitstreitern den Bezirk unkontrollierbar gemacht. Nun stellen sie sich mal vor, ganz Berlin würde von den Grünen regiert, Prost Mahlzeit. Berlin hat mittlerweile einen Bevölkerungsanteil mit einem Migrationshintergrund von über 25% und davon über 40% mit deutschem Pass. Noch was zu Sagen!

Wowereit (Regierender Bürgermeister) gibt auf, Ab Dezember 2014 ist seine Zeit zu Ende und was kommt danach, 3 Bewerber haben ihren Hut schon in den Ring geschmissen, einer sogar mit Migrationshintergrung, mal sehen was dabei herauskommt.

Hier noch einige Worte zur IS (Islamischer Staat) was sich hier abspielt ist mehr als ungeheuerlich, so wird in Deutschland von ca. 400 hochgefährlichen Deutschen gesprochen die sich der IS angeschlossen haben und die Rückkehrer werden als Gefahrenquelle erster Güte eingestuft, richtig, aber es sind zu weit über 90% keine Deutschen, sondern Migranten mit deutschem Pass. Auch der Zentralrat der Muslime bedient sich dieser Gegebenheit und spricht nur von deutschen Jungens und lässt diese Tatsachen außen vor. Wer hat diese Personen denn radikalisiert und welchen Religionen gehören diese an, natürlich wurden diese in Moscheen von den Hasspredigern in diese Richtung manipuliert und natürlich sind diese Muslime oder besser gesagt Islamisten und dann von deutschen Jungens zu Sprechen ist mehr als eine Frechheit. Überhaupt halten sich die

Muslim Organisationen zur Verurteilung dieser Verbrecherorganisationen mehr als zurück, erst jetzt am 19.9.2014 wurde protestiert, eine Straße wurde, wie schon zuvor, für Gebete gesperrt und einige Worte gegen die IS, aber der Hauptgrund liegt und lag in einem Brandanschlag auf deren Mochee. Unser Innenminister und andere Politiker waren anwesend, also konnte man überhaupt nicht anders. Man sollte sich die Gesprächsrunden im Fernsehen mal genauer Anschauen und man weis, wohin der Karren läuft. Übrigens haben die Vertretungen der Muslime jemals die Hochgefährlichen Imame und Prediger in den Moscheen zur Ordnung gerufen und deren Ausweisung gefordert, nein und nochmals nein, hier haben wir weitere Wölfe im Schafspelz und nichts anderes. Und auch die Türkei spielt eine nicht zu unterschätzende Rolle, Haupteinreiseland für die IS Aktivisten und auch Öl kauft die Türkei von der IS, von der Bewaffnung ganz zu Schweigen. Jetzt fordert man Internationale Hilfe für den Flüchtlingsstrom und wie ich den Westen einstufe, wird es auch dazu kommen. Man sollte alle Flüchtlingen dort lassen oder nach Amerika schicken, denn hier sind, wie schon erwähnt die Hauptschuldigen zu Finden.
Ich kann nur Hoffen, dass die Toleranz und Wegschaugesellschaft endlich mal reagiert, so hat sich schon eine Scharia Polizei gebildet und an den Schulen werden Zettel verteilt, die für Muslime die Verhaltens und Kleiderordnung vorschlägt, oder besser gesagt, fordert.

Die Politik fordert eine Ausreisesperre für Radikale Islamisten, so ein Quatsch, man sollte diese Personen Ausreisen lassen, aber den deutschen Pass sofort Einziehen und ein Europaweites Einreiseverbot verhängen und so und nur so sind wir dieses Gesindel los. Nach wie vor gibt es nur zwei Personen aus der Reihe der verantwortlichen Politiker die die Gefahren erkannt haben und endlich eine Reaktion der Politik fordert, der Bürgermeister von Berlin Neukölln und ober genannter Herr Bosbach von der CDU, erbärmlich kann ich nur Sagen. Jetzt hat die Terrorwelle auch Deutschland erreicht, Kurden und Salafisten gehen schwer bewaffnet aufeinander los (wie oben schon beschrieben) jede Menge verletzt, auch Polizisten und was kommt aus der Politik, mal wieder nichts. Jetzt fordert wenigstens mal die Polizeigewerkschaft, Ausweisungen, aber da werden die Grünen schon für Sorgen, dass dieses nicht passiert.
Deutschland wird mit Flüchtlingen nur so überschwemmt, Länder, Städte und Gemeinden sind an ihre Grenzen schon lange gestoßen, in den Flüchtlingsheimen oder Unterkünften sind Schlägereien mit Todesfolge an der Tagesordnung, die Sicherheitsdienste sind mehr als unterbesetzt und Randale, Beschimpfungen und Schlägereien nicht zu Zählen und wenn dann der Sicherheitsdienst mal etwas fester durchgreift, ist die Presse und Medienlandschaft voll mit Anschuldigungen und das ohne Ende. Täglich das selbeThema, aber auch hier, Hintergründe Aufdecken, Fehlanzeige. Der Flüchtlingsstrom muss gestoppt werden und nichts anderes.
Und jetzt kommt die Wahrheit langsam ans Tageslicht, einer der angeblich Misshandelten Asylbewerber aus NRW sitzt in Untersuchungshaft, Einbruch in ein Juweliergeschäft.
Sie sehen hochgefährliche Leute und dann von den Armen Opfern zu Sprechen ist mehr als seltsam. Überhaupt ist die Kriminalität unter diesen Personenkreisen enorm und eine Asylgenehmigung mehr als Anzuzweifeln, denn er kommt aus Algerien. Nun ja, wie unsere Justiz und Behörden gestrickt sind, kennen wir ja. Zuerst mal ein teueres Verfahren, Anwälte usw. bei einer evtl. Verurteilung auf Staatskosten ins Gefängnis und eine Abschiebung steht in den Sternen. Zum Schluß noch eine Bemerkung zu dem Sicherheitspersonal an unseren Flughäfen, mittlerweile haben wir dort mehr Personal mit Imigrationshintergrund als man es sich je hätte Vorstellen können, ich möchte nicht Wissen, wie viele Zeitbonden sich dort eingenistet haben und nur noch auf Signale Warten.

Ja, auch so wird Deutschland von unseren Behörden und Politikern in die Katastrophe geschickt, noch Worte, ich nicht.

Kapitel Nachtrag

Die EU und der Euro haben Frieden geschaffen, nichts an dem ist richtig, denn gerade die Deutsche Regierung hat sich zur meistgehassten Regierung in Europa entwickelt und zwar in einer nie gekannter Form seit Ende des zweiten Weltkrieges.

Leider habe ich die Parteistiftungen in meinen oben genannten Ausführungen ganz Vergessen, auch hier ein Fass ohne Boden und diese Gelder unterliegen so gut wie keiner Kontrolle. Weltweit tätig um Parteifreunde mit gut dotierten Posten zu Beglücken.

Ich muss mich wiederholen, aber auch dieses Thema sollte sich ganz tief einbrennen, unsere Beamten sind mehr als überversorgt, mit 67 in Pension, ein Wunschtraum und die Pensionszahlungen liegen Statistisch gesehen **doppelt bis dreifach** so hoch wie die Rentenansprüche der Bevölkerung, von den Mandatsträgern ganz zu Schweigen. Ein Skandal erster Güte, denn alle diese Leistungen werden vom Steuerzahler finanziert, wer jetzt noch glaubt, dass wir keine griechischen Verhältnisse haben, dem ist wirklich nicht mehr zu Helfen.

Auch hier muss ich nochmals Stellung nehmen, wie sieht es bei unseren Rentner aus, ab 2004 müssen Rentner normale Kranken und Pflegeversicherungsbeiträge bezahlen, ab 2005 Renten und Lebensversicherungsbesteuerung und dann noch die Zinssenkungen der EZB lassen alle Vorkehrungen im Sande verlaufen und die Schäden für die jetzigen und zukünftigen Rentner gehen in die Milliarden wenn nicht in die Billionen.

Der Deutsche hat immer noch nicht erkannt, dass er mehr als auf die Schüppe genommen wird, jetzt ist auch noch eine Vermögensabgabe im Gespräch, (mal wieder die Grünen) sie sehen eine Katastrophe folgt der anderen. Was lernen wir daraus, nimmt euere Gelder von eueren Bankkonten und näht diese ins Kopfkissen ein, denn die Politik kennt keine Grenzen und betrachtet die Bevölkerung als Schlachtvieh.

Auch die Mär von zu wenig Beamten, können Sie getrost vergessen, denn wo Publikumsverkehr, da wird künstlich Personalnotstand vorgegaukelt und wo so gut wie kein Publikumsverkehr vorhanden ist , da wird Arbeit vorgetäuscht, gefeiert und teilweise sogar geschlafen. Ich wiederhole 70% zu viel, wie auch der Laie aus meinen oben genannten Ausführungen Erkennen kann.

Jetzt haben wir etwas neuere Zahlen was die Gebäudesanierung anbelangt. Was hat Frau Merkel seinerzeit gesagt, Energieeinsparung würden die Kosten Auffangen, dass dieses eine Lüge ist, habe ich oben schon erläutert, aber das es mehr als eine Katastrophe ist kommt erst jetzt so richtig ans Tageslicht. Energieeinsparung pro Monat ca. 20 bis 50 Euro, wenn überhaupt, Mietpreiserhöhungen ein Vielfaches und das pro Monat. Hier ein Beispiel aus Berlin: Miete etwas über 700 Euro, nach der Sanierung über 2900 Euro. Auch hier mal wieder deutlich zu Erkennen, wie der Bürger über die Leisten gezogen wird.

Wie sehen die Berechnungen aus:
1. Der Vermieter darf 11% der Kosten sofort auf die Miete Umlegen und das für immer,
   also hat er seine Investitionen nach ca. 9 Jahren über die Miete wieder eingefahren und
   ab dann macht er das Geschäft seines Lebens, denn die Miete bleibt so hoch und der
   Wert des Hauses hat eine enorme Steigung, auf Kosten der Mieter, erfahren.
Auch hier kann man deutlich Erkennen, dass alles was von der Politik als gute Tat verkauft
wird, ist im Endeffekt von Betrug und Täuschungen nur so durchsetzt.

Politiker in der Wirtschaft, fast alle sind gescheitert, machdem sie ihr Wissen verscherbelt
haben, ging es steil bergab. Am besten zu belegen bei Robert Koch (ehemaliger Ministerpräsident)
nachdem er der ÖPP (private Investoren für öffentliche Aufgaben) Millionenschwere Aufträge
zugeschanzt hatte, war er auf einmal Boss von Bilfinger. Mitte 2014 musste er seinen Hut nehmen,
denn es ging mit der Firma seit seinem Antritt nur noch Bergab. Viele machen sich für ÖPP sehr
stark, seinerzeit unter anderem Steinbrück und nicht zu Vergessen unser Verkehrsminister
Ramsauer. Haben auch die bei diesen Aktionen nur ihre Vorteile im Auge, denn der Schaden für
Deutschland und seiner Bevölkerung ist kaum zu beziffern, Astronomisch.

Auch die unter Kapitel Bund schon erwähnte Abgeltungssteuer sollte noch ergänzt werden,
bin von 100 000 Euro ausgegangen und hatte den Kapitalverlust erläutert. Jetzt sehen wir
uns die Situation mal genauer an, 0,05 Zinsen ab 2014 und die Abgeltungssteuer macht einen
Kapatilverlust von ca. 20 000 Euro in ca. 10 Jahren, die Inflationsrate nicht mitgerechnet.
Sie sehen, die Skandale nehmen kein Ende und wann wird der Deutsche endlich mal wach.

Wie oben schon erwähnt, die Korruptionsabkommen die seit über 13 Jahren von ca. 160
Nationen unterschrieben wurde um die Bevölkerungen vor Korrupten Mandatsträgern und
Parlamentariern zu schützen, wurden in Deutschland auch 2014 immer noch nicht
unterschrieben. Sie sehen man leistet noch Beihilfe um Korruption am Leben zu erhalten. Auch
gehört das Vernichten von Akten nach wie vor zum Tagesgeschäft und was anrüchig oder sogar als
kriminell eingestuft werden kann, wird als Geheim deklariert und das in einer Größenordnung,
dass es einem schlecht werden kann. Arrogante, Unwissende, den Seilschaften angehörende
Politiker haben wir immer noch im Überfluss und daran wird sich auch nach Lage der Dinge nichts
ändern. Auch das, nach meiner Meinung hochkriminelle Verschleudern von Steuergeldern, geht
ungebremst weiter und ein Einschreiten der Justiz ist auch im geringsten nicht zu Erkennen. Die
Schäden die von den angeblichen Steuersündern angerichtet werden, stehen in keinem Vergleich
zu den Schäden die in unseren Verwaltungen und von unseren Politikern verursacht werden.
Ja, jetzt hat Schäuble das Bankgeheimnis ganz abgeschafft, Glückwunsch für unsere
Hinterfotzigen Politiker.

Schlusswort

Interessenvertretern des Volkes ist mehr als ein Witz, in eigener Sache ja und das in einem
Ausmaß, dass man keine Worte mehr hat.

Wie sie aus meinen Ausführungen der einzelnen Kapitel erkennen können, ist Deutschland wohl eines der Korruptesten Länder der Welt und wie man dabei noch auf einigermaßen gute Beurteilungen von Korruptionsorganisationen kommt ist mir mehr als Schleierhaft.

Wie wir sehen, haben unsere Politiker ihre Macht auf dem Beamtentum, Medien, Justiz und den politikhörigen Gewerkschaften aufgebaut und zuzementiert, also ist hier nicht mehr zu Machen.

Unsere Regierungen und ihre Politiker haben ihre Existenzberechtigungen schon längst verloren, denn wer Renten besteuert, die Versicherungen plündert, Korruption und Seilschaften nach wie vor fördert, Steuergelder in astronomischen Höhen verschleudert Hehlerei betreibt und das Volk auf unverschämteste Weise Belügt und Betrügt und nichts aber auch nichts zum Wohle des Volkes im Auge hat, sollte so schnell wie möglich Verschwinden.

Nochmals, Versauft und Verlebt euer sauer verdientes Geld, denn im Endeffekt wird nicht nur Deutschland im Sumpf versinken, sondern ganz Europa. Punkt, Komma, Strich.

Nur eine Revolution (wir sind das Volk) kann diese unerträglichen und menschenfeindlichen Machenschaften noch aus dem Weg schaffen.
Zur Erinnerung hier nochmals der ungekürzte Titel meines ersten Buches,

Oh ihr armes Volk, ernährt mit Schweiß und Blut diese Dumme Brut.

www.ingramcontent.com/pod-product-compliance
Lightning Source LLC
Chambersburg PA
CBHW070138290526
45789CB00002B/533